Essências Florais — Australianas —

Australian Bush Flower Essences

Essências Florais — Australianas —

IAN WHITE

TRADUÇÃO DE
RUTH LENZ CESAR

TRIOM

Centro de Estudos Marina e Martin Harvey
Editorial e Comercial Ltda
5ª edição revista - reimpressão
São Paulo - 2018

Título Original:
AUSTRALIAN BUSH FLOWER ESSENCES

EM MEMÓRIA DE PARACELSUS E EDWARD BACH, PIONEIROS NA CRIAÇÃO E UTILIZAÇÃO DAS ESSÊNCIAS FLORAIS NA ERA MODERNA

Primeira publicação na Austrália pela Bantam Books (Transworld) 1991
Primeira publicação na Grã-Bretanha pela Findhom Press 1993

Direitos para a língua portuguesa reservados a
TRIOM – Centro de Estudos Marina e Martin Harvey
Editorial e Comercial Ltda.
editora@triom.com.br / www.triom.com.br
Impresso no Brasil / Printed in Brazil

Tradução: Ruth Lenz Cesar
Revisão: Ruth Cunha Cintra
Fotografias: Ian White
Ilustrações: Kristen White
Arte Final: Trevor Hood
Editoração eletrônica e revisão 2011: Casa de Tipos Bureau e Editora Ltda.

White, Ian
Essências florais australianas - Australian bush flower essences /
Ian White; tradução de Ruth Lenz César – 1. ed. – São Paulo; TRIOM, 1993.

Bibliografia.
ISBN 85-85464-03-8

1. Flores - Uso terapêutico 2. Medicina holística 3. Plantas medicinais
I. Título. III. Título: Australian bush flower essences.

93-2875 CDD-615.321
NLM-WB 960

— Índice —

Prefácio à — Edição Brasileira —

O primeiro contato com a vegetação do continente Australiano nos revela um variado espetáculo totalmente diferente do que conhecemos na Europa e nas Américas. O solo poroso e a chuva escassa exigiu que as plantas se adaptassem a condições de muito pouca umidade. As árvores, na sua maioria variedades de Eucaliptos, são espalhadas, ralas em sua folhagem, permitindo que a luz do sol banhe inteiramente toda a vegetação mais rasteira. É dominante a presença de uma enorme variedade de arbustos com formas diferenciadas, e uma profusão de flores, muitas delas absolutamente singulares e surpreendentes.

Esta vegetação foi chamada de "bush" pelos colonizadores europeus. Esta palavra significa "arbusto", mas passou a ser o termo usado para designar o "mato", a vegetação espontânea na sua forma original.

A poderosa presença vibratória deste ambiente natural chega hoje até nós através das Essências Florais do Bush Australiano. Elas são feitas com amor e grande reverência pela natureza, que em momentos especiais oferece para compartilhar conosco sua maestria em encontrar o equilíbrio em situações adversas e exalta, em tantas formas, cores e fragrâncias, a manifestação da criação.

Ruth Toledo
Terapeuta e Educadora

— Prefácio —

Ian e Kristin White são para mim a personificação do perfume da "Brown Boronia" (Boronia Marrom).

O aroma de seus espíritos é tão suave, tão leve e tão raro que me proporciona uma esperança real para o futuro. Ter estado com eles no campo e sentir sua reverência e respeito por toda a natureza, faz qualquer um perceber que cada um de seus passos é uma oração.

Seus espíritos foram cingidos, da mesma maneira que os Aborígenes de outrora, pelas energias desse grande continente que é a Austrália. E, assim como eu, não há nada que eles gostem mais do que vagar por nossas terras tão variadas, observando, colhendo amostras, sentindo as vibrações e aprendendo.

Eu recomendo este livro, que é oferecido a vocês envolto em amor.

BURNUM BURNUM

— Agradecimentos —

Em primeiro lugar ao Plano Espiritual. Obrigado por sua sutil orientação e ajuda. Também estou muito feliz por ter a oportunidade de agradecer a algumas pessoas muito especiais, cuja ajuda foi incalculável para mim ao escrever este livro.

Inicialmente três amigos maravilhosos:

Malcolm Cohan por seu estímulo constante, ajudando-me a entrar num acordo com meu computador e a desvendar seu engenhoso funcionamento. Por sua inspiração e ajuda quando, às vezes, sentia-me deprimido com todo o projeto – momentos quando arquivos inteiros se apagavam no computador e sumiam como por encanto. Por estar sempre por perto para ajudar-me a recolher os pedaços e pacientemente rever comigo todas as especificações que eu deveria estar seguindo... outra vez.

Também a Susan Hayward, esposa de Mal, por sua ajuda e gentileza ao permitir que eu aproveitasse tanto as pesquisas que utilizou para as citações em seus livros: "A Guide for the Advanced Soul', "Begin it Now" e "A Bag of Jewels", que escreveu junto com Malcolm.

Também a Mark Brodbeck por estar sempre por perto para ajudar a mim e meu pessoal a tornar-nos peritos em informática e por ser um verdadeiro Mago quando Max, o computador, fazia coisas inexplicáveis.

A todos os três que tanto acreditaram em mim e em meu projeto, e que tanto deram de si e de seu tempo graciosamente, muito obrigado – é maravilhoso ter tão bons amigos.

Para Budget Rent A Car, um especial obrigado pela ajuda e perícia que sempre recebemos em nossas viagens ao interior.

Entre outras tantas pessoas que me ajudaram, gostaria de salientar e agradecer às seguintes:

Minha mãe, por toda sua ajuda das mais diversas maneiras, durante muitos anos; meu padrasto, John Coburne; David Philips, aquele que me introduziu na Numerologia e Metafísica, me ensinando muito sobre tais assuntos; Glynn Braddy, outro mentor que me proporcionou maravilhosos e profundos *insights* sobre cura e Metafísica; Nevill Drury, pela semente da ideia de um livro – até Darwin ficaria orgulhoso com a evolução do conceito original; Barbara McGregor, por seu encorajamento crucial no início; Jeanette Bakker e Owen Davidson por sua confirmação e posterior compreensão das propriedades curativas das Essências Florais Australianas. Finalmente, e certamente a pessoa mais importante, minha esposa Kristin por tudo e mais um pouco – e nossa filha Grace pela energia que deu a esse projeto.

A todas as outras pessoas que nos ajudaram, muito obrigado.

IAN WHITE
1990

— Introdução —

Quando criança, cresci nos matos Australianos numa região a Noroeste de Sidney, chamada Terrey Hills. Muitas vezes acompanhava minha avó em longas caminhadas pelos matos enquanto ela colhia ervas medicinais. Com seu profundo conhecimento ia me mostrando as diferentes plantas e flores, explicando-me suas múltiplas propriedades. Sensibilizou-me profundamente seu respeito pela natureza e sua admiração pelos matos australianos, com sua singularidade e enorme poder.

Geologicamente, a Austrália é o mais antigo dos continentes e, com certeza, nele existe uma grande sapiência que pode ser sentida por qualquer um que viaje por suas terras, especialmente nas terras de seu interior – uma sapiência aliada a uma poderosa força.

As plantas australianas desenvolveram-se isoladamente durante os últimos quarenta milhões de anos. Cento e oitenta milhões de anos atrás, o mundo era constituído de uma única massa de terra conhecida como PANGEA. Esta terra dividiu-se em dois, com a Laurásia constituindo os continentes do Norte e a Gondwanaland os do Sul. A Gondwanaland era formada pela Australásia, Antártida, Índia, África e América do Sul. A Índia e a África foram afastadas há mais de sessenta e cinco milhões de anos atrás, deixando a Antártida espremida entre a Australásia e a América do Sul. Esses três continentes começaram a separar-se por si só há quarenta milhões de anos atrás, com a Australásia indo para uma zona menos temperada.

Esse novo clima, mais quente e mais seco, resultou na extinção de muitas plantas, ao passo que outras conseguiram se adaptar às novas condições que permitiram sua sobrevivência, dando origem ao desenvolvimento de muitas espécies raras e gêneros únicos. Hoje em dia a Austrália, juntamente com o Brasil, é conhecida como o país que possui o maior número de plantas floridas no mundo.

As plantas australianas possuem características específicas, assim como várias espécies que desenvolveram uma folhagem espinhosa como forma de adaptação às terras áridas nas quais elas crescem. Aquelas que possuem as folhas endurecidas são conhecidas como "esclerófilos". Existe também um aroma muito peculiar dos matos australianos. Marinheiros e navegantes frequentemente podem sentir o cheiro dos matos antes mesmo de avistar a terra.

Mesmo enquanto garoto, tinha consciência de que havia algo de muito notável no mato da Austrália. Sua força e sua beleza são inerentes e, não importa a época do ano, sempre há uma planta em flor. Pode-se andar pelo mato em pleno inverno, que mesmo assim se perceberá uma chama colorida saindo das miríades de flores mesclada aos tons rígidos e sutis do terreno que as cerca. As pessoas, especialmente aquelas do Hemisfério Norte, surpreendem-se muito ao ver tantas flores durante o ano todo, ao contrário do que normalmente acontece nos outros continentes, quando florescem principalmente na primavera e no verão. Agora sei que as cores que eu percebia naquele tempo em Terrey Hills - os vermelhos e os roxos brilhantes - predominam por todo o país. Metafisicamente, o vermelho simboliza a energia física bruta e o roxo, o aprendizado superior. É como se as cores dessas flores representassem a sapiência espiritual que está presente na Austrália e a nova e forte vitalidade que também está aqui agora.

A Austrália sempre possuiu uma energia muito antiga e especial e, no entanto, atualmente também existe uma enorme vitalidade nesse país. Esta energia metafísica manifesta-se nas Essências Florais Australianas e ambas, tanto a própria Austrália, como as essências, tem papéis importantíssimos a desempenhar durante o desenvolvimento da conscientização da Nova Era. A Austrália está se tornando o centro da inspiração e aprendizado da Nova Era e suas essências florais são de grande utilidade no desenvolvimento do crescimento emocional e espiritual. A mesma vitalidade que era tão evidente no antigo Egito, na Grécia de 2500 anos atrás, quando Hipócrates, Platão e Pitágoras ainda eram vivos e que mais tarde surgiu em Roma, está agora presente na Austrália.

Existe uma teoria de que esta energia permanece num único país, num único ponto de cada vez, e que por séculos afora vem se mudando de um lugar para outro. Um estudo de História mostrará o curso deste fluxo no surgimento das grandes nações ou impérios. Começando com as antigas civilizações Egípcias, Hebraicas, Gregas e com as Dinastias Chinesas até o Império Romano; indo para a Itália e daí para a França durante a Renascença; Japão, Inglaterra e Alemanha e, mais recentemente, centralizada na costa Oeste da América e no Havaí.

Essa energia, aliada à força e sapiência da Austrália, está se manifestando agora em sua flora e está sendo encapsulada nas essências florais feitas daquelas plantas.

Consequentemente as Essências Florais Australianas são e vão continuar sendo usadas em outros países sem perder qualquer de suas propriedades curativas ou sua potência. Tornar-se-ão remédios universais.

Normalmente é aconselhável usar plantas nativas para curar seus próprios habitantes, porque elas fazem parte do mesmo ambiente e estão em harmonia com o lugar onde essas pessoas moram. No entanto, muitos países ainda não fazem suas próprias essências de plantas nativas. Porém, as Essências Florais Australianas têm hoje em dia uma aplicação universal, sendo benéficas para qualquer um em qualquer lugar do mundo.

Outro fator ligado ao surgimento e potencialidade das Essências Florais Australianas é que as plantas das quais são feitas provêm de um meio ambiente puro e limpo.

Ao contrário de outros grandes territórios, a Austrália é pouco afetada pelos resíduos da poluição química e nuclear.

Neste ponto, me parece apropriado relatar alguns fatos que me levaram a desenvolver as essências florais. Há um fato peculiar que acompanha minha família por cinco gerações.

Minha avó era uma herborista, assim como sua avó, minha tataravó, que exercia essa prática na Nova Zelândia. Sua filha, minha bisavó, também era uma herborista, trabalhando inicialmente na Nova Zelândia e depois na Austrália. Minha avó especializou-se no tratamento de crianças. Seu filho, meu pai, foi um farmacêutico, embora prescrevesse e usasse muitas ervas medicinais. Clientes chegavam com queixas variadas e muitas vezes saiam com uma mistura de ervas ao invés de um produto farmacêutico normal.

Minha avó e minha bisavó usavam várias plantas nativas e conheciam profundamente o assunto. Infelizmente, muito desse conhecimento nunca foi escrito e perdeu-se com a morte de minha avó. Ela teve um câncer prolongado, possivelmente devido aos cigarros muito fortes que fumava, porém, com a ajuda das ervas pode controlar sua doença. Quando viajou para a Europa, a bagagem que continha suas ervas foi extraviada e passaram-se vários meses até que conseguisse novo estoque. O câncer se espalhou durante esse tempo e, enfraquecida pelo cansaço da viagem, morreu logo após voltar para casa.

Com toda esta herança eu inicialmente não tinha intenção alguma de me tornar um Herborista ou Naturopata e ingressei na faculdade para estudar Ciências e Psicologia. Durante umas férias de verão viajei para a Índia e, assim como muitos que viajam para aquele país, voltei doente e com desinteria. Parti forte e saudável retornando exatamente o oposto; muito cansado, letárgico, com braços e pernas finas e uma barriga muito inchada. Minha família tentou me recuperar alimentando-me com refeições quentes três vezes ao dia.

Entretanto suas tentativas falharam porque eu não tinha energia para assimilar toda aquela comida. Continuava com braços e pernas finas e uma barriga maior ainda.

A esta altura decidi assumir a responsabilidade pela minha própria saúde. Mudei-me para uma pensão onde havia muitas pessoas interessadas em medicina alternativa. Um Acupunturista e um Quiropata, entre outros, moravam lá.

Durante aquele tempo eu me refamiliarizei com muitos conceitos de medicina alternativa e decidi combinar a Psicologia com as Terapias Naturais para completar meu curso universitário. Como acontece em várias instituições terciárias que ensinam Psicologia, somente uma pequena parte das aulas, ou seja, duas em vinte e quatro, era dedicada àquilo que eu posso chamar de Psicologia Humanística. Quanto mais eu aprendia sobre a filosofia das terapias naturais, mais eu percebia que ela explicava o funcionamento da psique humana de uma maneira muito mais compreensível que a Psicologia Acadêmica.

Foi neste ponto que pela primeira vez na vida ficou claro para mim qual era minha verdadeira vocação. Ingressei então no New South Wales College of Natural Therapies, no único curso de período integral que havia de Naturopatia. Diplomei-me e venho praticando há mais de dez anos. Durante esse tempo de prática divulguei o uso dos Florais Ingleses e também prescrevi-os com muito bons resultados. Mesmo assim meus sentimentos para com o mato australiano e o imenso potencial de cura das plantas australianas nunca me deixaram. Constantemente me surpreendia pensando naquelas plantas que não estavam sendo usadas. Parecia-me um grande desperdício e pouco percebia, naquela época, o que estava por vir.

Outro fator que diz respeito ao desenvolvimento das Essências Florais Australianas é o que chamo de minha formação metafísica.

Voltando da Índia com minha saúde e meu emocional abalados, dediquei-me a várias formas de ioga e meditação, inclusive meditação Zen. Eventualmente fui reconduzido às minhas origens e apresentado a vários grupos espirituais nos quais predominavam a oração, a meditação e a energia de cura direta.

Foi neste ponto que ocorreu um fato da maior importância em minha vida. Um amigo muito querido, Jim Vicary, com apenas trinta e poucos anos, descobriu que tinha um câncer intestinal e estava retornando para sua casa em Brisbane para submeter-se a uma cirurgia. Ele perguntou se minha esposa Kristin e eu poderíamos fazer uma corrente de oração para cura, juntamente com nossos amigos comuns, na véspera de sua operação, afim de dirigir a energia de cura para ele. Durante a cirurgia os médicos descobriram que o câncer havia se alastrado até o fígado, não havendo nada mais a ser feito e dando-lhe apenas alguns meses de vida.

Desde então, toda segunda feira à noite, esse mesmo grupo de amigos reunia-se em nossa casa para manter a corrente de cura. Após alguns meses a intuição sobre as Essências Florais Australianas começou a surgir. Nas meditações eu via um quadro com uma determinada planta e o melhor lugar para que eu preparasse sua essência. Eu também recebia a interpretação de suas propriedades curativas. Se por acaso eu não estivesse familiarizado com a flor que me fosse mostrada, seu nome aparecia embaixo.

Essa época foi muito especial, pois o fato de saber que algo que sempre senti dentro de mim com relação às plantas australianas e suas propriedades curativas estava se tornando uma realidade, era muito recompensador. Não havia nenhuma dúvida sobre a autenticidade de seus resultados. Certa vez recebi uma mensagem que eu deveria ir a um local bem conhecido para preparar a essência de uma determinada flor. Eu havia morado naquelas vizinhanças alguns anos antes e jamais havia percebido a proliferação de tais flores na região. No entanto, no momento exato em que cheguei ao local, todas as ribanceiras estavam cobertas por aquelas flores.

Havia também uma notável sincronicidade associada às Essências Florais. Muitas vezes, saia pela manhã para preparar uma essência e, mais tarde, nesse mesmo dia, recebia pacientes que nunca haviam me consultado antes, mas que invariavelmente apresentavam sintomas que necessitavam exatamente daquela essência.

Depois de certo tempo, eu já estava com muita prática e em perfeita condição de observar os resultados do uso das Essências Florais Australianas nos meus pacientes. Certamente os comentários que faziam a respeito e a notável melhora em suas condições físicas mostravam-me que as essências eram muito mais poderosas e agiam muito mais rapidamente que qualquer outro remédio que eu jamais havia prescrito. Brinco sempre que sou um Homeopata "aposentado" porque, na verdade, pratiquei a Homeopatia por muito tempo, porém devo dizer que as Essências Florais Australianas substituíram-na complemente.

Como resultado disso tudo, muitos outros médicos, inclusive aqueles que compartilhavam o mesmo interesse pelas essências florais, também ficaram muito empolgados com os resultados obtidos e começaram a prescrever as essências.

De acordo com nossa observação sobre os efeitos das essências, éramos capazes de reiterar as informações que estavam sendo canalizadas para mim durante as meditações. Embora pessoalmente fosse capaz de confirmá-las, nunca recorri a estudos de confrontação de resultados, embora sempre quisesse fazer tudo ao meu alcance para ajudar meus pacientes em sua autocura e soubesse que as essências eram muito poderosas para tais fins. Entretanto, estes estudos estão agora sendo feitos por outros.

Para poder verificar a exatidão das mensagens enviadas através da minha pessoa, muito antes que publicasse qualquer informação sobre as essências, eu e outras pessoas desafiávamos rigorosamente minha compreensão sobre as propriedades dos remédios, submetendo-me a testes de Cinesiologia, fotografia Kirlian e equipamentos eletrônicos de diagnóstico médico tais como máquinas Vega e Morrey. Ao mesmo tempo, procurei a ajuda de vários médiuns em transe consciente, os quais respeitava e confiava. Comparava minhas informações com o material que vinha através deles. Novamente houve uma total confirmação, exceto por um pequeno acréscimo de informação sobre uma determinada essência entre todas as cinquenta existentes.

Hoje existem cinquenta Essências Florais Australianas preparadas por mim e Kristin de plantas de toda a Austrália. Elas estão sendo utilizadas em muitos países por médicos e por aqueles que querem usá-las em si mesmos, em seus amigos e suas famílias.

Para mim, as Essências Florais Australianas têm sido um caminho notável. Aprendi fotografia e botânica, tenho escrito muitos livros, viajado por lugares maravilhosos e feito grandes amizades.

As essências por si só têm um tremendo papel a desempenhar. São catalizadores muito poderosos que ajudam na autocura. Elas permitem que as pessoas tomem consciência de sua alma e compreendam seus próprios planos, propósitos e metas de vida. Elas também proporcionam coragem e confiança para que as pessoas possam seguir aquele plano. Doenças, distúrbios e problemas são simplesmente indícios de que estamos nos desviando de nosso caminho individual. As essências nos ajudam a retornar ao caminho e também nos ajudam a trabalhar para resolver nossos problemas e desequilíbrios. Elas também podem ajudar a esclarecer porque essas dificuldades surgiram e o que devemos fazer para solucioná-las, liberando as características positivas que nos são inerentes.

Sinto que a humanidade está se aproximando de uma encruzilhada. Temos agora a oportunidade de dar passos significativos quanto à qualidade de nossas vidas, desenvolvendo os aspectos espiritual, físico e emocional da condição humana. Eu vejo as Essências Florais Australianas como sendo um dos recursos mais importantes que nos permitirá dar este passo através do qual o indivíduo, a sociedade e todo o planeta serão beneficiados.

O que escrevo a seguir é uma mensagem recebida por mim das Essências Florais Australianas:

"Desejamos que pensem em nós como um todo, por assim dizer. Nós fomos transportadas e oferecidas à humanidade por um mensageiro de nosso Pai Celestial. Viemos para unificar o Céu e a Terra, pois somos os frutos da Terra, e vocês, pessoas queridas, são os frutos do Céu. Nós estamos unidas em seus corações. Estamos gratas por estarmos com vocês e podermos trabalhar através de vocês para ajudar a humanidade."

A História e os Objetivos das — Essências Florais —

As essências florais têm uma longa história abrangendo várias culturas diferentes. Até mesmo antes da época de Cristo elas eram usadas para curas medicinais. E, de fato, muitos livros citam que as essências florais eram amplamente usadas nas antigas e tão conhecidas civilizações como a Lemúria e a Atlântida.

Os Aborígenes Australianos obtinham os efeitos benéficos de uma essência floral comendo a flor inteira. A essência, em forma de orvalho e potencializada pelo sol, era então consumida juntamente com a flor. Dessa forma, eles também se beneficiavam das propriedades nutritivas da flor. Normalmente não era feita uma distinção entre a planta e a flor e eles simplesmente comiam tudo, planta e flor. Outras vezes, se por acaso a planta não fosse comestível, eles sentavam-se entre um grupo dessas flores para absorver as vibrações curativas da flor. O uso das flores para se obter uma cura era tido como um ritual de grande prazer. Eles certamente conheciam muitas flores que eram usadas para harmonizar desequilíbrios emocionais específicos.

Outras culturas, entre elas os Egípcios, Malaios e Africanos, usavam flores para tratar seus desequilíbrios emocionais. Embora haja registro no folclore Europeu sobre as propriedades curativas das flores desde a Idade Média, um dado mais preciso foi registrado no século XVI quando o grande curador e místico Paracelsus recolheu orvalho das flores para tratar os desequilíbrios emocionais de seus pacientes. Para os antigos Herboristas a compreensão das propriedades curativas das plantas era baseada na "Doutrina de Assinaturas", isto é, alguma peculiaridade da planta, como seu formato, crescimento, cor, aroma ou gosto, indicava suas propriedades curativas. Por exemplo, a Eyebright, uma flor azul com amarelo no centro, dava a impressão de um olho humano e era usada para tratar vista cansada. A Skullcap tem o formato de um crânio e era usada para dores de cabeça e insônia. Os Nettles (Urtiga) são muito usados para quem sofre de má circulação, e a casca do tronco do Willow (Chorão) alivia as dores do reumatismo que aumentam quando o tempo fica úmido - a árvore cresce em lugares com muita água por perto. Flores para tratar icterícia como Dandelion, Agrimony e Celandine são amarelas.

De alguma forma podemos dizer que o conhecimento das propriedades curativas das essências florais foi quase esquecido nesses últimos séculos, especialmente no mundo Ocidental e, até certo ponto, entre os próprios Aborígenes. Entretanto, o pioneiro moderno das essências florais, Dr. Edward Bach (1886-1936), trouxe de volta o uso da medicina das flores. A sincronicidade entre o trabalho e a vida de Dr. Bach foi perfeita. Seu conhecimento sobre as plantas e suas propriedades curativas surgiu exatamente um pouco antes de nosso momento de maior conscientização, para permitir maior familiaridade das pessoas com o conceito das essências florais e seu inigualável poder de cura. Isto, além dos maravilhosos efeitos curativos dessas primeiras essências, permanece como um, senão o maior, de todos os legados do trabalho deste grande mestre.

Depois da morte de Bach, muito pouca pesquisa foi feita a respeito das essências florais. A Inglaterra era, e continua sendo, um país de muita tradição. Assim, uma grande veneração foi criada em torno das essências florais de Bach, considerando as trinta e oito essências descobertas por ele como únicas. Mas hoje em dia, sessenta anos após, sabemos que essas essências pioneiras não tratam de algumas áreas tão importantes e tão relevantes para a sociedade moderna como sexualidade, comunicação, criatividade, espiritualidade, habilidade de aprendizado etc.

Entretanto, nos últimos dez anos ou mais, pesquisas têm sido desenvolvidas em várias partes do mundo, pois o tempo agora é propício para a propagação das essências florais para que elas possam desempenhar seu papel como uma das formas mais importantes dentro dos principais sistemas de cura. Este ressurgimento durante a última década é muito interessante pois várias vezes na história tem ocorrido um fenômeno no mundo das ideias onde um número de pessoas empenhadas num determinado projeto ou *insight*, ignoram o fato de que outras pessoas em outros lugares também estavam simultaneamente empenhadas em projeto similar. Nas artes, temos o exemplo de Picasso e Braque que, independentemente um do outro, pintaram quadros cubistas que foram os precursores da arte moderna abstrata. Na ciência houve a descoberta quase simultânea da composição da água por Watt, Cavendish e Lavoisier; houve a corrida para a descoberta do código genético por Watson, Crick e Linus Pauling, assim como as investigações paralelas de Darwin e Wallace para a Teoria da Evolução. Estes são somente alguns casos entre os inúmeros ocorridos que ilustram este fenômeno.

Uma interpretação coloca grande ênfase em forças externas, particularmente aquelas de natureza socioeconômicas, mais ainda que nos pensamentos e ações das pessoas envolvidas. Sou propenso a encarar o assunto sob um ponto de vista metafísico. À medida que levamos em consideração a forma atual de pensamento, sinto que o tempo está nos oferecendo uma incrível oportunidade para fazer uma limpeza completa em nossas personalidades e nossa alma, o que vai nos permitir atingir níveis de qualidade ainda desconhecidos em nossas próprias vidas, assim como nos relacionamentos e interações que mantemos entre nós. À medida que nos aproximamos dessa época de mudança, os recursos e habilidades necessárias para esta transição são ilustrados através dos *insights* e das inspirações daqueles que têm a sorte de possuir a capacidade de penetrar na consciência universal ou diretamente nos Planos Espirituais, pois são destas fontes que obtemos uma nova compreensão ou sabedoria necessária para transpormos o próximo nível de conscientização.

Inovações tais como as Essências Florais Australianas são especialmente aplicáveis ao mundo moderno. Nos últimos sessenta anos muitas modificações têm ocorrido com relação à nossa própria conscientização sobre o que diz respeito a nós mesmos, à nossa própria pessoa e ao mundo todo, e estas essências surgiram como uma forma de cura que está nos ajudando a acompanhar o desenvolvimento destas mudanças. A natureza tem sempre algo a oferecer para as pessoas à medida que elas se desenvolvem. O desafio de uma guerra nuclear, a crise ambiental pela qual estamos passando, a quantidade de informações que recebemos e a velocidade das mudanças tecnológicas, tudo isto tem solicitado de nós uma mudança radical nos nossos níveis de conscientização, e agora temos as essências para nos ajudar a lidar com estas transformações.

Qualquer pessoa está apta a preparar uma essência floral, uma vez que a técnica é basicamente muito simples. A destreza ou desafio está na habilidade em determinar as qualidades curativas de cada flor. Embora qualquer ser humano tenha a capacidade em potencial para determinar as propriedades curativas de uma planta, algumas possuem um dom especial para fazê-lo.

Por experiência própria eu comparo este dom com um funil cujas bordas podem ser alargadas de uma maneira enorme por intermédio de meditação ou qualquer outra prática intuitiva. Este funil permite que um grande número de Devas, Anjos, Guias Espirituais e outros ajudantes do Plano Espiritual se comuniquem coletivamente com qualquer indivíduo que trabalhe com este dom. Em geral, um dos Guias Espirituais reúne as informações num todo uniforme e as canaliza para o indivíduo que as percebe como um sentimento, uma visão ou conhecimento. Quanto mais se alargam as bordas deste funil maior possibilidade existe de entrarem outros ajudantes, como também aqueles de natureza altamente evoluídas. Estas mensagens, então, fluem mais facilmente e são de uma qualidade mais elevada, pois provêm de planos espirituais mais evoluídos.

É ao mesmo tempo emocionante e uma lição de humildade trabalhar com este dom. É só parar e imaginar quantos anos de esforço incansável intermitente têm sido dedicados por tantas almas no Plano Espiritual, afim de dirigir e guiar alguém que esteja desenvolvendo as habilidades necessárias para usar este dom e tentar compreender a magnitude, o potencial e a importância desses contatos. Certamente o próprio Bach achou que não deveria tirar vantagem de seu trabalho, uma vez que ele era simplesmente um instrumento de Deus. Douglas Baker no seu livro "Esoteric Healing" dizia que o poeta místico e médium Robert Browning estava do Plano Espiritual dirigindo e guiando Bach em suas descobertas.

Uma coisa que tem ficado cada vez mais evidente para mim é o clima de magia que paira enquanto se prepara uma essência floral, deixando mais do que evidente a ajuda recebida de outros níveis. A magia está tão presente que é óbvia demais para que alguém não a perceba. Isto certamente é a confirmação de que os Planos Espirituais (Consciência Crística ou Luz) certamente querem que tenhamos estas essências à nossa disposição e que elas estão desempenhando um papel de extrema importância atualmente.

Existe porém um grande número de pessoas que consideram as trinta e oito essências de Bach absolutamente adequadas para nossas necessidades atuais. Na verdade, alguns até defendem que seu sistema foi e sempre será suficiente para suprir todas as exigências e demandas da humanidade. Para mim, a ajuda e a magia sempre tão presentes cada vez que uma nova essência é descoberta e preparada, são testemunhas de que este não é o caso. Por que então teríamos a orientação e direcionamento de ambos os planos físico e espiritual, para que pudéssemos preparar as essências com tanto sucesso? E, certamente, é de suprema presunção supor que sempre e somente existirão trinta e cinco essências Inglesas, uma Tibetana, uma Suiça e uma Italiana que tenham poderes curativos e que jamais poderíamos descobrir outras flores com poderes curativos equivalentes ou ainda mais potentes que as citadas trinta e oito ou que nunca haveriam flores cujas essências servissem para equilibrar outros estados emocionais diferentes.

Anna Flora, uma das primeiras pessoas a envolver-se na preparação das essências florais depois da morte de Bach, é uma das muitas pessoas que conseguiu comunicar-se com Dr. Bach para expressar sua orientação e ajuda e tomar público o fato de que ele está inspirando e orientando pessoas, hoje em dia, a desenvolver novas essências. Em várias ocasiões eu mesmo recebi mensagens semelhantes de grande encorajamento do Plano Espiritual por intermédio de fontes fidedignas e confiáveis.

As Essências Australianas funcionam profunda e rapidamente até naquelas pessoas que não moram na Austrália – uma vez que esta pessoa não tenha preconceitos com relação ao país. Se tem sentimentos muito negativos com relação à Austrália, as Essências Australianas não serão tão eficazes. Entretanto, se seu conceito com relação à Austrália é neutro ou favorável, e se essas pessoas trabalham consigo mesmas um desenvolvimento espiritual e emocional, aí então as Essências Florais Australianas serão inigualáveis em sua rapidez e eficácia. Lembre-se também, que as essências são indicadas para os estados psicológicos, espirituais e físicos que dizem respeito ao dias de hoje.

Em junho de 1987, nós recebemos uma circular da "World Network Centre for the Harmonic Convergence" em Glastonbury, na Inglaterra. Em sua primeira página proclamava aquilo que nós, na realidade já sabíamos... que a medicina floral tornar-se-ia a nova e mais importante forma de cura após a convergência harmônica. Esta foi mais uma confirmação da importância de nosso trabalho com as Essências Florais Australianas.

O poder das essências e os resultados obtidos são assombrosos. Elas agem como agentes catalizadores para ajudar a resolver uma grande gama de estados emocionais negativos e também para desenvolver nossas aptidões intuitivas. Sua forma de cura é manifestada pelo alinhamento dos corpos emocional, mental e espiritual. O que está por trás desta forma de cura baseia-se na eterna sabedoria de que assim que o equilíbrio emocional é restabelecido, ocorre a verdadeira cura. A maior parte das doenças físicas é o resultado final de um desequilíbrio emocional.

Porém, o principal objetivo das essências é ajudar pessoas a contactarem seu Eu Superior ou seja, seu próprio centro intuitivo que conhece seu propósito de vida. É chegada a hora das pessoas aprenderem, defenderem e seguirem aquilo que realmente querem e precisam fazer. Ter a noção de que possuem poder para fazer mudanças positivas não somente para si mesmas como também para todo o planeta e acreditarem que sua ajuda é de grande importância. Quanto mais as pessoas usarem as essências, mais sentirão a diferença na qualidade e lucidez de suas vidas.

As essências florais possuem um extraordinário poder de cura e um papel extremamente importante a desempenhar, ajudando a curar o planeta e elevar o nível de consciência daqueles que habitam nele. Para citar Anna Flora: "As essências ajudam os humanos a ficarem mais parecidos com anjos".

Como Funcionam as — Essências Florais —

O conceito de cura compartilhado por grandes homens desta área como Hipócrates, Paracelsus, Hahnemann, Bach e Steiner, entre outros, era muito simples. Todos concordavam que uma boa saúde física era o resultado da harmonia entre os corpos emocional, mental e espiritual, e verificaram que, ao tratar os desequilíbrios psicológicos de seus pacientes, suas doenças físicas eram curadas.

A própria doença em si é a manifestação física de um desequilíbrio emocional que ocorre principalmente quando o indivíduo não está em contato com seu Eu Superior. No entanto, a doença não é algo a ser temida nem deve ser motivo de preocupação. Ao contrário, ela pode ser encarada como um indício de que alguma coisa na vida da pessoa está fora de equilíbrio. Consequentemente, uma doença ou enfermidade pode ser encarada como uma qualidade positiva, pois pode indicar à pessoa como voltar a seu caminho original. Cada um possui um plano e um objetivo específico de vida e, uma vez estando consciente e seguindo estes propósitos, a vida da pessoa fluirá muito mais facilmente.

Todos possuímos uma "intuição", ou seja, aquela vozinha dentro de nós que alguns chamam de conhecimento interior, que tenta sempre ajudar e nos orientar. Se optarmos por ignorar esta orientação e continuar no caminho errado, geralmente esses avisos tornam-se mais intensos e perceptíveis até que finalmente, se ainda falharmos em ouvi-lo poderemos, como dizem os Americanos, ser "atropelados por um trator".

No entanto lembre-se de alguma vez em que você foi "atropelado por um trator", metaforicamente falando é claro, e diga-me se, embora tardiamente, não percebeu o quanto aprendeu com este fato. Ele provavelmente foi um marco um sua vida.

As Essências Florais Australianas ajudam a manter sua vida estável, deixando-o alerta e agindo de acordo com suas intenções para que não precise ser "atropelado" muitas vezes por estes "tratores". E se você passa por uma crise, as essências estão à sua disposição para ajudá-lo a trabalhar seus sentimentos e vivências, recuperando-se mais rapidamente.

As Essências Florais Australianas trazem à tona as qualidades positivas que estão no fundo de cada um de nós. Sua atuação permite-nos substituir o medo por coragem, o ódio por amor, a insegurança por autoconfiança etc.

O próprio Dr. Bach expressava muito bem quando dizia que as essências florais "elevam nossas vibrações e abrem nossos canais para receber nosso Eu Espiritual; inundam nossa alma com virtudes especiais, livrando-nos de todas as falhas. Elas são capazes, assim como uma bela música ou uma gloriosa fonte de inspiração, de elevar nossas almas e colocar-nos mais próximos de nós mesmos e, atuando desta maneira, dão-nos paz e alívio para nosso sofrimento. Elas curam sem atacar a doença, mas inundando nossos corpos com vibrações maravilhosas de nossa natureza superior na presença das quais qualquer enfermidade derrete como neve ao sol."

Embora o mecanismo de sua ação não tenha sido inteiramente provado, muita pesquisa tem sido feita com as essências florais. Richard Gerber, MD, no seu excelente livro "Medicina Vibracional", revê estas pesquisas e apresenta suas próprias teorias. Gerber mostra claramente que as doenças físicas e emocionais podem ser curadas pelo equilíbrio e tratamento de nossos corpos de energia sutil, os corpos astral, elétrico, mental e causal, junto às nossas energias Espirituais Superiores. Esses corpos de energia sutil têm um papel muito importante em manter-nos saudáveis.

De acordo com Gurudas, autor do livro "Flower Essences", dentre as três formas mais importantes de remédios vibracionais – essências florais, remédios homeopáticos e elixir de pedras preciosas – as essências florais são as melhores e a modalidade mais efetiva para alcançar e tratar dos corpos de energia sutil, os meridianos e o corpo físico. Diz ele que os remédios homeopáticos atuam no nível físico e nos campos biomagnéticos do corpo. Alguns destes podem afetar os chacras e os corpos sutis, mas não com tanta eficácia quanto as essências florais. Os elixires de pedras preciosas atuam similarmente às essências florais, porém não no mesmo grau, pois não têm a mesma potência de força vital.

Gerber menciona que o termo "vibração" é um sinônimo de frequência e que a única diferença entre uma substância densa como um antibiótico ou um pedaço de madeira e uma substância sutil como uma essência floral é a frequência na qual elas vibram. Substâncias sutis vibram a uma velocidade que excede a velocidade da luz. Os medicamentos vibracionais que contém energias sutis de alta frequência agem nos corpos de energia sutil e no nível dos veículos emocional, mental e espiritual.

Gurudas faz uma observação muito interessante sobre a maneira como as essências florais atuam nos corpos físico e sutil. Quando uma essência é ingerida ou absorvida pela pele, ela é assimilada inicialmente pela corrente sanguínea, ficando aí a meio caminho entre o sistema circulatório e o nervoso.

Neste local, uma corrente eletromagnética é criada pela polaridade desses dois sistemas. As essências então vão diretamente aos meridianos, que são mecanismos vitais de contato entre os corpos sutil e físico. Dos meridianos a força vital da essência floral é expandida para os chacras e para outros corpos sutis, retornando ao corpo físico. Essa expansão também aumenta a força vital da essência floral e ajuda na sua assimilação. A essência chega às partes desequilibradas do corpo mais rapidamente e de uma forma mais estável.

Segundo Gurudas, as essências florais limpam a aura e os corpos sutis para que os desequilíbrios não causem mais doenças. Essa limpeza ocorre instantaneamente, porém os resultados levam mais tempo para se manifestar. As estruturas de sílica cristalina tipo quartzo, tais como as existentes na corrente sanguínea, nas unhas e no cabelo, amplificam e transmitem nos corpos sutis as energias curativas das essências florais para seus campos de ação apropriados e nas frequências corretas. Todo esse processo é semelhante à forma como as ondas de rádio atingem um cristal num rádio, para que o cristal ressoe com as altas frequências assimilando-as e transformando-as em frequências auditivas que possam ser escutadas pelo ouvido humano.

Abaixo, a seguinte analogia será útil para a exemplificação e compreensão dos efeitos das essências florais nas pessoas.

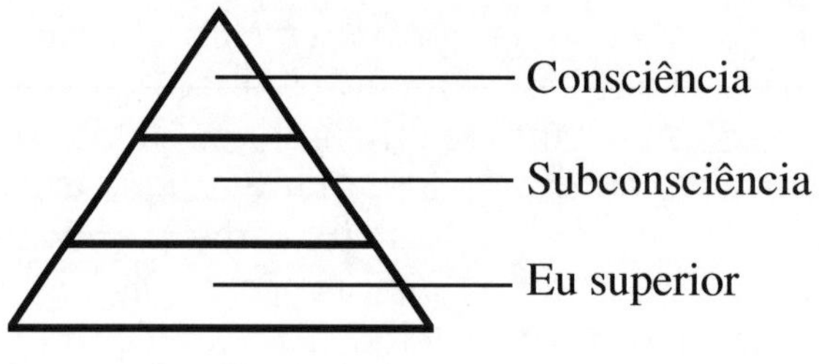

O diagrama representa a psique. Em cima, está a mente consciente, ou seja, a parte que pensa o que vamos fazer para o almoço, o que fizemos no último fim de semana e que está neste momento analisando as palavras que você está lendo agora. A mente consciente está sempre vibrando e pula constantemente de um pensamento a outro.

Embaixo do nível consciente está a mente subconsciente. Lá estão guardadas muitas de nossas crenças. Na verdade, a maior parte dessas crenças foram formadas na fase intrauterina e durante os primeiros anos de nossas vidas. Essas crenças orientam e dirigem nossas vidas. Estamos frequentemente criando situações para reforçar essas crenças que guardamos conosco. Raramente nos conscientizamos da existência dessas crenças formadas em idade tão tenra ou mesmo de outras que surjam mais tarde.

Por exemplo, aos três anos de idade uma criança pode ter ouvido repetidamente de um de seus pais ou de alguém muito próximo que era burra, ignorante ou incapaz de fazer qualquer coisa corretamente. À medida que for crescendo pode conscientemente esquecer aquele recado que lhe foi dado em tão tenra idade, entretanto pode ficar guardado ali como uma crença. Essa crença pode vir à tona muitas vezes durante sua vida. Seu comportamento seria o de criar situações para reforçar esta crença. Por exemplo, se ela arrumasse um emprego de responsabilidade com grandes desafios, ela cometeria erros frequentes e tolos e provavelmente perderia o emprego. A parte mais frustrante dessa situação é que a pessoa não tem consciência da causa de tanta confusão e não se dá conta de que seus erros são o resultado da crença interior de que é ignorante e incapaz de fazer algo corretamente. Com alguma observação nota-se que este comportamento é recorrente, na realidade ele se repete desde seus três anos, época em que ouviu tais comentários!

Outra crença comum é que "ninguém gosta de você". Que você "não pertence" (inadequação), especialmente quando seus pais não planejaram ou quiseram tê-la; "que você não é atraente", o que muitas vezes é o resultado de comentários impróprios feitos por pessoas que na época eram importantes para você ou pessoas que constantemente depreciam uma criança. O fato de uma pessoa acreditar que não é atraente, ou que é sem graça, pode ter tido origem em sua infância, quando uma pessoa dizia-lhe até carinhosamente: "Vem aqui, sua praguinha" ou "Me dá um beijinho, meu patinho feio" e coisas afins.

Obviamente a intenção da pessoa que fala é relativa, mas existe um grande poder na palavra dita em si. Muitas pessoas tem diarreia porque ficam constantemente dizendo que "tudo é uma merda", ou "você me deixa doente!" e "estou morrendo de vontade de fumar um cigarro". Todas estas frases têm um significado bem ao pé da letra para o subconsciente.

Quantas pessoas você conhece que, após terminarem um relacionamento juram que nunca mais vão cometer o mesmo erro; no entanto, logo após envolvem-se com uma pessoa bem parecida com a anterior e começam a interpretar os mesmos papéis. O *script* é o mesmo! O conjunto de crenças ou "material central" no subconsciente determina esse padrão de comportamento recorrente.

Para uma criança pequena, a perda de um dos pais pode causar um efeito muito profundo. Uma criança que perdeu seu pai num acidente pode interiorizar esse fato, transformando-o numa crença de que todos os homens com quem for se relacionar vão abandoná-la. Mais tarde em sua vida afetiva, seus pares ou vão perder o interesse por ela ou vão abandoná-la por outra pessoa ou sumir de sua vida. Ela atrai para si homens que, abandonando-a, irão reforçar sua crença.

Existem vários fatores que dão origem às crenças negativas, entretanto hoje em dia é possível as pessoas se libertarem dos comportamentos autodestrutivos liberando suas crenças negativas. Isto não somente irá ajudá-las, como também libertar seus próprios filhos de um círculo vicioso.

O que descrevi acima são apenas alguns exemplos de crenças negativas, suas causas e seus efeitos. É claro que existem também crenças positivas em seu subconsciente. Os pais têm uma grande oportunidade e responsabilidade em ajudar a desenvolver estas crenças positivas em seus filhos.

Finalmente, a parte de baixo do diagrama representa a mente superconsciente ou Eu Superior, ou qualquer outro termo com o qual você se identifique melhor. Aqui se encontram as qualidades positivas inerentes a todos nós; amor, coragem, confiança e fé; a solução para todos os nossos problemas; e uma compreensão de nosso Plano e Propósito de Vida. Esta parte da mente é responsável por nossa intuição e nossa inspiração.

As Essências Florais Australianas atuam de maneira similar à meditação no sentido de que não somente ajudam a dissolver nossas crenças negativas como também fazem com que aquelas qualidades positivas dentro de nós aflorem e inundem nossas mentes conscientes. Estes remédios tão poderosos trabalham de múltiplas maneiras para ajudar-nos na liberação das emoções e crenças negativas substituindo-as pelos nossos aspectos positivos. Pessoas e alguns fatos podem surgir inesperadamente para ajudar-nos na transposição para um novo nível de compreensão. Isso pode ocorrer mais frequentemente assim que libertarmo-nos de nossas crenças negativas.

Uma pessoa pode ter vários problemas emocionais, e as essências florais ajudam-na a trabalhar essas camadas de bloqueios emocionais. As essências são autoajustáveis, o que quer dizer que são efetivas somente até o ponto onde a pessoa está preparada para atingir. Elas também agem como suaves catalizadores levando a pessoa até aquele determinado ponto, ajudando-a então a passar para a próxima etapa. Além do mais são totalmente seguras e sem efeitos colaterais.

É claro que quanto mais as pessoas desenvolverem uma autoconsciência por meio de práticas de crescimento pessoal, meditação e também uma grande vontade de confrontar e explorar seus sentimentos, mais rapidamente os remédios agirão.

A beleza das essências está no fato de que qualquer pessoa pode usá-las, uma vez que são totalmente inócuas. Você não precisa de anos de treinamento médico para poder compreender suas propriedades e para prescrevê-las. Este livro é apresentado de tal maneira que ambos, o terapeuta profissional e aqueles que desejam usar as essências em si mesmos ou em seus amigos, sua família etc, serão capazes de fácil e rapidamente escolher as essências mais apropriadas. Este livro serve como guia para o uso desses remédios.

As Essências Florais Australianas são muito eficazes em crianças e animais tanto quanto em adultos. Na verdade elas agem com excepcional rapidez nas crianças porque ainda não desenvolveram tantas qualidades negativas e por isso possuem menos barreiras emocionais, estando em maior contato com seus verdadeiros sentimentos. A dosagem para animais e crianças é a mesma que para adultos. Os resultados alcançados com crianças pequenas e animais descartam a possibilidade de que os benefícios ao tomar as essências florais são devido a um efeito placebo.

Na maioria dos casos, os remédios têm melhor efeito se tomados individualmente. Mesmo assim, se combinados com outras essências referentes a um mesmo tema, você obterá um resultado melhor e mais duradouro. Elas agirão a partir de seus corpos sutis penetrando depois no físico. Quando usamos uma combinação de duas ou mais essências que dizem respeito a temas diferentes, poderemos ter um efeito mais lento. Todavia, numa situação de crise, é possível combinar até sete essências, embora o normalmente sugerido seja um máximo de quatro e ocasionalmente cinco essências.

Ervas, minerais e vitaminas, têm efeito somente no corpo físico.

Uma Viagem Pelas Essências Florais — Australianas —

Durante a primavera de 1986 o coração da Austrália, após décadas, viu seu mais lindo quadro de flores silvestres. Devido à grande quantidade de chuva nos lugares normalmente secos tais como Alice Springs e Uluru (Ayers Rock), surgiram flores que jamais haviam florescido por lá.

Durante 1987 o meu desejo de explorar o interior tornou-se cada vez mais forte. Sempre tive uma paixão pelo campo, mas naquele momento sentia uma urgência muito grande em ir para o Northern Territory. Foi então que, com grande entusiasmo, minha mulher Kristin e eu planejamos nossa viagem em busca das Essências Florais Australianas, que deveriam ser preparadas sob os raios do sol, assim como o Dr. Edward Bach havia feito com suas tão amadas Essências Florais Inglesas, há mais de 50 anos atrás.

Com a proximidade de nossa partida, visualizei as propriedades curativas de três plantas floridas que somente crescem no Northern Territory. Assim como aconteceu com a maior parte das outras Essências Florais Australianas, as propriedades curativas me foram reveladas quando estava meditando ou em momentos de silêncio e reflexão.

Em nossa primeira manhã em Alice Springs acordamos olhando para os MacDonnell Ranges. Nenhum de nós falou por um longo tempo enquanto absorvíamos o enorme poder daquela terra. A magia da viagem havia começado.

Passamos o resto daquela manhã na reserva floral Olive Pink. Olive Pink (1884-1975) foi uma mulher extraordinária que chegou aqui na Austrália em 1930 para morar e estudar com os Aborígenes do Deserto de Tanami. Mais tarde mudou-se para Alice Springs, onde fundou a Reserva com o Objetivo de criar um Jardim Botânico na zona árida com a finalidade de divulgar, conservar e pesquisar a flora da parte Central da Austrália. Muitas espécies de plantas raras e ameaçadas de extinção foram trazidas para cá afim de serem observadas e protegidas.

Há um grande número de desfiladeiros, tanto a Leste quanto a Oeste de Alice Springs. Escolhemos seguir para Oeste e passar nossa primeira noite em Orminston Gorge, acampados à margem de um riacho seco. A maior parte dos rios e riachos no interior estavam então com seus leitos secos, pontilhados com olhos d'água. Uma boa chuva durante a primavera pode, quase que imediatamente, fazer surgir um mar de flores silvestres. Naquela noite ouvimos a formação de uma tempestade e aí veio a chuva. Ficamos estáticos. Nossa primeira noite e a longa seca havia sido interrompida!!

Como naquela noite caiu somente 4 milímetros de água, o riacho continuava seco e não havia muitas flores por perto. Nossos rostos taciturnos iluminaram-se rapidamente quando nos deparamos com a Tall Yellow Top (Senecio magnificus), que estava florindo por todos os lados; havia também um clima perfeito; um céu azul sem nuvens, ou seja, as condições ideais para preparação de essências.

Tornar-se sensitivo às propriedades curativas da planta naquela manhã foi muito simples. Senecio magnificus é para alienação, para quando o indivíduo perde a conexão com sua família, amigos ou país. É um remédio para sentimento de inadequação. Normalmente, para compensar a alienação, a cabeça prevalece sobre o coração. Esta é uma Essência Floral Australiana muito especial e sinto que ela será muito usada.

Dando continuidade à nossa viagem, fomos mais para Oeste explorando vários outros desfiladeiros e paramos em Palm Valley. O país que estávamos conhecendo era verdadeiramente incrível. Muitas vezes parávamos o carro para respirar a beleza, a força e a eternidade da terra. No entanto, aqueles poucos dias foram também muito frustrantes.

Sentindo a energia da terra e achando tantas flores, comecei a preocupar-me, pois não tínhamos muito tempo, e achei que deveria fazer as essências o mais rapidamente possível, pois não sabia quando poderia voltar àquele lugar novamente. Um sentido de urgência e pânico tomou conta de mim. Logo depois decidi libertar-me de minha mente impaciente que estava tentando controlar os acontecimentos e em lugar disso resolvi confiar e deixar as coisas fluírem naturalmente - como elas invariavelmente acontecem.

Para mim, este foi o momento decisivo da viagem. Enquanto a impaciência e o sentimento de insegurança iam aos poucos me abandonando, fui começando a realmente viver tudo que estava acontecendo sem nenhuma preocupação.

Minha habilidade como motorista foi aprovada nestes quatro dias que passamos em Palm Valley. Os 16 quilômetros do profundo leito arenoso e seco do rio Finke (o rio mais velho do mundo) foi somente o início de nossa aventura pela pedregosa estrada que nos levava a Palm Valley. O vale é um oásis no meio desta terra tão árida. Os penhascos pontilhados de palmeiras sicádeas e samambaias guardavam as recordações de um "mar" interior australiano, outrora tão procurado. Infelizmente para o explorador Ludwig Leichardt, este "mar" existiu há milhões de anos atrás. Algumas das plantas mais raras do mundo, entre elas a cabbage palm, são encontradas neste local. Suas raízes penetram profundamente entre as camadas rochosas artesianas.

Vimos a Sturt Desert Rose pela primeira vez numa trilha de terra que nos levava a Palm Valley. Eu particularmente queria muito preparar esta essência floral. A beleza desta flor confirmou minha crença de que seria um remédio de extrema importância. Infelizmente este arbusto não pode ser aproveitado porque estava muito perto da trilha. Teríamos que esperar um pouco mais. De fato, não foi fácil encontrar uma flor ainda imaculada.

O chefe dos Guardas Florestais em Uluru, que foi nossa próxima parada, deu-nos informações valiosas de onde encontrar a Sturt Desert Rose e permitiu-nos procurá-la em algumas áreas que haviam sido interditadas para que a terra pudesse se regenerar. Um dia e meio depois ainda não a havíamos encontrado. Outro guarda ensinou-nos um lugar onde, por acaso, encontramos a rosa. Entretanto, aquelas 36 horas não foram desperdiçadas. Cada momento que passei nos Olgas será sempre muito caro para mim. De todos os lugares especiais no Northern Territory nenhum tocou-me tão profundamente quanto os Olgas.

Senti imensa satisfação e também fiquei extasiado ao me encontrar de frente com a Sturt Desert Rose, vendo aquela flor cor de rosa ondular graciosamente com a brisa. Finalmente lá estava ela, depois de tanta procura. Em breve haverá uma reação alquímica com a Sturt Desert Rose. Ela produzirá uma essência curativa que será usada pelas pessoas por muitos anos, sendo um elemento catalizador de grande importância para seu desenvolvimento e saúde.

Em conversa com os guardas florestais - tanto os de origem aborígena quanto os brancos - ficamos sabendo o que era o Tjukurpa Aborígene, termo erroneamente interpretado pelos brancos antigos como "sonhando" ou "hora do sonho". Uma tradução totalmente inadequada.

Os Aborígenes Anangu são os proprietários tradicionais das terras desta região. Sua ligação com a terra, suas leis e sua filosofia, tudo é feito através do Tjukurpa. O Tjukurpa é a existência em si, tanto no passado, presente e futuro. É também a interpretação da existência. É a lei que governa todos os comportamentos. A Tjukurpa é ainda hoje revivida e celebrada pelos Anangu. Dizem os Anangu que seu país surgiu durante a Tjukurpa e foi então que foram dados nomes a lugares tais como Uluru (Ayers Rock) e Katajuta (Olgas).

Uluru foi devolvido recentemente a seus tradicionais proprietários, que arrendaram-na de volta ao governo por uma pequena quantia. É a terra deles e, como tal, concordaram em dar ao povo não Aborígene a oportunidade de visitá-la.

Enquanto meditava sobre a Sturt Desert Rose senti que não poderia continuar o processo a menos que tivesse a permissão dos Anangu. Momentos antes havia passado por ali um guarda florestal. Eu já havia encontrado este mesmo guarda no dia anterior e sentido uma certa simpatia por ele. Minha intuição no momento do encontro foi de perguntar a ele se poderia colher algumas flores. Porém pensei comigo mesmo: e se estas forem as últimas plantas em flor? Calei-me pois não queria correr o risco de ouvi-lo dizer "não". Bem, agora era tarde. O guarda já havia ido embora. Quão rapidamente as emoções e o intelecto podem bloquear nossas intuições!

Como resultado tive que rodar 80 quilômetros numa estrada vermelha de pó para chegar até a Sede dos Guardas Florestais em Ayers Rock e voltar de novo até onde estava. Não havia a menor dúvida de que tínhamos que ir até lá, senão a energia na essência teria ficado incompleta, ela não teria dado certo. Nosso problema agora era tempo. Determinamos quantos minutos de luz do sol a Sturt Desert Rose necessitaria para ficar pronta. Pelos nossos cálculos, levando em consideração a hora do pôr do sol, nós teríamos no máximo 45 minutos para fazer todo o trajeto de volta e ainda sobraria tempo suficiente para entrarmos em sintonia com a Rosa e preparar a essência. Isto significava andar a 110 km. por hora numa estrada de terra.

— Vamos conseguir! gritou Kristin enquanto saltávamos no Jeep e saíamos em disparada. John Bellushi e Dan Ackroyd, os "Blues Brothers", eram fichinha perto de nós que, corríamos, pulávamos e voávamos levantando nuvens de poeira vermelha pela estrada tortuosa. O guarda florestal tinha dito "SIM"!!!

Diversas vezes em nossa viagem nós nos confundíamos quanto às propriedades de uma ou de outra flor enquanto preparávamos uma essência. A Sturt Desert Rose é para sentimento de culpa. Para aqueles que não seguem suas próprias convicções internas. Ela ajuda um indivíduo a escolher aquilo que ele realmente deve fazer. Ajuda a recuperar a autoestima que foi destruída por ações passadas e das quais se guarda um grande sentimento de culpa.

Naquela tarde o pôr do sol, que pareceu durar horas, brilhou por todo o céu banhando as nuvens e os Olgas com uma extasiante profusão de cores e formas. Era uma noite após a lua cheia e a imensa bola cor de laranja também apareceu no horizonte. Naquela noite e na noite da lua cheia ficamos sentados lá fora por muito tempo em profundo silêncio e meditação. Nas duas noites perdemos a noção do tempo. Decidimos celebrar a preparação da Sturt Desert Rose e fomos até o Yulara Sheraton Hotel para jantar. Assim que descemos todos empoeirados em lugar tão elegante, notamos o nome do restaurante: "The Desert Rose"!

Nosso velho amigo, o chefe dos guardas florestais em Ayers Rock, garantiu-nos que encontraríamos a Sturt Desert Pea quatro quilômetros à frente, numa estrada perto de Kulgera; segundo ele, a planta estaria em plena florescência. Setenta quilômetros após Kulgera, chegamos à Austrália do Sul sem avistar nenhuma Sturt Desert Pea!

Os habitantes de Kulgera não estavam muito certos de que encontraríamos a planta, mas alguns mencionaram terem-na visto alguns anos atrás mais ou menos a uns vinte e cinco quilômetros da estrada de ferro. De qualquer forma isto significava ir até o Deserto de Simpson, o que nos parecia muito longe e de difícil acesso.

Opostamente a isso, resolvemos seguir nossas intuições e viajar por uma estrada de terra que nos levava para fora de Kulgera. Esta estrada levou-nos a pastos abandonados e até a estação de trem de Kulgera, que também parecia abandonada. Um pouco mais à frente encontramos oito casas. Todas no mesmo estilo do governo, simplesmente colocadas ali no meio daquele mar de pó vermelho. Neste lugar, encontramos um senhor iuguslavo, muito simpático e amável, cujo trabalho o fazia seguir a linha ferroviária, lugar onde encontramos a Sturt Desert Pea em pleno crescimento. Um de seus amigos achou que éramos completamente loucos saindo para uma viagem de três horas, um pouco antes do sol se pôr, andando por uma péssima estrada só para colher algumas poucas flores.

Inspirados em nossa prévia experiência no estilo "Blues Brothers" em missão divina nos Olgas, lá estávamos outra vez descendo ruidosamente pela estrada atrás do nosso "Santo Graal". A trilha segue a estrada de ferro de Ghan até Alice Springs. Este lugar fica realmente no meio do nada e às vezes torna-se completamente árido, permitindo uma visão completa de 360 graus. Apostamos corrida com o pôr do sol para chegarmos antes do anoitecer. No momento em que o sol se punha atrás da linha do trem, chegamos ao nosso ponto de referência. Lá longe, dentro de uma vala, estava a nossa Sturt Desert Pea exatamente como nos haviam dito. Pegamos nossas cadeiras e meditamos em volta das poderosas flores, sozinhos no meio do deserto, somente nós e as moscas.

Mais tarde naquela noite enquanto dirigia, percebi que o combustível do carro estava quase terminando – não havia suficiente para voltar a Kulgera e talvez não houvesse o bastante para chegar a Alice Springs. A maior parte daquela área não é cercada e é muito perigoso dirigir durante a noite. Só o fato de conseguir ficar na trilha já era bem difícil, quanto mais ficar de olho nos animais também.

De repente a trilha fez uma curva para a esquerda, passando por baixo da linha de trem e saindo em lugar nenhum. Depois de alguns minutos a estrada simplesmente terminou. Não havia mais trilha e nós não tínhamos a menor ideia de onde estávamos. Quando estávamos vindo pela trilha ao lado da linha ferroviária, passamos por um gerador e uma luz, então, voltamos e encontramos um tipo de carro colonial sem janelas que servia de casa e de onde vinha a luz. Com muito cuidado sai do carro para dar uma olhada deixando Kristin lá dentro muito preocupada.

Ao bater à porta, atendeu-me um homem do tipo eslavo que vestia *shorts*. Em volta da luz que iluminava o local voavam milhares de mariposas. O homem não pareceu nada surpreso ao abrir sua porta no meio da noite e ajudou-nos a encontrar nosso caminho. A esta altura Kristin estava assustada com o escuro e o desconhecido, e eu muito preocupado com o combustível do carro.

Ligamos o rádio do carro pela primeira vez em muitos dias para aliviar a tensão e conseguimos ouvir o finalzinho de uma linda música clássica – um coral de Bach. As ondas sonoras foram então interrompidas pelo som da voz macia de Caroline Jones. Ela estava fazendo um entrevista com o Irmão Andrew que, junto com Madre Teresa, havia fundado uma irmandade para ajudar os pobres da Índia. Ele é um homem muito humilde, gentil e espiritualizado que fala de uma maneira muito bonita. Ele dizia que aqueles materialmente muito pobres na Índia e na Ásia são geralmente pessoas felizes e que ele gostava muito de trabalhar com eles. O que o aborrecia profundamente era a raiva, a dor e a tristeza reprimidas na maioria das pessoas ricas no Ocidente e o fato de que existe um deserto espiritual dentro dessas pessoas. Lá estávamos nós, dirigindo pelo deserto procurando remédios que diziam respeito a essa pobreza espiritual e, ao ouvir aquelas palavras, fomos dominados completamente pela incrível beleza e poder daquele momento.

O outro entrevistado de Caroline Jones era uma mulher que sobreviveu a uma infância terrível e à segunda guerra mundial. Ela sempre teve um fascínio pela Austrália e pelos Aborígenes. Identificou-se com a alienação deles e adotou sua cultura e luta na Austrália. Enquanto ela falava da beleza do interior, lá estávamos nós, andando justamente pela região à qual ela se referia. Falou do significado espiritual da lua para os Aborígenes e naquele exato momento a lua surgiu no horizonte! Escorriam lágrimas dos olhos de Kristin e ambos sentimos que toda esta experiência havia sido uma das mais fortes em nossas vidas.

Como podem imaginar, o poder da Sturt Desert Pea combina com a energia na qual ela foi concebida. É o remédio para remover profunda dor e sofrimento.

Em nossa longa viagem em direção ao Norte limitamos nosso tempo no carro para fotografar inúmeras flores e explorar trilhas de terra. Passamos uma noite em Wauchope encantados com a beleza e o incrível número de estrelas cadentes.

O relevo ia se transformando lentamente diante de nós. A paisagem agreste do interior com o tapete amarelo de Senecio magnificus passou para plantas e árvores mais altas que tinham suas formas torcidas devido ao vento quente que sopra o ano inteiro.

Entre Alice Springs e Katherine Gorge preparamos a Wild Potato Bush, que destina-se àquelas pessoas lentas e pesadas mas que estão preparadas para dar o próximo passo. Estas pessoas sentem que estão prontas para abandonar seu outro Self e dar um passo à frente. Porém, dar este passo à frente é muito difícil para elas. Esse remédio vai ajudá-las a conseguir.

Spinifex – minha primeira gramínea – foi desenvolvida ligeiramente diferente do resto das essências. Pode ser usada topicamente para erupções da pele, tais como herpes ou em cortes incisivos pequenos e limpos feitos com objetos cortantes do tipo bisturi, vidro, faca afiada etc. Quando tomada internamente, ela faz vir à tona os estados emocionais e crenças que estão causando estas erupções. Existem muitas pessoas que podem se beneficiar com este remédio.

As noites estavam muito quentes quando chegamos em Katherine Gorge, que é formado por treze desfiladeiros um ao lado do outro. Fomos de bote até o sétimo desfiladeiro e lavamos toda a poeira acumulada, nadando o máximo possível pelo menos enquanto estávamos em águas seguras, isto é, longe dos crocodilos de água salgada!

Foi em Katherine que finalmente nos deparamos com um Calytrix exstipulata ou Turkey Bush em flor. Estávamos pedindo que esta oportunidade surgisse. A planta floresce em julho e agosto e, mesmo antes de deixar Sidney, sabíamos que as propriedades desta flor ajudam a desenvolver a criatividade e a remover bloqueios emocionais e o desencorajamento que impede as pessoas de manifestar sua criatividade quando perdem sua inspiração. Ajuda a eliminar a distração e a frustração, permitindo que a criatividade flua livremente através das pessoas.

A parte final da viagem foi o Parque Nacional de Kakadu. Muitas pessoas que encontramos durante a viagem contaram-nos seu desapontamento com o Parque de Kakadu, descrevendo-o como um lugar quente, seco e muito caro. Assim, pudemos chegar a uma média melhor, acrescentando àquilo que nos foi dito a descrição do artista plástico australiano Charles Blackman, que tinha o parque como a oitava maravilha do mundo.

Entramos em Kakadu no início da tarde por Pine Creek. Assim que descemos do carro fomos surpreendidos por um calor intenso. Rapidamente optamos por descer para as cachoeiras e refrescar-nos em suas águas. Em Katherine, havíamos decidido não nadar em Kakadu porque ninguém está completamente a salvo dos crocodilos de água salgada. Entretanto, lá embaixo nas cachoeiras haviam muitos colegiais, a maioria brincando dentro d'água. Por uma questão de segurança, primeiro ficamos entre a criançada, mas logo desistimos e saímos por conta própria. Naquela noite, ficamos procurando crocodilos com uma lanterna ao longo do South Alligator River. Quando a luz os atinge surgem na água dois pontos brilhantes cor de laranja, como se estivessem olhando fixo para você do outro lado do rio. Contamos quinze crocodilos naquela noite, todos eles parecendo ser o menor dos "Freshwater Johnson Crocodile"- um animal que tem medo de gente!

No final da zona norte do parque está Ubirr (Obiri Rock) onde se encontram as magníficas pinturas Aborígenes feitas em pedras - as mais antigas do mundo, algumas datam de 23.000 anos atrás. Este local de arte é da maior importância e é o único no mundo a mostrar vários estilos de pintura que compreendem um longo período de tempo. O guarda florestal que nos levou, disse-nos para imaginar estarmos entrando numa galeria nacional de arte - ele não poderia estar mais certo.

Do alto da Obiri Rock você tem a vista mais bonita de Kakadu. Lá assistimos a um pôr do sol que para nós nunca foi superado. Fato comum entre aqueles que já estiveram naquele local.

Toda manhã acordávamos bem cedo cheios de entusiasmo e expectativa para o novo dia. Na manhã depois que visitamos Obiri Rock encontramos a Billy Goat Plum, crescendo bem ao lado do lugar onde montamos nossa barraca. O remédio feito de suas flores é para autorrepugnância e para quem não aprecia seu próprio corpo, especialmente os órgãos sexuais. As pessoas que precisam desta essência normalmente sentem-se sujas após o ato sexual.

Enquanto fazíamos o trajeto de volta para Obiri Rock um perfume de gardênia chegou até nós trazido pela brisa quente que pairava no ar. Aí então descobrimos a fonte. Não aquele pequeno arbusto que estamos acostumados a ver, mas uma árvore de nove metros de altura! Haviam três árvores, uma ao lado da outra, e todas repletas de flores. As flores duram um dia ou dois no máximo nessa época seca e muito quente. Que manhã para essências!!

Enquanto Kristin desenhava a cena, eu preparava a essência da Bush Gardenia. Este remédio é para as paixões que estão terminando. Ela ajuda a reviver a paixão nos relacionamentos porém, o mais importante, é que ela revive o interesse das pessoas pelo companheiro(a). A essência também pode ser usada, por exemplo, numa família na qual um dos membros está se desencaminhando e os outros estão tão ocupados com seus próprios afazeres que não se dão conta do que está acontecendo com aquela pessoa.

O última essência preparada durante esta viagem foi a Red Lily. O dia que preparamos a essência, passamos em companhia de Mick Alderson e Don, um outro amigo seu. Mick é proprietário de terras em Kakadu e trabalhou como guarda florestal por vinte anos. Ele levou-nos para a zona úmida no interior de Kakadu onde fica o local de reprodução de milhões de pássaros. A Austrália possui cerca de 670 espécies de aves, das quais 270 são encontradas em Kakadu. Mick e Don pareciam saber o nome de todas elas enquanto nos mostravam uma por uma.

Mick levou-nos a um pântano que sabia estar repleto de Red Lilies. Nós nos sentíamos muito seguros na companhia de alguém que conhecia tão bem aquela região. À medida que entrávamos no pântano atrás das Red Lilies, a lama ia chegando até nossos joelhos. Mick garantiu-nos que não havia crocodilos e que a lama não passaria de nossos joelhos. Isso nos acalmou. No meio do caminho Kristin se deu conta de que estava cheia de sanguessugas nos pés e logo perdeu todo seu entusiasmo para a segunda parte do programa. Esta liliácea é conhecida como o "Lotus Sagrado" e também é um excelente legume. Fruto, estame, folhas e flores são todos comestíveis. As sementes são muito ricas em gordura e proteínas e duram por muito tempo. Os rizomas são muito ricos em fibras, são ótima fonte de energia e têm um sabor adocicado. O estame também pode ser usado como canudo para filtrar a água limpa que se encontra debaixo de uma camada de sujeira, retendo as impurezas que passam por sua extensão. Enquanto avançávamos com dificuldade para chegar até onde estavam as flores, perturbamos a paz de milhares de "Magpie Geese" (gansos) que alçaram voo espetacularmente.

Enquanto esperávamos a essência da Red Lily ficar pronta observamos um jabirú, a única espécie de garça da Austrália capaz de caçar e comer uma cobra preta de um metro, começando pela cabeça.

"Quantas cobras será que passamos por cima enquanto andávamos na lama?" – perguntamos a Mick. Ele somente riu!

Kakadu era certamente o final apropriado para esta viagem tão mágica. Sentimos a força de Deus e da terra fluindo fortemente através de nós todo o tempo que andamos pelo Northern Territory. Eu faço uma recomendação muito especial para que você: explore e vivencie esta parte da Austrália.

A Magia de Preparar — as Essências —

A intenção deste capítulo é compartilhar alguns dos mais incríveis fatos que várias vezes ocorreram quando preparávamos as Essências Florais Australianas. Eu escolhi algumas entre as diversas essências para ilustrar a inegável presença e orientação divina tão evidente durante a preparação de todos os remédios.

Escolhemos o Waratah como nosso logotipo por causa da enorme importância de suas propriedades, especialmente nos anos por vir. No entanto, durante o primeiro ano em que preparamos as essências, a época de florescência dos Waratahs estava terminando e nós ainda não havíamos feito a essência daquela planta.

A espécie que cresce no litoral havia terminado sua florada semanas antes. Assim, estávamos confiantes de que faríamos o remédio com flores do outro lado do Great Dividing Range, onde as plantas florescem mais tarde. Eu vinha mantendo um contato regular com um senhor que comercializava Waratahs em sua propriedade. A cada duas semanas mais ou menos eu lhe telefonava e perguntava se as plantas estavam floridas e ele sempre respondia a mesma coisa: "Não, a geada foi muito forte este ano e elas estão demorando mais do que o normal, ligue-me daqui a duas semanas e eu lhe digo se estão no ponto certo".

Depois de algum tempo comecei a ficar tão frustrado com o atraso dos Waratahs que parei de telefonar achando que ainda teria bastante tempo antes da florada. Foi um choque quando finalmente resolvi ligar de novo e ouvi que elas já haviam florido e que agora não havia mais flores. Ele duvidava que eu encontrasse outra planta florindo mas, em todo caso, deu-me o telefone de um outro agricultor de quem recebi a mesma notícia, além de outro número de telefone.

Todo o processo foi repetido por mais algumas vezes até que finalmente, por intermédio de John Dixon, um pesquisador universitário e autor de um fabuloso livro sobre Waratahs, recebi o telefone de uma companhia que indubitavelmente saberia os locais onde eu encontraria os últimos Waratahs em flor no Estado. Eles concordaram em ensinar-me o local somente por ter sido indicado por John Dixon e, mesmo assim, somente depois de fazerem uma reunião para discutir se deveriam ou não divulgar este local legendário para mim. Eles estavam preocupados porque seu meio de vida estaria ameaçado se outros viessem a saber desse local. Permitiram-me entrar mas duvidavam que eu encontrasse um Waratah em flor. Eles tinham estado no local uma semana antes e haviam colhido todas as flores que restavam.

O dia seguinte seria a única oportunidade que eu teria para fazer a viagem de quatro horas e naquela noite, enquanto meditava, pedi que me orientassem e dirigissem minha busca pelos Waratahs em flor. O que se seguiu encheu-me de esperanças para a viagem, pois visualizei, em estado de meditação, uma fenda íngreme que dava num leito de riacho onde havia um Waratah em flor.

No dia seguinte, quando cheguei ao local, verifiquei que a cena era exatamente aquela que eu tinha visto na noite anterior. A própria fenda estava repleta de Waratahs, mais de trezentos. De longe eles pareciam estar todos floridos, porém, examinando mais de perto verifiquei que as flores já haviam começado a murchar e cair, estando meio queimadas pelo sol.

Uma aura de majestade e poder pairava sobre toda aquela paisagem e eu fiquei passeando por entre os Waratahs, absorvendo a magia daquele lugar tão incrível, até que de repente cheguei ao ponto exato que eu havia visualizado na noite anterior durante minha meditação. Lá estava meu Waratah em plena e gloriosa florescência!

Depois de deixar escapar algumas exclamações de prazer e agradecer a todos os meus guias espirituais, preparei a essência. O tempo não estava ideal para a preparação da essência; havia nuvens no céu e provavelmente logo choveria. No entanto, uma área de três metros em volta da vasilha na qual estavam os Waratahs ficou banhada em sol durante todo tempo necessário para a preparação da essência. E, no momento exato em que retirei os Waratahs e decantei a essência, a chuva caiu. Ela esperou o tempo exato para que eu completasse minha tarefa.

Procurei abrigo, esperando por algumas horas que a chuva passasse e, mais tarde, enquanto a luz do dia se esvaia, senti vontade de andar por entre aquelas plantas soberbas. Vi também outro Waratah em flor, do qual fiz a essência. Mais tarde naquela noite, ao celebrar os acontecimentos maravilhosos do dia, descobri que havia colhido os Waratahs no momento exato da lua cheia e que a essência do segundo Waratah havia sido feita somente à luz da lua.

A preparação da Paw Paw também envolveu uma história similar. Nos trópicos, num dia em que a temperatura passava dos trinta graus, eu estava preparando a essência num campo onde de vez em quando passavam algumas vacas. Como estava no meio de um seminário, tive que abandonar meu desejo de ficar ali preparando a essência, embora estivesse um pouco preocupado que as vacas achassem que todos os "natais" de suas vidas houvessem chegado de uma só vez, se descobrissem aquela vasilha com água fresca repleta de suculentas flores Paw Paw boiando.

Meu único recurso foi pedir proteção divina e visualizar uma luz branca envolvendo a vasilha e ter fé. Ao retornar horas mais tarde, vi muitas marcas de patas em volta da vasilha e por algum motivo - claro que penso saber porque - algo as impediu de beber a água e comer as flores. E foi novamente agradecendo ao Plano Espiritual que decantei a essência.

A Bush Iris foi o primeiro remédio que preparamos. Quando saímos naquela manhã nossa ideia era preparar a essência de Waratah, porém suas flores ainda não estavam na florescência perfeita. Como havia Bush Iris em flor por perto e como já conhecíamos suas propriedades, resolvemos preparar a essência. Quando voltamos no dia seguinte àquele mesmo local ficamos surpresos ao ver que não havia mais nenhum arbusto em flor. Um fato muito incomum. Tanto Kristin quanto eu tivemos uma forte sensação que as Bush Iris estavam esperando somente o tempo necessário para que chegássemos e pudéssemos destilar suas essências curativas para a humanidade.

Com relação à Silver Princess fomos informados de que restava somente uma única plantação em toda a Austrália. Embora não fosse a época da florada dessas árvores, mesmo assim viajamos até aquele lugar isolado, Boyagin Rock, a sudoeste da Austrália Ocidental. Ao chegarmos lá, encontramos não só a plantação como todas as suas lindas árvores em flor. Certos de que não teríamos outra oportunidade de ir àquele lugar, pelo menos por alguns anos, nem ligamos para os avisos dos *experts* em botânica que diziam estarmos perdendo nosso tempo – nunca duvidei de minha forte intuição de que encontraríamos as flores e prepararíamos a essência da Silver Princess.

Foi também extraordinário como a Red Helmet Orchid tomou-se uma essência. Eu já havia sentido que havia uma orquídea com determinadas propriedades, porém o problema era encontrar a planta. Nós já estávamos à procura "da orquídea" com aquelas propriedades por algum tempo quando finalmente o Universo resolveu tomar conta do caso e nos mostrar a flor em Stirling Range. Tudo aconteceu quando estacionei meu carro numa estradinha de terra que me levava ao topo de uma montanha e um carro que vinha na direção contrária estacionou ao lado. Um homem desceu do carro e correu até onde eu estava fotografando para me dizer cheio de entusiasmo que ele havia acabado de achar uma Red Helmet Orchid em flor a meio caminho de Toolbrunup Peak. Disse-me que precisava me contar pois sabia que eu ficaria tão entusiasmado quanto ele! Ele certamente representou um Mercúrio portador de boas notícias.

A esta altura, percebi que esta era a orquídea que procurávamos, e senti-me absolutamente certo sobre tal fato. É uma experiência extasiante esbarrar com tal certeza e saber que podemos ser guiados por forças invisíveis e benévolas que estão à nossa volta.

Uso das Essências Florais Australianas com outras Modalidades

Numerologia

A Numerologia é um antigo sistema de análise que oferece um método simples para um rápido conhecimento e compreensão da personalidade e habilidades de um indivíduo. Revela a força de uma pessoa assim como identifica áreas de maiores dificuldades. A numerologia é de extrema utilidade na seleção das Essências Florais Australianas, até mesmo na indicação de alguma essência que não pareça tão óbvia.

Existem sistemas diferentes de numerologia. Aquele que vou descrever agora, o Sistema Pitagórico, baseia-se na sua data de nascimento, e foi descoberto há mais de 2500 anos. A análise de qualquer data de nascimento indicará os tipos de remédios mais apropriados.

O primeiro passo neste sistema de numerologia é escrever sua data de nascimento. Cada número tem um lugar específico que não pode ser alterado num gráfico quadriculado. O gráfico tem a seguinte forma:

3	6	9
2	5	8
1	4	7

Por exemplo, se estamos trabalhando com alguém cuja data de nascimento é 9 de novembro de 1942, cada um dos numerais será escrito no seu lugar específico dentro do gráfico:

		99
2		
111	4	

A linha superior do gráfico (3-6-9) representa o plano mental, a linha do meio (2-5-8) o plano emocional e a linha inferior (1-4-7) o plano físico. Cada lugar no gráfico representa uma característica ou aspecto da personalidade. O número total de numerais em um lugar específico do gráfico determina o grau ou a intensidade pela qual aquela característica pode ser expressa.

Número 1

Um único número 1 no seu gráfico de nascimento indica uma dificuldade evidente em comunicar seus sentimentos a outras pessoas. Frequentemente estas pessoas assumem que os outros já sabem o que estão sentindo sem precisar dizê-lo. É claro que normalmente os outros não sabem o que estas pessoas sentem e, por isso, muitas vezes acontecem desentendimentos em seus relacionamentos.

A maioria das pessoas que tem um único número 1 sente-se em geral constrangida em falar de si mesma com os outros, pois acredita que possa estar aborrecendo seus ouvintes ou que esteja sendo egoísta. De fato, um vínculo maior pode ser estabelecido entre duas pessoas quando possuem confiança mútua suficiente para revelar seus sentimentos.

A Philoteca ajudará essas pessoas a falar sobre si mesmas e a Flannel Flower ajudá-las-á a compartilhar seus mais íntimos sentimentos.

Dois 1s indicam o potencial para uma facilidade em expressar seus sentimentos.

Três 1s podem indicar tanto uma pessoa muito tagarela quanto uma pessoa muito tímida e quieta.

Kangaroo Paw é o remédio para aqueles que falam muito, ajudando-os a tomar consciência das necessidades dos outros.

As pessoas muito quietas se retraem com os outros, raramente desabafando até sentirem-se mais confortáveis e seguras: Five Corners ajudará a desenvolver sua autoestima e Dog Rose ajudará a desenvolver maior segurança junto aos outros.

Pessoas que possuem quatro 1s podem ter grande dificuldade em expressar emoções e em comunicar-se com outras pessoas. Normalmente necessitam de algum tempo sozinhas e quietas, sendo frequentemente mal interpretadas. Dois dos remédios que dizem respeito a este comportamento são Flannel Flower e Bluebell, para a expressão dos sentimentos.

Alguém que tenha cinco 1s tem ainda maior dificuldade na comunicação. Essa pessoa se beneficiará dos mesmos remédios que aquela com quatro 1s, mas também pode necessitar de Bush Fuchsia para clareza de expressão e verbalização de suas opiniões.

Número 2

O número 2 representa a sensibilidade. Um pensamento promissor é que no ano 2000 e nos próximos 1000 anos cada pessoa nascida terá um número 2 em seu gráfico de nascimento. Este fato indica que uma maior sensibilidade e intuição seriam notadas nas futuras gerações.

Pessoas que têm dois ou mais de dois números 2 em seu gráfico de nascimento possuem um alto grau de sensibilidade, o que pode tornálas facilmente magoáveis. Podem ser feridas por ações ou comentários que outras pessoas ignorariam. Os remédios que podem ajudá-las são: Sturt Desert Pea para profundas tristezas e mágoas não resolvidas de muito tempo atrás; Crowea para desenvolver um estado de espírito calmo e equilibrado, e Illawara Flame Tree para aliviar o sentimento de rejeição.

A grande sensibilidade dessas pessoas pode se manifestar como uma empatia exagerada. Como resultado, podem servir de "esponjas psíquicas", absorvendo os sentimentos alheios. No entanto, não percebem que estes sentimentos não são seus. Frequentemente chamo estas pessoas de "substitutas", ou seja, elas apresentam os sintomas das enfermidades dos outros. Por exemplo, se massageiam alguém que esteja com o ombro doendo elas também começam a sentir dor no ombro. Um excelente remédio para mantê-las protegidas dos pensamentos e sentimentos dos outros é Fringed Violet.

Aqueles sem o número 2 em seus gráficos, não são necessariamente insensíveis. Qualquer um pode desenvolver em si mesmo uma determinada qualidade, até aqueles que não nasceram com ela, embora seja mais difícil tornar-se uma pessoa sensível se você não tiver um número 2 em seu gráfico.

Os números representam somente um potencial inerente e, com o uso das essências e com a ajuda de outros métodos de crescimento pessoal, as qualidades desejadas podem surgir. Eles também apontam habilidades e capacidades latentes que não estão sendo usadas para que, uma vez conscientizadas dessas capacidades, as pessoas possam resolver se querem ou não desenvolver seus potenciais.

Número 3

Este é o primeiro número do plano mental e refere-se à imaginação e foco mental. Pessoas que não possuem o número 3 em sua data de nascimento melhorariam muito se exercitassem suas mentes com algum tipo de disciplina mental. Sua memória iria se beneficiar, uma vez que essas pessoas têm tendências a esquecer detalhes. As essências apropriadas a serem usadas são: Isopogon para o aprendizado e a memória; Bush Fuchsia para equilibrar os lados esquerdo e direito do cérebro; Sundew para a atenção ao detalhe e Yellow Cowslip Orchid para julgamentos imparciais e análise objetiva.

Se a imaginação da pessoa não é muito desenvolvida a Little Flannel Flower dará um toque de brincadeira e leveza. A Turkey Bush também pode ser apropriada, pois traz inspiração e criatividade.

Quanto maior a quantidade de números 3 nos gráficos de nascimento, maior a imaginação do indivíduo. Muitos escritores de ficção científica têm grande quantidade de números 3 em seus gráficos. No entanto, se há mais de um número 3 no gráfico mas nenhum número ao lado deles, isto é, nenhum 2, 5 e 6, a pessoa poderá ter uma pequena tendência à paranóia devido à imaginação tão fértil. Neste caso, Mountain Devil é muito apropriado, pois trabalha com a desconfiança. Sundew também pode ser usado por aqueles que estão constantemente perdidos em suas próprias fantasias, os sonhadores e desligados que vivem eternamente no "mundo da lua".

Número 4

Este número encontra-se no centro do plano físico. Pessoas que possuem vários números 4 podem ser muito materialistas e, neste caso, Bush Iris irá ajudá-las. Algumas vezes este materialismo vem acompanhado de uma insensibilidade às necessidades alheias. Para estas pessoas o remédio é Kangaroo Paw, ou Red Helmet Orchid se estão negligenciando seus próprios filhos em sua busca pelo poder e riqueza.

Vários números 4 podem também indicar praticidade, embora seja necessário tomar cuidado para equilibrar esta característica usando suas habilidades intuitivas e cognitivas. Bush Fuchsia serve para desenvolver a intuição e é uma boa solução para este quadro.

Muitos números 4 podem dar origem a uma pessoa com ponto de vista muito rígido ou severo, pois enxerga a vida somente sob um prisma prático ou funcional. Turkey Bush pode fazer a pessoa abrir-se para a beleza da vida e da natureza. Hibbertia pode ser tomada se a pessoa for rígida e severa consigo própria. Qualquer exagero de asseio, fato muito comum entre pessoas que possuem um grande número de 4s, pode ser equilibrado com Boronia.

Nenhum 4 indica uma pessoa que desiste facilmente, que não tem perseverança, principalmente se não houver também nenhum 5 ou nenhum 6 no gráfico. Para este caso o remédio é Kapok Bush, pois incentiva a perseverança.

Nenhum número 4, em um gráfico que possui os números 1, 5 e 9, indica uma personalidade com grande determinação, embora a pessoa possa tornar-se impaciente muito facilmente. O remédio para este caso é Black-Eyed Susan.

Número 5

O número 5 é o centro do plano emocional. Pessoas que não possuem o número 5 em seus gráficos têm tendência a ser um pouco inseguras com relação às suas emoções. Elas não têm muita certeza daquilo que estão sentindo e tendem a reagir às situações de uma maneira inadequada. Crowea é um bom remédio para tal.

Se há mais de um número 5, especialmente três ou mais, a pessoa invariavelmente possui grande força emocional. Normalmente você pode sentir essas pessoas mesmo antes de entrarem numa sala. Black-Eyed Susan para elas! Essa intensidade geralmente provém do fato de serem pessoas egoístas e pretensiosas (cheias de si). Boronia para os obsessivos e Kangaroo Paw para os insensíveis e desajeitados podem ser essências adequadas. Se o temperamento da pessoa for instável, então Peach-flowered Tea-tree ajudará. Ao invés de usar álcool, drogas e sexo para se libertarem dessa força emocional reprimida, poderiam tomar Bush Iris.

Número 6

O número 6 por um lado trabalha com a criatividade e por outro lado com a procriação e sexualidade. Pessoas que possuem mais de um número 6 são extremamente conscientes e muito sensíveis quanto ao seu meio ambiente. Se presenciarem alguma desavença, automaticamente tornar-se-ão fragilizadas, adoecendo facilmente. Crianças com estas características podem apresentar sintomas de doenças tais como dores de cabeça, dores de estômago ou bronquite, especialmente quando existe um clima de tensão entre seus pais. Crowea aliviará a preocupação sobre o lar e a família. Caso haja três números 6, essas preocupações podem tornar-se obsessivas – Boronia.

Pessoas que possuem um ou mais número 6 têm grande necessidade de descanso e, se isso não ocorrer, precisarão tomar uma ou duas doses de Banksia Robur ou Macrocarpa para recuperar a vitalidade e a energia esgotadas.

Para aqueles que não têm nenhum número 6 em seus gráficos, Turkey Bush é uma essência maravilhosa para desenvolver a criatividade.

Para uma descrição mais completa das várias essências apropriadas que dizem respeito à sexualidade, veja o capítulo entitulado Sexualidade no final do livro.

Número 7

Este número representa aprendizado e sacrifício. Muitas são as lições aprendidas pelas pessoas que têm vários números 7 em seus gráficos. Elas normalmente vivenciam o que parece ser muito sacrifício e dificuldades em suas vidas com relação a dinheiro, saúde e perdas de relacionamentos. Estas são lições para ensinar uma pessoa a desapegar-se de seus bens materiais e fazê-la ver que existem coisas mais importantes na vida. Essa compreensão também é proporcionada por Bush Iris. Parece que aqueles com vários números 7 em seus gráficos escolhem ter uma grande quantidade de experiências de aprendizado nas múltiplas propostas em suas vidas. Os remédios Waratah, Fringed Violet e Paw Paw são todos excelentes para enfrentar a chegada dessas lições.

Esses indivíduos não gostam de ser ensinados por outras pessoas, preferindo ter experiências de primeira mão. Se forem muito teimosos e não ouvirem conselhos de outros, ou se quiserem que outros façam aquilo que dizem, Isopogon é a essência apropriada e pode também ser tomada se insistirem nos mesmos erros sem contudo aprender com eles.

Sunshine Wattle pode ser indicada para acender uma "luzinha" no final do túnel para aqueles com vários 7s em seus gráficos, os quais podem estar sentindo que a vida nada mais é que uma grande luta. Southern Cross também pode ser indicada para o sentimento de que foram injustamente tratados pela vida, pelo acúmulo de lições consecutivas.

Normalmente, fatos significativos acontecem em suas vidas nas idades de 7, 14 e 21 anos. Bottlebrush é ótimo para transpor esses momentos de transição.

Número 8

Esse número representa organização e controle. Pessoas que possuem pelo menos um número 8 em seus gráficos podem ser controladoras – Isopogon. Dois ou três 8s podem indicar também que são pessoas muito inquietas. Parecem não encontrar seu caminho ou plano de vida, ou às vezes nem têm consciência de que possuem um. Silver Princess pode ajudar essas pessoas, ou Jacarandá para aqueles que estão sempre com pressa, frequentemente mudando de emprego, casa, amigos e interesses. Para qualquer falta de persistência ou entusiasmo, que é típico de vários números 8, a Peach-flowered Tea-tree é de grande valia, enquanto Wedding Bush os tornará capazes de manter seus compromissos e projetos com os outros.

Número 9

Comum a todos que nasceram neste século é o número 9 das relações humanas e da responsabilidade. Estas pessoas podem ser idealistas e mais ainda se tiverem vários números 9 em seus gráficos de nascimento. Além disso, se não houver outros números ao lado desses 9s, isto é, nenhum 6, 5 ou 8, a pessoa não só é muito idealista como também muito pouco prática e costuma estar sempre no "mundo da lua". Nesse caso, a Red Lily ou Sundew podem ser apropriados ou até Kangaroo Paw se esse idealismo pouco prático transformar-se em ingenuidade. Também poder-se-ia pensar na Hibbertia para aqueles que quase chegam ao fanatismo.

O número 9 também representa a ambição e, se aquelas pessoas com muitos números 9 forem negativas, elas podem chegar a ser muito cruéis no que diz respeito às suas ambições. Isopogon pode ser usado para uma pessoa que tenha uma natureza muito dominadora e controladora ou Bluebell para aqueles que não desejam compartilhar, querendo guardar tudo para si mesmos.

Aqueles que possuem dois ou mais números 9 precisam ser cuidadosos para não se tornarem muito julgadores ou críticos e desenvolverem a habilidade de ver fatos e pessoas objetivamente - Yellow Cowslip Orchid - ou, para serem mais intuitivos, Bush Fuchsia.

Configurações

A combinação de três números numa linha reta, seja 1-5-9 na diagonal, 3-6-9 horizontalmente ou 1-2-3 verticalmente, indica uma qualidade em potencial para ser somada às características de cada um dos números. A maioria dos gráficos tem pelo menos uma dessas setas.

Uma configuração interessante é a seta da hiperatividade onde os números 7-8-9 aparecem no gráfico do nascimento. Com esta seta as crianças em particular têm grande necessidade de carinho e podem ser muito irritantes para seus pais, podendo finalmente tornarem-se um pouco maníacas. Elas captam as emoções muito rapidamente e sentem as coisas muito intensamente. Black-Eyed Susan pode ser um bom remédio para essas crianças, embora muitas se beneficiem mais do Jacarandá porque sua capacidade de atenção e concentração é muito pequena. Elas necessitam grande quantidade de TLC (N.T.: Tender Loving Care, ou seja, muito carinho) de seus pais e de outros adultos em sua vida.

Os números 4-5-6 quando todos presentes no gráfico, são chamados a seta da força de vontade. Normalmente é a cabeça dominando a vontade mais que a intuição e, nesse caso, remédios como Hibbertia, Tall Yellow Top e Bush Fuchsia, que trabalham o equilíbrio da mente - ou intelecto - com a intuição são frequentemente indicados.

Se a pessoa tem 1-5-9, assim como 4-5-6, pode haver grande intensidade de propósito, especialmente quando sua meta de vida já foi definida ou uma causa foi adotada. Essas pessoas podem seguir seus objetivos ou causas com grande intensidade - Black-Eyed Susan - a ponto de não perceberem quem ou o que estão atropelando durante o processo. Para isto, Isopogon e Kangaroo Paw. Até encontrarem seu caminho sentirão grandes frustrações - Silver Princess.

A omissão de três números em uma linha reta também indica determinados potenciais. Nenhum 3-5-7 se refere à seta do ceticismo e essas pessoas, algumas vezes, especialmente quando jovens, têm a tendência a ser muito defensivas ou céticas com relação a assuntos de natureza metafísica.

Normalmente adotam de imediato o lado ortodoxo e convencional sobre as questões que envolvem ciência e religião. A Bauhinia pode ser apropriada para torná-las abertas e receptivas às novas ideias e opiniões. Do ponto de vista positivo, não são pessoas ingênuas nem influenciáveis. Poderiam ser úteis talvez a Bush Fuchsia para desenvolver a intuição e a Bush Iris para a fé e a revelação de que existe algo mais que o meramente físico, ou aquilo que os cinco sentidos podem perceber. Esses remédios também podem ser usados por pessoas que possuem 3-5-7 em seus gráficos, que formam a seta da espiritualidade, caso não estejam utilizando totalmente suas habilidades e capacidades nestas áreas.

A seta da frustração surge quando não aparecem os números 6-5-4 num gráfico. Descobri que invariavelmente essas pessoas sofreram grandes tristezas e dificuldades em suas vidas; talvez projetos de trabalho que não deram certo, problemas de saúde, relacionamentos difíceis, perda de membros da família ou suas próprias casas. Alguns remédios proporcionam grande alívio, conforto e aceitação nessas horas – Tall Yellow Top e Sturt Desert Pea. Wild Potato Bush e Spinifex podem ser tomados se esta frustração provém de uma incapacidade física, provocada por uma paralisia, tetraplegia, esclerose múltipla, ou uma doença incurável tipo herpes.

Se estas pessoas têm ressentimentos ou acreditam ser vítimas das circunstâncias, então Southern Cross as aproximará da compreensão de que elas são as próprias criadoras daqueles fatos e que aquelas situações poderiam até ser vistas como desejáveis se considerassem as vantagens que oferecem ou que já ofereceram para suas vidas.

Algumas pessoas em face da infelicidade culpam outros, ou guardam rancores – Mountain Devil. Se por acaso um relacionamento tenha terminado e sintam ressentimento contra aquele que o terminou, Dagger Hakea é uma boa escolha, enquanto Bush Gardenia pode melhorar a qualidade de um relacionamento quando nenhuma das partes deseja terminá-lo.

Finalmente, quando não existe nenhum 2-5-8 em um gráfico, encontramos a seta da hipersensibilidade, onde as pessoas são facilmente machucadas. Essas crianças têm o coração sempre muito bem protegido. Infelizmente muitas aprendem cedo a lutar contra a dor, ignorando-a. Constroem uma couraça em volta de seus Selfs suaves, gentis e sensíveis para protegê-los. Neste processo afastam-se daqueles que poderiam vir a gostar delas e também bloqueiam seus próprios sentimentos. Essas atitudes e comportamentos podem ser liberados com Bluebell para abrir o coração, Red Grevillea para superar sua sensibilidade a críticas e Illawara Flame Tree para os sentimentos de rejeição.

Ciclos Pessoais Anuais

Outros *insights* podem surgir quando compreendemos os Ciclos Pessoais Anuais. Cada indivíduo possui um ciclo de nove anos nos quais a energia e objetivos em potencial mudam de ano para ano. Trabalhando com este ciclo, como muitos estão intuitivamente fazendo, a pessoa pode desenvolver habilidades específicas com muito mais facilidade num determinado ano do que em outro durante aquele ciclo de nove anos. Por exemplo, se uma pessoa durante seu Ano Pessoal 6 (ano que focaliza a criatividade) resolve estudar um determinado instrumento musical, aprenderá com uma rapidez muito maior do que em qualquer dos outros 8 anos do ciclo.

Para determinar o número de seu Ano Pessoal em relação a este ciclo de 9 anos, simplesmente some a data e o mês de seu nascimento ao corrente ano. O aniversário de minha filha Grace é 28 de novembro, portanto, se eu quisesse descobrir o número de seu Ano Pessoal para 1990 eu somaria: 2+8+1+1+1+9+9+0 = 31. Precisamos de um número entre 1 e 9, portanto reduzimos qualquer número de 2 dígitos para um número de somente um dígito. Isto é feito pela soma desses 2 dígitos, então o 31 torna-se 3+1=4. Grace está num Ano Pessoal 4, de janeiro de 1990 a dezembro de 1990. Alguém que nasceu em 17 de maio estará em seu Ano Pessoal 3 em 1990. Isto é: 1+7+0+3+1+9+9+0 = 30 = 3.

O tema principal do número de cada Ano Pessoal que vai de 1 a 9, assim como o nome de algumas Essências Florais Australianas que ajudarão a maximizar o potencial de cada número de Ano Pessoal são os seguintes:

Ano 9: Um ano de transformações. Grandes mudanças, tanto nos relacionamentos, carreira profissional ou residência. Normalmente são para melhor.

- Bauhinia, Bottlebrush, Red Grevillea, Silver Princess.

Ano 1: As mudanças do Ano 9 normalmente trazem recompensas. Este também é um bom ano para mudanças e transformações.

- As mesmas essências do Ano 9.

Ano 2: Um bom ano para trabalho em sociedade ou em cooperação com outros; indicado para desenvolver a intuição e a sensibilidade.

– Bush Fuchsia, Bush Iris, Slender Rice Flower.

Ano 3: Um bom ano para o estímulo mental, estudo ou viagem, especialmente para um lugar de cultura diferente da sua.

- Bauhinia, Bush Fuchsia, Isopogon, Paw Paw.

Ano 4: Um ano para examinar com interesse e consolidar todas as mudanças e acontecimentos dos últimos quatro anos; nutrir e recarregar o corpo, especialmente o sistema nervoso. Qualquer um que continue a exigir demais de si próprio no Ano 4, estará colocando sua saúde em risco.

- Banksia Robur, Black-eyed, Susan, Bush Gardenia, Jacarandá.

Ano 5: Um ótimo ano para trabalhar qualquer refugo emocional. Cursos de crescimento pessoal etc. são altamente recomendáveis.

- Bottlebrush, Crowea, Flannel Flower, Hibbertia, Bluebell.

Ano 6: A limpeza geral de todo refugo emocional feita no Ano 5 abriu caminho para um relacionamento muito importante. Muitos casais encontram-se ou comprometem-se durante o Ano 6. Relacionamentos já estabelecidos podem também ser enriquecidos. Boas amizades são feitas durante esse ano. Existe mais energia disponível para trabalhos criativos.

- Bluebell, Bush Gardenia, Turkey Bush, Wedding Bush.

Ano 7: Este é o ano turbulento! e para aprender grandes lições. Aquilo que está com você e realmente não lhe pertence pode ser tirado. Relacionamento, saúde, dinheiro... só para citar alguns, passe pelo teste ácido no Ano 7!

- Fringed Violet, Waratah, Kapok Bush, Southern Cross, Isopogon.

Ano 8: Os instrumentos que precisará para fazer as mudanças do Ano 9 vão chegar até você. Normalmente é um ótimo ano financeiramente falando. Você pode organizar-se de uma maneira mais tranquila e a seus negócios também.

- Jacarandá, Red Lily, Sunshine Wattle, Isopogon.

Há muitos outros aspectos da Numerologia que podem ser encontrados em bons livros sobre o assunto. Particularmente recomendo "Secrets of the Inner Self" cujo autor é David A. Phillips, com quem estudei Numerologia por muito tempo.

Cinesiologia

A Cinesiologia coloca à nossa disposição outro instrumento de muito valor para uma melhor compreensão de nós mesmos. Trata-se de um sistema no qual determinados músculos são testados para obtermos informações sobre nossas condições físicas e emocionais. Fazendo o teste muscular, podemos determinar exatamente qual órgão ou estado emocional necessitam ser harmonizados. Através dos músculos somos capazes de atingir o sistema nervoso e o cérebro. Desta forma, podemos perguntar ao corpo o que ele deseja e praticamente tudo que queremos saber. Podemos fazer o teste muscular para descobrir qual essência a pessoa precisa e por quanto tempo deve ser tomada. Como venho usando o teste muscular por muitos anos, cheguei à conclusão que podemos facilmente confiar demais nessa técnica ao invés de seguir nossas intuições. Com relação ao teste muscular, quase sempre estamos confirmando nossas próprias intuições. Acredito que nossa intuição é uma das coisas mais importantes que possuímos. Portanto, desenvolva sua intuição e não permita que esta importância diminua na medida que adota outras valiosas habilidades.

Não obstante, a Cinesiologia nos proporciona uma outra técnica avançada que pode nos ajudar sobremaneira em nosso empenho para liberar os fatores que limitam nossas vidas e nas vidas de nossas crianças, as já nascidas e aquelas que ainda vão nascer. Ajuda os indivíduos a levar sua vida de uma maneira mais feliz e completa expressando-se de uma maneira mais poderosa, abundante e amorosa e, portanto, aumentando as chances de mais paz e alegria neste planeta.

Teste Muscular

Algumas dicas básicas:

1. Evite o olhar direto com a pessoa que você está testando (o paciente).

2. O Teste Muscular é uma arte; quanto mais vezes você a pratica, mais eficiente será. Entretanto, você pode conseguir respostas mais claras se testar levemente. Qualquer músculo responderá quando testado com muita força. Você não está testando a força mas somente a integridade muscular.

3. Não encare este teste como um campeonato. O sucesso deste teste é alcançado quando as duas pessoas desejam localizar os desequilíbrios para que possam ser removidos rapidamente.

4. Tenha em mente que o paciente é o responsável. Permita que esta pessoa decida quando deva ser feito o teste e que ela forneça dados informando se o teste está sendo muito forte ou muito dolorido etc.

5. Certifique-se que o paciente compreende o teste e a sequência que virá.

6. Coloque suas expectativas de lado e evite tentar influenciar os resultados.

7. Não faça o teste se você ou o paciente tomaram alguma bebida alcoólica ou se um aparelho de TV estiver ligado perto do local do teste.

Antes do teste:

1. Peça permissão ao paciente para testar o músculo antes de começar o teste, pois algum músculo pode estar dolorido.

2. Começando, alguns dos centros mais importantes de processamento neurológico do corpo são estimulados, o que permite obter resultados mais precisos.

Coloque uma de suas mãos sobre o umbigo do paciente e, ao mesmo tempo friccione as extremidades dos lábios do paciente com sua outra mão por 15 segundos. Repita o procedimento trocando as mãos. Os outros pontos a serem tocados são as duas saliências ósseas acima do osso esterno.

Outra vez coloque uma de suas mãos sobre o umbigo do paciente e friccione as duas saliências ósseas com sua outra mão por 15 segundos. Repita o procedimento, trocando as mãos.

Outra alternativa é dar ao paciente uma única dose de Bush Fuchsia, Crowea ou Paw Paw, que atingirá o mesmo resultado.

Posição para o teste:

1. O paciente permanece em posição ereta com seus pés afastados e com o braço esquerdo estendido formando um ângulo reto com o corpo e paralelo ao chão. Os membros do paciente devem estar soltos e relaxados.

2. O Examinador deverá ficar em frente ou atrás do paciente com uma das mãos - mão espalmada virada para baixo e dedos estendidos - repousando no braço levantado do paciente, logo acima do pulso.

O músculo Deltóide está sendo testado porque a maioria das pessoas acha fácil localizá-lo e frequentemente ele se retrai quando testado.

3. O Examinador demonstra a sequência de movimentos que devem ser feitos durante o teste para que o paciente saiba o que vai acontecer.

O teste:

1. O paciente deve avisar quando estiver pronto para iniciar o teste.

2. O Examinador diz para a pessoa: Permaneça quieto.

3. Com o paciente tentando manter-se na posição de pré-teste, o examinador faz uma pressão constante, suave, porém firme para baixo por 2 segundos. O objetivo é descobrir se o músculo aguenta, isto é, se o braço

se mantém em cima ou se abaixa levemente, ou ainda se torna a voltar para cima. A pressão não deve ser muito forte para que o músculo não fique cansado ou estressado.

4. Se o paciente está satisfeito com o teste e o músculo aguenta, foi obtida uma resposta positiva. Entretanto, se o músculo não aguenta, quer dizer, se o teste provoca alguma dor no braço, ou se o braço treme, sente-se solto ou movimenta-se involuntariamente, então esta é uma resposta negativa.

5. Uma maneira rápida de verificar se a resposta correta foi dada ou não, é pedir ao paciente que diga seu nome e então testar o braço. Isto deverá resultar numa resposta positiva. Depois peça ao paciente para dizer um nome errado e teste novamente. Desta vez você deverá obter uma resposta negativa. Se não conseguir estes resultados, uma dose de Sundew deverá provocar as respostas corretas.

6. Se o paciente for incapaz de dar uma resposta positiva, o próprio músculo pode estar fraco. Isto pode ser corrigido friccionando a área entre os mamilos do paciente. Usando ambas as mãos e com seus dedos unidos massageie desde o esterno até os mamilos.

7. Uma vez que se obtenha uma reação positiva, as perguntas podem ser feitas e o corpo dará as respostas. Os seguintes exemplos mostram os desequilíbrios revelados pelo Teste Muscular e os efeitos imediatamente constatáveis das essências florais na solução desses desequilíbrios.

Estresse

Encontre um forte músculo indicador no seu paciente e peça a ele para pensar sobre uma situação que esteja lhe causando grande estresse. Teste novamente o músculo enquanto o paciente pensa sobre a situação. Normalmente o músculo enfraquecerá, indicando que a pessoa não está enfrentado bem o estresse.

Dê 7 gotas de Waratah ao paciente e espere mais ou menos 10 segundos para que o remédio seja absorvido antes de testar o músculo novamente. O músculo provavelmente estará mais forte. Waratah ajuda os indivíduos a enfrentar grandes crises de estresse e também os ajuda a utilizar suas capacidades de sobrevivência.

Aprendizado

Peça ao paciente para pensar num tempo em que ele ou ela sentiu-se sobrecarregado por uma grande quantidade de informações, tais como em aulas ou seminários. Teste o forte músculo indicador enquanto o paciente estiver pensando naquele tempo. Provavelmente o teste resultará fraco. Desta vez dê 7 gotas de Paw Paw ao paciente para a assimilação e integração da nova informação. Espere 10 segundos e teste o músculo novamente. Provavelmente perceberá que o músculo agora se mantém, evidenciando a ajuda que a essência Paw Paw deu ao corpo para utilizar a nova informação.

O indivíduo super energizado

Você estaria perdoado por pensar que a super energização é um estado positivo, porém um indivíduo super energizado tem grande dificuldade em focalizar ou em se concentrar em qualquer assunto. Para determinar se o paciente é super energizado, localize um músculo forte como o Deltóide. Corra sua mão levemente pelo centro do corpo da pessoa desde o osso púbico até o queixo (a sua mão não precisa tocar o corpo do paciente, pode estar afastada alguns centímetros) e então repita o teste. Se o músculo não aguentar mais, a pessoa é super energizada. Uma dose de Sundew pode corrigir esta condição.

Uma das vantagens do teste muscular é que ele leva as pessoas ao contato físico entre si e incentiva a cura através da atenção e do toque.

Se alguém se sente inconfortável pelo fato de ser tocado, tente Flannel Flower, que é um bom remédio para as pessoas confiarem e libertarem-se de suas inibições, sintonizando e apreciando seus próprios corpos.

Touch for Health

Esta técnica foi criada por um Quiropata americano, John Thie, com o objetivo de tornar as pessoas mais familiarizadas com o Teste Muscular de maneira que, com estas técnicas simples, elas possam melhorar a sua própria saúde e a de seus familiares.

A premissa básica da técnica TOUCH FOR HEALTH é a de que alguns músculos correspondem a órgãos vitais no nosso corpo. Você pode detectar o mau funcionamento de um órgão testando o músculo correspondente e também pode corrigir essa disfunção usando determinadas técnicas.

Existem 14 músculos principais usados no TOUCH FOR HEALTH, cada um correspondendo ou a um órgão importante ou a um dos dois sistemas nervosos. Você pode dizer que um órgão, por exemplo, o rim, não está funcionando bem se o músculo indicador correspondente não se mantém. Para um total equilíbrio dos 14 músculos, corrigindo todos os órgãos mais importantes e os sistemas nervosos, pode-se levar até meia hora. O mesmo resultado será obtido em alguns segundos se você tomar uma única dose de Crowea, pois é um remédio muito poderoso.

Com o Teste Muscular você pode determinar se uma pessoa está sofrendo de algum medo específico e, se assim for, pode ajudar a eliminá-lo. Os trabalhos que estão sendo elaborados nesta área foram iniciados pelo médico americano Dr. Roger Callahan, autor do livro "Five Minute Phobia Cure". Ele descobriu que os medos geralmente são guardados em meridianos específicos ou nas correntes de energia do corpo, e planejou uma técnica para a eliminação dos mesmos. Eu constatei uma pequena modificação que é tão eficaz quanto, porém é ligeiramente mais rápida e simples, usando ambos: essência floral e Teste Muscular.

1a. etapa: Encontre um forte músculo indicador e peça para que o paciente fale: "Eu tenho medo de ..." Se o músculo não se mantiver, o corpo não possui este medo em particular. Mas, se por acaso o músculo se mantiver, estará confirmando que a pessoa tem aquele medo. Neste caso prossiga para as etapas 2 e 3.

2a. etapa: Peça ao paciente que diga: "Eu agora estou pronto para eliminar o meu medo de..." Se o Teste Muscular for positivo, isto é, se o músculo se mantiver, passe para a terceira etapa. Se o músculo está relaxado indica que o paciente não está preparado para eliminar o medo. Para reverter este quadro, o paciente bate levemente na parte de fora da palma da mão, mais ou menos dois centímetros abaixo do dedo mínimo em uma mão de cada vez, enquanto diz em voz alta umas doze vezes: "Embora eu não esteja pronto para eliminar este medo, eu profunda e sinceramente amo e aceito a mim mesmo".

Aí então o paciente repete a primeira afirmação: "Eu agora estou pronto para eliminar o meu medo de...".

Testar novamente. Se positivo, a pessoa passa para a etapa número 3.

3a. etapa: Dê ao paciente 7 gotas de Dog Rose, Essência de Emergência, ou Grey Spider Flower – normalmente a Dog Rose é a mais apropriada. Peça ao paciente para manter sua mão espalmada sobre sua testa e pensar em algo que aumente aquele medo até que uma ou duas coisas aconteçam: ou as imagens começarão a desvanecer ou o paciente não conseguirá mais focalizar-se no medo. Uma dessas reações normalmente acontece num espaço de 2 minutos e raramente passa de 5 minutos. Peça ao paciente para que fale novamente : "Eu tenho medo de ...". Na maior parte dos casos o medo não está mais presente quando o paciente é testado novamente.

Atente para que a mesma essência que foi usada para eliminar o medo seja tomada por duas semanas para reforçar o processo

Uma das principais modificações no método Callahan se refere ao ato do paciente bater suavemente embaixo de ambos os olhos aproximadamente 35 vezes enquanto pensa sobre o medo. Poder-se-ia combinar essas duas técnicas para o caso de, se a primeira não for bem sucedida, as duas juntas fariam o trabalho.

A maneira para se escolher o remédio apropriado - Dog Rose, Essência de Emergência ou Grey Spider Flower - é usando o Teste Muscular. Peça ao paciente para dizer: "O remédio mais apropriado para eliminar este medo é (um dos remédios)" e testar o músculo. O corpo lhe dirá qual deles quer.

Uma última nota na pesquisa de Callahan: ele descobriu que algumas pessoas conscientemente querem atingir um determinado resultado em suas vidas, por exemplo, perder peso, porém jamais conseguem. Ele acha que a razão disso é que são pessoas psicologicamente invertidas, o que leva o subconsciente a sabotar seus objetivos conscientes. Para determinar se isto está ou não ocorrendo, localize um forte músculo indicador e peça ao paciente para afirmar: "Eu quero perder peso". Se a pessoa é psicologicamente invertida, seu braço estará fraco quando testado, entretanto estará firme após: "Eu não quero perder peso". Testando "Eu quero ficar bom, rico, feliz", também revelará se a pessoa é invertida.

A pessoa psicologicamente invertida tem uma profunda aversão por si mesma e será beneficiada tomando Five Corners. Para reforçar a ação da dose de Five Corners ela deverá dizer em voz alta 4 ou 5 vezes enquanto coloca suas mãos sobre o Timus (esterno): "Eu estou cheio de amor, confiança, fé, gratidão e coragem e sinceramente amo e aceito a mim mesmo". Esta afirmação foi extraída do trabalho de John Dramond e é muito eficaz. Ambas, a Five Corners e a afirmação, podem ser combinadas e usadas por uma a duas semanas para reforçar a meta positiva.

Regressão no Tempo

De todas as técnicas que usei em minha clínica, a regressão no tempo é a que mais se destaca por ter alcançado alguns dos mais extraordinários resultados. É uma forma poderosa de limpar do subconsciente nossos recalques, traumas e crenças negativas. Esta técnica permite alguém voltar à origem de uma emoção, por exemplo, a culpa, que surgiu e não foi trabalhada – e aí então elimina-se.

Para se fazer uma Regressão no Tempo, o examinador coloca uma das mãos sobre a testa do paciente e com a outra mão segura as duas saliências ósseas (ponto de integração comum) na base do crânio.

Segurando a testa, ativa-se os pontos de liberação do estresse emocional, os quais dissolvem o estresse, proporcionando calma à pessoa, e também ativa a parte criativa do cérebro, aquela que soluciona os problemas – cérebro anterior.

Alguma vez você reparou que as pessoas seguram a testa quando estão aborrecidas, oprimidas ou simplesmente querem lembrar alguma coisa que escapou de suas mentes ou que está na ponta da língua? Intuitivamente sabemos o que fazer mesmo sem poder explicar porque o fazemos.

Colocando a mão nos pontos de integração comum ajuda a mente a voltar para emoções não resolvidas no passado. Quando é dada à mente a diretriz para que possa procurar uma emoção tal como culpa, ela procurará em seus arquivos, e aqueles momentos de culpa que não foram trabalhados ou resolvidos surgirão numa sequência cronológica. Vamos tomar como exemplo a culpa já mencionada. Quando o paciente estiver numa posição confortável, sentado ou deitado, e com os olhos fechados, coloque as mãos nos pontos indicados na base do crânio e na testa. Então peça ao paciente para voltar à mais antiga lembrança que tenha de um sentimento de culpa e peça que diga a você quando uma imagem surgir em sua mente ou um sentimento aparecer. Dê-lhe um pouco de tempo: 30 segundos devem ser suficientes para começar o processo. É possível dizer quando alguém está vivendo aquelas experiências passadas procurando pelo assunto não resolvido ou de fato relembrando o momento, porque as pálpebras do paciente começarão a mover-se rapidamente (REM – Rapid Eye Movement – Movimentação Rápida do Olho). Se a pessoa diz que uma imagem veio à sua mente, peça por uma estimativa de sua idade na cena. A primeira imagem normalmente é uma lembrança mais antiga. Muitas pessoas se surpreendem, não só por lembrarem da cena como também pela realidade da mesma. Normalmente lembram-se de detalhes tais como cheiros daquele tempo ou nomes de professores e amigos esquecidos há muito.

Enquanto a pessoa revive a memória, certifique-se de manter sua mão na testa dele ou dela para desativar qualquer stress. Então para resolver a cena, siga as instruções abaixo:

1a. etapa: Diga ao paciente para imaginar a cena como se fosse parte de um filme, sendo ele ou ela o diretor. Aí peça para que pique o filme em pedaçinhos.

2a. etapa: Peça ao paciente que, como diretor do filme, recrie a cena como ele ou ela gostaria que fosse neste momento para que assim a cena fique completa.

A esta altura você pode sugerir um possível cenário. Enquanto toca a pessoa segurando naqueles determinados pontos, normalmente você se torna muito suscetível e intuitivo sobre as necessidades da pessoa. Confie na sua intuição e fale aquilo que vier à sua mente. Por exemplo: a pessoa pode estar passando pelo processo de culpa e pode estar regredindo à idade de três anos, quando tinha muito ciúmes do irmão recém-nascido e era tratado desatenciosamente.

Depois que a memória original for cortada, você pode sugerir que na nova cena exista um laço amoroso entre o paciente e o irmão recém-nascido, uma troca de jogos e brinquedos e uma verdadeira alegria em brincar juntos. Eu sempre acrescento ao final da minha sugestão: "Mas você saberá exatamente o que é preciso fazer para sentir a cena completa". E a pessoa sabe como criar a cena para senti-la completa!

3a. etapa: Agora peça para a pessoa voltar atrás e lembrar de uma outra vez que tenha vivenciado o sentimento de culpa. Surgirão somente as experiências não resolvidas.

4a. etapa: Repita as instruções anteriores de cortar em pedaçinhos as velhas lembranças e recriar a nova cena.

5a. etapa: Ao término de cada cena de culpa, peça à pessoa para pular para a próxima experiência até que não haja mais lembranças conscientes daquela emoção. Você pode surpreender-se ao ver quão frequentemente aparecem cenas nas quais a pessoa tem menos de 12 anos de idade. No final de cada sessão de Regressão no Tempo normalmente eu dou ao paciente uma dose de Fringed Violet. Ao liberar essas antigas lembranças a pessoa vivenciou o seu Self emocional de uma maneira muito profunda e esse remédio ajuda a fechar a aura e conservá-la intacta. Como eu já mencionei, essa é uma técnica muito poderosa e uma grande quantidade de "lixo emocional" pode ser eliminada num curto espaço de tempo.

Após fazerem uma Regressão no Tempo, muitas pessoas se transformam e rejuvenescem. Reforce as vantagens da sessão dando ao paciente o remédio que trabalha aquela emoção específica. No caso do sentimento de culpa, dê ao paciente Sturt Desert Rose e faça-o tomar durante uma ou até duas semanas após a Regressão.

A técnica da Regressão no Tempo não trabalha apenas com emoções. Você também poderá levar alguém de volta a um momento no qual ocorreu um grande trauma físico que ainda não tenha sido resolvido em seu corpo. As instruções para essa técnica são as seguintes:

1a. etapa: Usando o teste muscular, pergunte ao corpo se existe algum trauma físico não resolvido.

2a. etapa: Se a resposta for sim, peça ao corpo para voltar aquele tempo e mostrar através de um fraco indicador muscular, que já está lá. No Teste Muscular isto quer dizer que o músculo não aguentou e que o braço está fraco.

3a. etapa: Neste ponto peça à pessoa para abrir bem suas pernas, fato que simplesmente mantém em circuito o momento exato em que ocorreu o trauma. Uma outra opção é usar o Teste Muscular para determinar a idade com a qual você está lidando. Isto é feito para testar se a idade é até dez, de dez a vinte ou de vinte a trinta etc. O teste sendo positivo, o examinador então pode entrar em detalhes trabalhando aquele ano específico.

4a. etapa: Pergunte se a pessoa se lembra do fato naquela determinada época. A maioria das pessoas o farão.

5a. etapa: Dê ao paciente uma dose de Fringed Violet. Então, com o paciente ainda com as pernas abertas, teste o músculo indicador. Neste ponto o músculo deverá manter-se firme indicando que o choque e trauma causado por aquele fato naquela idade foi eliminado pela essência de Fringed Violet.

6a. etapa: Peça à pessoa para fechar as pernas e voltar ao tempo presente. Peça para afirmar que todo aquele estresse proveniente do trauma daquela época está agora totalmente eliminado para poder verificar se ainda resta, no momento presente, algum efeito daquele estresse. Aí teste o músculo indicador.

7a. etapa: Se o resultado do teste muscular for fraco, dê à pessoa outra dose de Fringed Violet e peça que repita a afirmação. Quando refizer o teste o estresse deverá ter sido eliminado.

A Fringed Violet tem a propriedade de levar a pessoa de volta a uma época de trauma e eliminar o estresse do, corpo. Se por qualquer razão a Fringed Violet não surtir efeito, repita a técnica acima mencionada, desta vez usando a Essência de Emergência - o mais poderoso remédio para grandes traumas físicos. Entretanto para a maioria dos casos a Fringed Violet será suficiente.

Existe um campo de trabalho muito grande a ser desenvolvido com o Teste Muscular, especialmente quando usado em conjunto com as Essências Florais Australianas. Qualquer um que deseje maiores informações a respeito de Cinesiologia, deverá entrar em contato com Touch for Health Foundation of Australasia, P.O.Box 164, Buderin, Queensland 4556.

— Afirmações —

Eu incluí este capítulo sobre afirmações porque pode ser instrumento de grande utilidade para aumentar a potência de ação das essências florais. As afirmações podem ser escritas, verbalizadas, cantadas ou ouvidas. São afirmações positivas que ajudam a programar a mente subconsciente para determinados objetivos ou direções e são muito fáceis de serem usadas. Na minha opinião, as afirmações escritas são o método mais eficiente porque você pode fazer duas coisas ao mesmo tempo. Pode dizer as afirmações enquanto as escreve. Você pode usar uma afirmação em qualquer lugar, a qualquer momento, embora ela só deva ser usada quando você realmente puder estar concentrado nela.

Uma afirmação será muito mais eficiente quando usada ao mesmo tempo que tomando a essência floral correspondente, isto é, tanto ao despertar, quanto ao deitar, ou ambos. Se escrever sua afirmação uma vez por dia durante uma semana normalmente será tempo suficiente para que ela funcione.

Se você quiser criar ou inventar sua própria afirmação ou modificar aquelas que estão escritas neste livro, pode tanto compor as frases no tempo presente (Eu estou agora...) ou então para que tenham o sentido de "estar se tornando" (eu agora estou me tornando...). Por exemplo: escrevendo simplesmente "eu sou uma pessoa amorosa" provavelmente trará à tona muita resistência da mente subconsciente e será facilmente rejeitada. Entretanto, a afirmação "eu agora estou me tornando uma pessoa amorosa" será rapidamente aceita pela psique, o que tornará a afirmação mais poderosa. Uma técnica altamente recomendada para ser incorporada às suas afirmações, é referir-se a você mesma na primeira, segunda e terceira pessoa. "Eu, Ian, estou agora começando a me amar e me aceitar", é um exemplo do uso da primeira pessoa numa afirmação. Eu escreveria isto 10 ou 20 vezes, e depois de cada afirmação, escreveria minha reação a ela. Por exemplo: "Se ninguém me ama, porque eu o faria?" Aquilo que a resposta representa é o padrão negativo ou a crença que você mantém no subconsciente.

À medida que você usa essas afirmações, o velho "lixo" do subconsciente é trazido à tona e escrevendo essas velhas mensagens está ajudando a eliminá-las.

Depois de escrever na primeira pessoa, mude a afirmação para a segunda pessoa, "Tu, Ian estás agora começando a te amar e te aceitar". Ao colocar a afirmação na segunda pessoa você estará ajudando a eliminar crenças negativas que lhe foram ditas diretamente por outra pessoa. Por exemplo: se alguém lhe disse: "Ninguém te ama". Isto nos leva a crer que "Eu não sou amado". Após escrever estas afirmações, 10 ou 20 vezes, passe para a terceira pessoa. "Ele, Ian, está agora começando...". Isto eliminará aquelas crenças que você adquiriu de tanto ouvir alguém falar. A sua reação às afirmações pode oferecer *insights* valiosos para algumas de suas crenças inconscientes. É provável que venha a descobrir que a intensidade da negatividade delas diminui à medida que você escreve suas afirmações e respostas. Algumas vezes você pode chegar num ponto onde basicamente não há resposta alguma. Porém, lembre-se quando escrever suas afirmações: concentre-se nelas. No final da descrição de cada essência floral, foram citadas algumas afirmações correspondentes a cada uma delas. Foram compiladas por Amanda Davey de Melbourne, criadora do "Balance for Life Program", Russell Sharpe, o principal floricultor de Sidney, proprietário de Just for Love, e Gina Vanderhage. Você pode escolher a afirmação com a qual tenha mais afinidade para acompanhar um determinado remédio, mas não se sinta obrigado a usá-la daquela forma. Se uma afirmação não lhe parecer adequada, mude suas palavras. Você vai saber quando encontrar a forma correta para você. Há muitas outras formas de se usar as afirmações. Você pode ouvi-las num gravador, podem ser faladas diante de um espelho, ou podem ser lidas coladas na porta da geladeira, ou na porta do banheiro. Tome uma dose de Turkey Bush, seja criativo e descubra outros meios de usá-las.

As
— Essências —

Swamp Banksia

(Banksia robur)

"O bloco de granito que era um obstáculo no caminho dos fracos, tornou-se a pedra de apoio no caminho dos fortes." – Thomas Carlyle"

O nome Banksia homenageia Sir Joseph Banks (1743--1820), um botânico que veio para a Austrália com o Capitão Cook no "Endeavour" em 1770, desempenhando importante papel na sua colonização; foi também um grande colaborador para a ciência e Presidente da Royal Society. Todas as espécies de nome "robur" derivam da palavra latina que significa "forte". As Banksias pertencem à família das Proteaceae e existem mais de cinquenta espécies na Austrália. Embora a Banksia robur cresça somente até três metros, este arbusto é um dos mais lindos de todas as Banksias. Suas folhas excepcionalmente largas e grandes são resistentes e duras, e possuem um tom verde escuro na parte de cima e uma nervura amarela proeminente na parte de baixo, e seus contornos irregulares lembram serrotes afiados. Os espigões das flores têm de oito a quinze centímetros de comprimento e de oito a

dez centímetros de diâmetro. Eles inicialmente são azul esverdeados, tornando-se amarelos quando se abrem, e são cobertos por inúmeras flores, todas grudadinhas umas nas outras, que sobem formando uma espiral desde a sua base. Ocupando uma área que se estende desde o Illawara na região Sul de Sydney até o Sul de Queensland, este arbusto é encontrado nas regiões pantanosas da costa.

Esta essência é destinada a situações que envolvem cansaço, frustração ou contratempo de origem temporária, e para aquelas pessoas que normalmente são dinâmicas com abundante energia e entusiasmo mas que, por uma ou outra razão, doença decepção ou esgotamento etc, estão se sentindo muito abatidas ou arrasadas. Um comentário comum dessas pessoas é: "Eu simplesmente não me sinto tão bem quanto costumava me sentir". Este é um estado anormal para tais pessoas, pois não só acham estranho sentir-se assim, como também sentem-se profundamente irritadas e só querem voltar a ser o que eram antes. Além disso, muitas pessoas sentem o fluxo de energia como um ciclo natural e esta essência ajuda-as lidar com a frustração da fase mais baixa do ciclo. Banksia robur certamente pode ajudar essas pessoas a sair desse "atoleiro" temporário e trazê-las de volta para terra firme. É também um ótimo catalizador e seus efeitos podem ser ampliados se essas pessoas se banharem em água fresca duas a três vezes por dia - mas não em água salgada como a água do mar. Esta prática, que diz respeito a essa essência, ajuda a limpar a negatividade que possa estar na pessoa. O nome comum da planta é Swamp Banksia (Banksia do pântano) e isto parece explicar o porquê de se banhar em água fresca para ajudar a aumentar o efeito desta essência.

– *Eu agora aprecio a vitalidade em todos os aspectos de minha vida.*
– *Eu agora sinto alegria, energia e entusiasmo pela vida.*

Condições negativas:

- Baixo nível de energia
- Desânimo
- Cansaço
- Frustração

Resultados positivos:

- Alegria de viver
- Alto nível de energia
- Entusiasmo
- Interesse pela vida

Bauhinia

(Lysipthyllum cunninghamii)

"Afinal, o propósito da vida é vivê-la, tirar o maior proveito possível de todas as experiências para buscar ansiosamente e sem medo outras experiências mais novas e mais ricas." – Eleanor Roosevelt

Esta é uma árvore comum nas florestas tropicais da Austrália do Norte, que se extende desde as planícies dos Kimberleys do Oeste ao Sul de Port Hedland, e a Leste, até o Northern Territory. Primeiramente era conhecida como Bauhinia cunninghamii e também é chamada árvore boêmia (uma corruptela do nome Bauhinia).

A espécie é assim denominada em homenagem ao botânico Allan Cunningham (1791-1839) que foi o explorador cientista que mais viajou pelo território australiano.

Ele era "afilhado" de Sir Joseph Banks. As condições severas e o parco suprimento de comida que levavam em suas expedições provocaram sua morte aos quarenta e oito anos de idade. Ele deixou como legado um grande volume de trabalho sobre centenas de plantas australianas que ele identificou.

A Bauhinia pode crescer até dez metros de altura, embora normalmente seja menor, tendo um tronco curto e vigoroso coberto por uma casca com fissuras de cor cinza escuro. A árvore tem um aspecto curvo devido aos seus longos galhos pendurados. As folhas são notavelmente grandes, ovais, de um tom verde azulado que consiste de um par de folhinhas que lembram uma borboleta. As folhas caem entre junho e setembro, quando então aparecem as pequenas flores aveludadas em nuances de laranja e vermelho. As flores produzem uma grande quantidade de néctar, que, assim como a vagem do fruto, são muito ricas em proteínas.

Quando eu estava numa fazenda de gado Aborígene no topo da região dos Kimberleys, sonhei com uma árvore inacreditável. No dia seguinte, o senhor mais velho da tribo estava me mostrando as plantas medicinais que eles usavam quando me levou exatamente até a própria árvore que eu havia sonhado na noite anterior – a Bauhinia. No mesmo instante eu soube que esta árvore seria uma das nossas essências.

A essência foi preparada em Geiki Gorge nos Kimberleys. Este desfiladeiro magnífico fica exatamente no meio de um enorme recife de corais fossilizados que se formou há mais de trezentos e cinquenta milhões de anos atrás, quando um vastíssimo mar tropical inundou uma grande parte do território Noroeste da Austrália.

A árvore, cujas flores usei para fazer a essência, crescia num leito seco e poeirento de um riacho. Assim que me sintonizei com a árvore, recebi uma mensagem fortíssima de que eu deveria abraçar a árvore. A minha primeira reação foi a de recuar. Será que eu precisava mesmo abraçar aquele tronco torto, sujo e áspero? SIM! veio a resposta. Pois bem, pensei. Quem sou eu para argumentar! No momento em que comecei a abraçar a árvore compreendi da forma mais bela as propriedades da Bauhinia. O fato de eu ter que primeiro abraçar a árvore é muito significativo, pois uma das principais qualidades da Bauhinia é: receber, pegar e aceitar novas ideias e pessoas ainda que exista uma relutância inicial ou mesmo um desagrado.

Condições negativas:

- Resistência a mudanças
- Rigidez
- Relutância

Resultados positivos:

- Aceitação
- Mente aberta

Nós vivemos numa era de informática e tecnologia na qual são formuladas novas ideias e novas informações processadas e comunicadas em ritmo desconcertante. Imagine o mundo no início do século quando não havia rádios, nem televisões, nem computadores, telefones ou viagens espaciais. Nosso mundo tem sido transformado por novas tecnologias e informações mas, nos últimos noventa anos, mais do que em todo resto da história humana até agora registrada! Hoje em dia não podemos nos dar ao luxo de ir nos habituando e adotando lentamente novos conceitos – novos métodos e tecnologias estão sendo usadas e estão em constante mudança, deixando para trás os métodos antiquados. Alguns administradores mais antigos de algumas companhias que estavam relutantes em adotar a computação estão sendo substituídos por executivos mais jovens e familiarizados com computadores. Nova tecnologia e informação nos oferece um desenvolvimento jamais visto em nossa história, uma vez que tenhamos a capacidade de enfrentar as rápidas mudanças. Bauhinia pode ser de grande utilidade para nós nesta época de transição.

Devido aos excessos da mídia, viagens internacionais e migração, muitas pessoas estão sendo expostas a novas culturas. Como o ser humano tem a tendência de rejeitar ou sentir-se ameaçado por alguém ou alguma coisa diferente, esta é outra situação na qual a Bauhinia pode ser de grande utilidade. Ela nos proporciona a capacidade de apreciar as pessoas, seus costumes e as circunstâncias da maneira que se apresentam, até quando são novas e pouco familiares. Em caso de preconceitos ou rancores raciais a essência a ser usada é Slender Rice Flower.

O nome comum Boêmia que eu descobri depois de fazer a essência, é apropriado para esta planta pois suas propriedades são muito parecidas ao boêmio que está pronto a ouvir e aceitar ideias novas e bem diferentes dos padrões normais.

Esta essência nos proporciona a oportunidade para sermos mais flexíveis com nossas perspectivas e estarmos mais dispostos a considerar novos pontos de vista. Bauhinia pode ajudar as pessoas a lidar melhor com alguém que as irrite. Ajuda-as aceitar aquela pessoa, apesar dos pesares. É claro que um remédio como a Bauhinia pode ajudar a trazer um maior entendimento e diminuir o conflito nesse nosso mundo de tantas mudanças rápidas.

Uma paciente minha mencionou que ela achou muito difícil introduzir mudanças em sua vida no que dizia respeito a seu modo de vida ou em sua dieta alimentar. Qualquer mudança sugerida numa consulta levaria semanas para se realizar. Contei a ela sobre a Bauhinia e ela mostrou-se muito entusiasmada com o potencial da essência. Depois de algumas semanas tomando a essência, ela contou que seu efeito havia sido fundamental para sua decisão de aprender a lidar com laser e fax em seu emprego como artista gráfica, e que também havia feito outras grandes mudanças em seu trabalho. Descobriu que era capaz de lidar com situações novas com muito mais facilidade e tinha se dado muito bem com as mudanças na sua dieta alimentar inclusive. Até o horário irregular de trabalho do marido não a estava incomodando tanto quanto antes.

– Eu agora sou capaz de abraçar novos conceitos e pontos de vista.
– Eu voluntariamente aceito novas pessoas e novas situações.

BILLY GOAT PLUM

(Planchonia careya)

"O corpo é um templo de Deus e todas as suas partes e aspectos são perfeitos." – Kristin White

Esta é uma planta muito comum na Austrália, encontrada desde a parte Norte dos Kimberleys, passando pelo ponto extremo do Northern Territory e cruzando o Norte de Queensland.

Billy Goat Plum cresce como um arbusto pequeno e espalhado nas florestas, ao passo que, em regiões úmidas, como nas florestas chuvosas ou nas planícies alagadas, ela se torna uma grande árvore que cresce até dez metros de altura, com um tronco bastante grosso e áspero. Suas folhas são ovais, de um verde pálido nas estações de seca e tornando-se vermelhas e brilhantes antes de caírem. As flores são perfumadas, grandes e carnudas, possuindo longos e verdes cálices como lóbulos e pétalas brancas ou amarelas. Os estames são longos e

numerosos e saem de uma base avermelhada, tornando--se brancos em direção às pontas. As flores surgem em julho e permanecem até outubro.

Os Aborígenes descobriram muitos usos benéficos para esta planta. A parte interna da árvore, após socada e colocada na água até ficar vermelha, era usada para lavar bolhas, queimaduras ou inflamações.

As raízes finas e pequenas eram mergulhadas na água e aplicadas diretamente na pele para aliviar coceira de erupções pelo calor, catapora ou qualquer tipo de urticária ou brotoejas.

Esta essência foi preparada no Kakadu National Park. Depois de preparar uma essência, várias vezes percebi durante minha pesquisa sobre ela que existe uma notável e direta conexão entre seu uso tradicional ou histórico e suas propriedades como essência floral. No caso da Billy Goat Plum os Aborígenes usavam-na muito para curar problemas de pele.

Como uma essência floral, Billy Goat Plum é principalmente usada para pessoas com sentimentos de autorrepugnância ou nojo de si próprias, especialmente quando estes sentimentos estão centrados nos órgãos sexuais e/ou no ato sexual em si. Uma atitude comum em nossa cultura é que realmente não nos importamos com o que está acontecendo dentro de nossos corpos, uma vez que não apareça no lado de fora. Uma erupção, ou qualquer tipo de eliminação pela pele é imediatamente encarada com repugnância. A maior parte das pessoas não gosta de ser vista com uma erupção cutânea apesar de que,

Condições negativas:

- Incapacidade para apreciar o sexo
- Repulsa sexual
- Aversão física

Resultados positivos:

- Apreciação do prazer sexual
- Aceitação plena do corpo físico
- Mente aberta

em muitos casos, é simplesmente uma tentativa de autocura do corpo. Muitas pessoas veem o herpes ou qualquer doença venérea com grande repulsa e uma erupção de bolhas ou uma doença venérea é sempre tratada com grande aversão.

Como foi mencionado anteriormente, Billy Goat Plum pode ser apropriada se aqueles sentimentos de autorrepugnância são uma reação ao sexo em si. As secreções do corpo, sejam elas transpiração ou secreções sexuais, podem ser vistas como repulsivas e algumas pessoas têm sentimentos tão repulsivos, com relação ao sexo que se tornam incapazes de apreciar ou até participar do ato sexual em si. Aquelas pessoas que foram violentadas, invariavelmente nutrem o sentimento de que seus corpos estão sujos. Por outro lado, o uso da Billy Goat Plum não se limita somente ao nível sexual, mas também atinge qualquer sentimento de autoaversão.

Pode ser usada topicamente ou tomada internamente para psoríases, eczemas ou qualquer parte do corpo que apresente uma impressão de corpo "sujo".

É claro que o lado positivo desta essência é que ela ajuda a pessoa a descobrir um verdadeiro sentimento de aceitação do seu corpo físico e habilidade para apreciar as sensações físicas e o prazer sexual. Ela nos ajuda a compreender que existe algo mais nas pessoas além de sua aparência e que, se olharmos com mais atenção, poderemos enxergar a verdadeira beleza.

De todas as flores australianas, Billy Goat Plum é uma das mais espetacularmente lindas.

Esta essência foi feita "aparentemente" por acaso, embora todos saibamos que o acaso não existe. Minha esposa Kristin e eu estávamos acampados em Kakadu e quando acordei pela manhã fui dar uma volta e passei por um arbusto de Billy Goat Plum totalmente florido; ele estava a uns vinte metros de nossa barraca. Enquanto fiquei ali parado olhando, a planta começou a me passar todas as suas propriedades e tivemos uma linda conversa. Enxergar a beleza dessa planta é compreender como ela pode ensinar as pessoas a ver a beleza dentro delas mesmas e encontrar o prazer em seu próprio físico.

– *Eu agora aceito meu corpo com mais afeição e respeito.*
– *Eu agora tenho prazer em todos os aspectos de minha sexualidade.*

Black-eyed Susan

(Tetratheca ericifolia)

"Não tente forçar nada. Deixe a vida fluir livremente. Veja Deus fazer florescer milhões de flores todos os dias sem forçar os botões."– Bhagwan Shree Rajneesh, Dying for Enlightment

Tetratheca existe em grande quantidade nos urzais e florestas das regiões arenosas em todos os estados. Este gênero é um dos três na família Tremandraceae que são nativos da Austrália.

Black-eyed Susan é encontrada no planalto semiárido que circunda a região metropolitana de Sydney, uma área famosa por sua flora resistente e diversidade de espécies. A área é também conhecida como Planalto Hawkesbury e é uma das três mais importantes zonas semiáridas do sul da Austrália; as outras duas são os Grampians, em Victoria, e Stirling Range, na Austrália Ocidental. Nos cumes e encostas destas áreas e nos seus vales podem ser encontradas algumas das mais belas e raras plantas australianas. Os urzais são os jardins de flores silvestres da Austrália.

O solo dos urzais é frequentemente fino, arenoso, de fácil erosão e a umidade é pouca, mesmo nas áreas chuvosas. Estas condições adversas se refletem no crescimento lento dos arbustos e na abertura de suas copas. Florestas abertas de esclerófilos secos e bosques podem ser encontrados nas escarpas dos vales, com plantas menores crescendo entre as árvores. Nas regiões semiáridas de Sydney, desenvolveram-se boronias, eriostemons, grevilleas, hakeas, epacris, croweas e tetrathecas.

Eu cresci neste ambiente em Terrey Hills. Minha avó frequentemente me levava para longos passeios na área mostrando-me as várias plantas e explicando suas propriedades. Hoje, rememorando as cinquenta plantas que usamos para as Essências Florais Australianas, posso ver que, apesar das flores terem sido colhidas por toda a Austrália, muitas delas podem ser encontradas na região semiárida de Sydney.

As delicadas flores da Black-eyed Susan crescem em pequenos arbustos que raramente excedem a altura de trinta centímetros. As quatro pétalas são de uma cor malva rosada e as calátides (N.T.: aglomerado de flores) pendem tomando a forma de um sino, daí o nome de tetratheca, que significa "caixa de quatro lados". A planta tem espirais de folhas, finas, curtas e aveludadas. O termo "Black-eyed" refere-se ao acúmulo de pólen preto nas pontas dos estames.

Como muitas das essências, as propriedades da Black-eyed Susan são reveladas pela sua forma, o que a torna um bom exemplo para a Doutrina de Assinaturas. Tenho uma afinidade especial com esta planta, visto que é meu remédio estrutural.

Frequentemente deparava-me com esta planta no mato, em geral na hora que estava voltando da clínica. Invariavelmente estava correndo quando me deparava com a planta, pois tinha pouco tempo para voltar. Sempre me senti atraído por ela, ficando dividido entre a vontade de ficar com a planta e a necessidade de voltar à clínica, e isto demonstra exatamente a principal característica da Black-eyed Susan. É para pessoas que estão tentando fazer demais, estão sempre correndo com muitos projetos encaminhados ao mesmo tempo.

As pessoas que se beneficiam com esta essência tendem a ser muito ativas fisicamente e mentalmente rápidas. Ficam impacientes se os outros não fazem as coisas tão rápido quanto acham que poderiam fazer. Você pode

Condições negativas:

- Impaciência
- Movimentação incessante
- Contínuo gasto de energia
- Esforço contínuo

Resultados positivos:

- Habilidade em voltar-se para dentro e aquietar-se
- Diminuição de ritmo
- Paz interior

verificar se este remédio se aplica ou não a você avaliando o volume de estresse na sua vida. As pessoas que necessitam de Black-eyed Susan estão sempre tentando acumular atividades nas horas que estão acordadas. Criam situações estressantes para si mesmas, e como resultado tornam-se facilmente aborrecidas, impacientes e irritadas.

Black-eyed Susan é muito mais um remédio urbano para os tipos "Speedy Gonzalez". Ajuda as pessoas a diminuir o ritmo, voltar-se para dentro de si e encontrar seu centro de silêncio, o lugar onde encontrarão calma e orientação interior. Ajuda-as a sair de um lugar centrado e equilibrado dentro delas mesmas e enfrentar melhor o ambiente tumultuado da cidade.

Por experiência própria, quando sofro grandes solicitações e pressões, minha eficiência e produtividade são bastante acentuadas se faço uma meditação silenciosa que permite o surgimento de intuições criativas. Black-eyed Susan tem um efeito similar.

Esta essência também pode ajudar essas pessoas a delegar trabalho, pois sentem grande dificuldade em permitir que outros assumam as tarefas que elas mesmas acham que podem cumprir mais rapidamente. Gostam de ter seu próprio ritmo sem serem impedidas por outros, e frequentemente pensam mais rápido do que podem falar. Em conversa muitas vezes terminam as frases do outro. Essas pessoas captam as coisas com rapidez e em geral ficam irritadas quando aqueles à sua volta não o conseguem.

Compreender a lei metafísica: "Ande, não corra", é de grande ajuda para a pessoa que precisa da Black-eyed Susan. Com isto você aceita estar no lugar certo na hora certa. Acredite neste processo e dê-lhe uma chance; você pode ficar admirado com o resultado. É como se o universo lhe desse uma constante corrente de sinais verdes. Você pode prevenir uma grande parte do estresse não correndo, somente aceitando que onde está e o que está fazendo são perfeitos e procedentes para um ritmo confortável.

As pessoas tipo Black-eyed Susan detestam esperar, como se nunca houvesse tempo suficiente para fazer as coisas. Geralmente aparentam ser razoavelmente felizes, embora quando as coisas não saem como desejam costumam perder a calma. Também não gostam de ser muito criticadas. Estão sempre indo daqui para lá e, devido à velocidade que comem, podem sofrer de indigestão. Eu costumava orgulhar-me de conseguir tomar meu café da manhã com torrada e musli sem derramar uma gota enquanto guiava meu carro até a clínica. Após estudar Cinesiologia, me dei conta e pude verificar o efeito que este tipo de vida causava ao meu sistema digestivo.

Assim como indigestão, essas pessoas podem sofrer de diarreia, pois seus intestinos também têm pressa. Dores de cabeça também são um sintoma comum, assim como tensão muscular, problemas nas costas e estresse da glândula suprarrenal. O grau de frustração vivenciado por estas pessoas pode levá-las a um problema mais sério, como câncer, ataques cardíacos e esgotamentos nervosos, a menos que esse estresse seja resolvido.

Para esgotamentos nervosos esse remédio combina muito bem com Macrocarpa e Banksia Robur, que são para pessoas que ficam muito frustradas quando estão doentes. Nesses casos Black-eyed Susan pode precisar ser usada primeiro.

Além de permitir às pessoas diminuir o ritmo e encontrar a paz interior, os aspectos positivos dessa essência são gentileza e simpatia para com os outros e a paciência em ouvir os outros e aprender a conhecê-los. Uma vez que essas pessoas venham a desenvolver a tolerância em relação aos outros, podem usar seu domínio rápido e intuitivo sobre ideias e situações de maneira prática, para ajudar seu semelhante.

Quando eu estava testando a validade de meus canais, uma das médiuns com quem trabalhei morreu de rir quando sintonizou a vibração de Black-eyed Susan. Gradualmente se recompôs e contou-me que seus guias espirituais haviam traído meu segredo e estavam muito felizes porque finalmente eu havia descoberto meu remédio estrutural.

Atualmente tomo Black-eyed Susan a cada seis meses e cada vez necessito de doses menores para conseguir o efeito desejado. Mas certamente sempre me sinto melhor após tomar a essência.

Black-eyed Susan é o remédio para estresse.

– Sou agora capaz de alcançar tudo que for necessário de uma maneira calma e pacífica.

– Sou divinamente guiado para meu Eu interior e descubro meu próprio ritmo.

Bluebell

(Wahlenbergia species)

"Você encontra a verdadeira alegria e felicidade na vida quando você doa, doa, continua doando e nunca avalia o custo."
- Eileen Caddy, The Dawn of Change

A Bluebell pertence à família das Campanulaceae, que em latim significa pequenos sinos. É encontrada principalmente no hemisfério norte e inclui os Bluebells da Escócia e as campânulas inglesas. A representante australiana é do gênero comum de Wahlembergia. Existem cerca de dezoito espécies conhecidas na Austrália, em maior quantidade na costa leste e, devido a sua natureza polimórfica, constituem um grande problema para os botânicos que tentam estabelecer sua identidade.

Para preparar nossa essência, usamos a Bluebell Nativa que é encontrada nos Olgas, ou Katajuta, como é conhecido pelos Aborígenes o centro espiritual e geográfico da Austrália. A Bluebell é uma erva perene que cresce até meio metro de altura e é comumente encontrada em terrenos baixos. Tem apenas algumas folhas pequenas e macias e sua flor azul arroxeada é presa a um caule esguio. As flores aparecem na primavera e no verão.

Este é um remédio para ajudar a abraçar o coração. É para aqueles que se sentem afastados de seus sentimentos. Emoções existem, mas não são expressadas pois, subconscientemente essas pessoas têm medo que seus sentimentos de amor, alegria etc, acabem ou não se renovem.

Uma observação comum nas alas cardíacas dos hospitais é que, após uma cirurgia do coração, especialmente uma operação de três pontes safenas, a maioria das pessoas chora muito, liberando toda a emoção que esteve bloqueada por tanto tempo. Também notou-se que as pessoas que se recuperam de uma cirurgia cardíaca e continuam com boa saúde são aquelas, especialmente homens, que choraram e deixaram sair seus sentimentos. Bluebell pode ser prescrita para pessoas que bloquearam suas emoções porque ajuda a remover a barreira em volta do chacra cardíaco. Essas pessoas também podem

ter medo de desligar-se de suas posses, pois eles subconscientemente acreditam que o que possuem não é suficiente para dar. Eles se assustam em pensar que se derem aquilo que possuem eles próprios não sobreviverão. Muitas vezes esse medo tem sua origem numa vida passada. O medo nessas pessoas frequentemente resulta numa postura e aparência controlada rígida e franca, embora essas características não precisem estar presentes para a essência ser indicada.

O remédio Bluebell é também indicado para crianças que não sabem compartilhar seus brinquedos. Promove uma fé na abundância universal e uma crença que permite uma troca com prazer. A história dos "warm fuzzies and cold pricklies" (N.T.: bichinhos quentinhos e espinhos geladinhos!!!) ilustra bem as propriedades desta essência:

Há muito tempo existia uma terra maravilhosa de grande alegria. As pessoas que lá viviam amavam-se umas às outras e nunca ficavam doentes ou infelizes. Este fato aborrecia muito a bruxa malvada porque ninguém comprava suas fórmulas, assim ela espalhou um boato que, se todos continuassem a distribuir seus abraços, eles estariam usando suas reservas de amor e que logo não restaria nada. Então as pessoas começaram a conter seu amor dando-o somente a seus familiares.

Para refazer o déficit a feiticeira começou a vender "cold pricklies" que poderiam ser oferecidos no lugar de "warm fuzzies". Eles não se sentiram tão bem mas, como havia muitos deles, as pessoas não corriam o risco de ficar sem seus próprios "warm fuzzies". Daí as pessoas começaram a ficar doentes e velhas, o que trouxe muita infelicidade àquela terra.

Um dia, uma bela fada branca apareceu. As crianças sentiram-se atraídas por ela porque podiam sentir seu calor e

Condições negativas:

- Fechado emocionalmente
- Medo da escassez
- Ganância
- Rigidez

Resultados positivos:

- Abertura do coração
- Confiança na abundância
- Confiança universal
- Compartilhar com alegria

amor enquanto ela as abraçava graciosamente. As crianças simplesmente correspondiam dando seus abraços a outras pessoas sem se preocupar com as consequências.

A princípio as pessoas tiveram medo imaginando o que poderia acontecer às crianças. No entanto, logo perceberam que estas estavam resplandescentes de saúde e felicidade e eles também começaram a abraçar com amor. A saúde e a felicidade retornaram àquela terra.

Cito um trecho do livro de Gerald G. Jampolsky, "Love is Letting go of Fear": "Dar significa expandir seu próprio amor sem nenhuma condição, expectativa ou limite... a motivação do ato de dar nos leva a um sentimento de paz e alegria interior que não se relaciona com o tempo."

– Eu agora estou apto a dar e receber amor em abundância.
– Eu agora estou transformando em pontes as paredes de meu coração.
– Eu agora abro meu coração para dar e receber amor.

BORONIA

(Boronia ledifolia)

"A vida é plena e transbordante de novidades. Porém, é necessário eliminar o velho e criar espaço para o novo entrar."
– Eileen Caddy, Footprints on the Path

Existem mais de noventa espécies diferentes no gênero das Boronias que são encontradas na Austrália, sendo a maioria nativa de Queensland e New South Wales. A grande família de plantas a que pertencem, Rutaceae, está espalhada por todo o mundo e inclui laranjas, limões, limas, cumquats (N.T.: árvore cítrica chinesa) e muitas outras plantas com propriedades aromáticas.

Boronia ledifolia cresce tão ao sul quanto o ponto extremo sul de Victoria e tão longe ao norte quanto Queensland do Sul, sendo prevalecente nas planícies costeiras e planaltos. Quando suas folhas verde escuro são esmagadas, exalam, dependendo da sua percepção, um aroma acre ou doce.

Boronia recebeu esse nome em homenagem a Francis Borone, um botânico italiano que morreu em Atenas com somente vinte e seis anos de idade.

Boronia ledifolia, como todas as Boronias, tem flores estreladas com quatro pétalas e oito estames. As flores rosas têm de cinco a dez milímetros de largura e florescem de julho em diante, tornando as ravinas e encostas secas e rochosas vivas em cores. Este arbusto silvestre que alcança um metro de altura, cresce em zonas semisombrias de florestas secas de eucalipto em regiões semiáridas.

Depois de florescer, elas se fecham como botões sobre o fruto maduro. Quando amadurece, a cápsula estoura espalhando as sementes nela contidas.

A essência da Boronia tem duas propriedades principais. A primeira leva a clareza de pensamento e serenidade da mente. É um remédio maravilhoso para aqueles que têm pensamentos obsessivos dando voltas em sua mente, dos quais não conseguem se libertar. Eles podem ficar pensando e repensando sobre um fato ou conversa.

Esta essência resolve pensamentos fixos. Como as sementes, esses pensamentos indesejáveis são expulsos da mente.

Este remédio ajuda aquietar a mente que, em troca, permite melhor funcionamento das faculdades intuitivas. Esta quietude dinâmica da mente é também experienciada na meditação. A repetição de um mantra é muitas vezes usada para dar algo em que focalizar e silenciar a mente. Este também é o efeito obtido quando se toma a essência da Boronia.

Algumas pessoas sofrem de insônia devido a pensamentos obsessivos. Boronia pode ajudar a desligar o diálogo e clarear a mente para que assim possam dormir. Também

Condições negativas:

•

Pensamentos obsessivos

•

Sempre se lembrando de algo que dói

•

"Dor de cotovelo"

•

Resultados positivos:

•

Clareza da mente e do pensamento

•

Serenidade

•

Tranquilidade mental

ajuda as pessoas a descartar os pensamentos indesejáveis. Este remédio foi receitado para uma senhora de oitenta e três anos de idade que escutava vozes cantando à noite que perturbavam seu sono. Após tomar a essência ela começou a dormir melhor e sua mente ficou mais equilibrada.

As pessoas tipo Boronia frequentemente têm a sensação de pressão e volume em suas cabeças, encontrando dificuldade em se concentrar. Por não estarem concentradas no presente, costumam ser propensas a acidentes. Essas pessoas levam seu trabalho para casa no fim do dia.

Os aspectos positivos da Boronia permitem que a visualização criativa seja usada de uma maneira objetiva e poderosa. Esta técnica ajuda as pessoas a realizarem as mudanças desejadas em suas vidas e a autocura.

Outra área em que a essência da Boronia tem grande influência é naquela que se refere à lamentação pela perda de outra pessoa. Pode ser tomada logo após o término de um relacionamento e quando todos os pensamentos da pessoa estão focalizados na perda do companheiro, especialmente quando sente muita dor ou mágoa. Nesta situação ela combina muito bem com Bottlebrush, que permite à pessoa livrar-se do passado e seguir adiante. Para mágoas e tristezas que se estendem por um longo tempo, use Sturt Desert Pea.

– *Eu agora permito aos outros serem o que são.*
– *Eu agora libero pensamentos indesejáveis, persistentes e substituo-os pela paz e serenidade interior.*

Bottlebrush

(Callistemon linearis)

"Todo dia é um novo começo."
– Begin it now (ed. Susan Hayward)

Callistemon é um gênero na família das Myrtaceae, consistindo de pequenas árvores e arbustos. Das vinte espécies diferentes, dezesseis, incluindo Callistemun linearis, são encontradas em New South Wales.

O nome genérico Callistemun significa "lindo estame", e as vistosas Bottlebrush são formadas de várias flores independentes agrupadas numa densa forma cilíndrica como um espigão, nas pontas dos galhos. A cor reside nos numerosos estames que são mais longos que as cinco pétalas descoloridas. Os Bottlebrush, abundantes no final da primavera, têm mais ou menos dez centímetros de comprimento e são de um vermelho vibrante. Um novo grupo de brotos sedosos começa a surgir no topo dos espigões de flores e no próximo ano um novo espigão formar-se-á neste mesmo local.

As cápsulas de frutos dos anos precedentes permanecem agrupadas e endurecidas na parte mais baixa dos ramos, indicando a idade da planta. Tendo preferência por solos alagadiços, a Bottlebrush pode crescer até três metros de altura e tem folhas verde escuro, longas, rijas e estreitas. A essência da Bottlebrush é para as grandes transições na vida. Ajuda as pessoas a acreditar em sua própria capacidade de lidar com situações novas.

Antes de fazer esta essência eu estava trabalhando com algumas senhoras grávidas. Conscientizei-me da necessidade de um remédio que as ajudasse a lidar com o sentimento de opressão causado por sua condição física e pelas responsabilidades futuras. Às vezes muitas delas sentem-se inadequadas.

A informação sobre a Bottlebrush me foi transmitida nesta época, aliás bem a propósito, pois sua essência é feita não só com as flores como também com as folhas novas e tenras que são extremamente macias como a pele de um recém-nascido.

Condições negativas:

- Sobrecarga pelas grandes mudanças na vida
- Adolescência
- Paternidade ou maternidade
- Gravidez
- Velhice
- Proximidade da morte

Resultados positivos:

- Serenidade e calma
- Habilidade para lidar com as situações
- Habilidade para seguir adiante

Esta essência ajuda a melhorar as relações entre mãe e filho que podem ser bloqueadas, entre outras razões, pelos sentimentos negativos da mãe especialmente durante sua primeira gestação. A gestação é um bom momento para limpar uma porção de recalques emocionais que poderiam afetar a criança.

Várias outras mudanças físicas acontecem durante a vida de uma pessoa, incluindo o crescimento, lactação, menopausa e até a morte. Há também ciclos naturais de mudança de vida. A cada sete anos as células de nosso corpo são substituídas, e, metafisicamente, a cada sete anos depois da idade de vinte e um anos, é formado outro corpo sutil. Aos vinte e um anos, quando os corpos etérico e astral se formaram, uma pessoa tem boa chance de viver muitos anos, razão pela qual tradicionalmente celebramos aquela data.

Este remédio pode ser usado por pessoas moribundas que têm uma consciência espiritual, compreensão da morte e de outra vida. Ajudá-las-á a lidar com as expectativas de outras pessoas assim como permitir-lhes-á ficar em bons termos com a morte.

Naturalmente, se passarmos por essas mudanças físicas, verificaremos que existem outros momentos importantes e transições na vida tais como início de escola, conseguir um trabalho, casamento, divórcio, mudança de casa, aposentadoria etc. Tudo isso envolve sentimentos de incerteza e apreensão. Estes são os momentos em que Bottlebrush pode ser muito útil.

Outro aspecto desta essência é que ela ajuda a esquecer o passado e permite enfrentar outras situações e experiências. A vida é repleta de começos e fins, trazendo mudanças constantes. Resistir às mudanças é bloquear o curso da vida.

Se você olhar para a sua vida e perceber que não está fazendo novos amigos ou conhecendo novas pessoas, que você sempre dirige para o trabalho pelo mesmo caminho e raramente muda seu estilo da cabelo ou tipo de roupa que usa, então Bottlebrush pode ser o catalizador que você precisa para que a força vital floresça outra vez.

As pessoas próximas da morte podem tomá-la duas vezes ao dia ou tantas vezes quantas queiram. Normalmente o remédio é de ação rápida.

Não é recomendável dar esse remédio às crianças com menos de doze anos pois, falando metafisicamente, elas escolhem antes de nascer os acontecimentos em suas vidas até aquela idade. Embora Bottlebrush não cause danos, seria melhor se lhes fosse permitido viver a experiência daqueles acontecimentos sem interferência externa.

A natureza positiva desta essência permite a uma pessoa fluir pela vida e suas mudanças, sendo capaz de livrar-se do passado e seguir adiante para novas experiências.

– Eu agora quebro todos os vínculos que têm impedido o meu crescimento.
– Eu agora me movimento mais facilmente de acordo com as mudanças da vida.
– Eu agora recebo bem as novas responsabilidades que minha gravidez trará.

Bush Fuchsia

(Epacris longiflora)

"Aprendi que nada é impossível quando seguimos nossa orientação interior, mesmo quando sua direção possa desafiar--nos por ser contrária a nossa lógica usual." – G. Jampolsk, *Love is Letting Go of Fear*

Com exceção da Austrália Ocidental e o Northern Territory, o gênero Epacris é encontrado em todos os estados australianos. Ao todo, existem aproximadamente quarenta espécies na Austrália e uma delas, a urze comum, é o emblema floral de Victoria.

A Epacris longiflora usada para preparar a essência floral é um arbusto baixo, irregular, com pecíolos fortes e delgados e com pequenas folhas em forma de coração. É uma das muitas plantas classificadas como "escleró-filos" ou plantas de folhas duras, cujas formas com as quais se apresentam foram desenvolvidas para compensar o solo normalmente quente e infértil e o meio ambiente árido no qual elas crescem.

As longas flores vermelhas tubulares da Bush Fuchsia, com suas pontinhas brancas, criam um espetáculo brilhante de cores durante o ano todo, mais especialmente durante a primavera, iluminando os terrenos de arenito

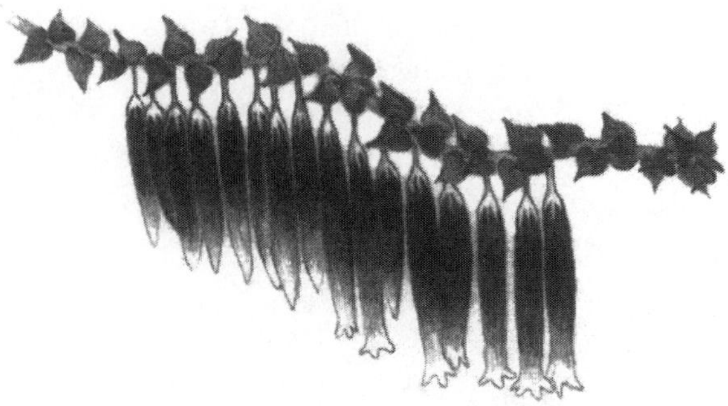

de Sidney. Não tendo tanta necessidade de luz quanto as outras espécies, elas podem ser encontradas entre a vegetação rasteira dos urzais e nas florestas secas de esclerófilos ao longo da costa de New South Wales e Great Dividing Range.

A canalização desta energia foi um processo de colaboração entre Kristin e eu. Canalizei os padrões negativos que a essência transforma e Kristin canalizou os resultados positivos.

A Bush Fuchsia tem um grande número de aplicações especialmente importantes para problemas de aprendizado, pois ela integra os hemisférios direito e esquerdo do cérebro e grande parte das dificuldades de aprendizado tem origem no desequilíbrio destes dois hemisférios. Pode ser usada para casos de dislexia e tem ajudado tremendamente pessoas com esse tipo de problema.

Recentemente recebi um telefonema dos pais de um garoto de oito anos de idade que havia acabado de tomar sua primeira dose da essência. Minutos após ter tomado a essência o garoto foi capaz de formar uma frase completa pela primeira vez em sua vida.

A beleza da essência da Bush Fuchsia, assim como muitas das outras essências, é sua rapidez em limpar os bloqueios. Uma mudança imediata é percebida após se tomar uma única dose desse remédio. Nos *workshops* que damos, voluntários leem em voz alta e, lendo novamente após tomarem uma dose de Bush Fuchsia, a diferença é assombrosa. Uma voz monótona e sempre no mesmo tom de repente adquire vida com inflexões e um estilo de leitura confiante. Muitas instituições e professores que trabalham com pessoas com dificuldade de aprendizado estão agora utilizando esta essência em seus programas de trabalho.

Após ter tomado uma dose única deste remédio, uma menina de sete anos de idade que raramente falava não parou de falar por três dias seguidos! No quarto dia sua conversa era normal. Outra indicação para este remédio pode

Condições negativas:

•

Dislexia

•

Dificuldade de aprendizado

•

Gagueira e nervosismo em público

•

Ignorando os sentimentos interiores

Resultados positivos:

•

Coragem para se colocar verbalmente

•

Clareza de fala

•

Contato com a intuição

•

Equilíbrio e integração entre os hemisférios esquerdo e direito ser a incapacidade de ler por muito tempo porque a pessoa ou dorme ou perde a concentração. O que acontece é que a mente não está integrando a informação que os olhos estão percebendo e a Bush Fuchsia corrigirá este quadro. Crianças que não têm o hábito de ler começarão a pedir livros a seus pais e professores depois de tomar a essência.

Para estudantes que travam uma batalha com suas lições e tarefas a Bush Fuchsia faz da escola um lugar prazeiroso ao invés de depressivo. Também produz grande efeito naquelas crianças que têm problemas com matemática, por exemplo, aqueles que se desinteressaram pela matéria na escola primária e não conseguem mais alcançar a classe. Assim como faz do aprendizado um prazer, esse remédio também aumenta a confiança dos estudantes entre seus colegas de classe.

Esta essência equilibra o lado esquerdo do cérebro (funções lógicas e racionais) com o direito (funções intuitivas e criativas). É excelente para ajudar as pessoas a entrar em contato com suas intuições e, mais importante ainda, prestar atenção e confiar nelas. Noventa e nove por cento das vezes nossas intuições estão certas, porém na sociedade em que vivemos, dominada pelo lado esquerdo do cérebro, nossa reação é muitas vezes considerá-las sob um ponto de vista lógico e então descartá-las. O grande cientista Albert Einstein declarou: "Eu nunca cheguei a nenhuma de minhas descobertas pelo processo de pensamento racional".

Certo dia dirigindo-me para uma reunião na cidade, passei por uma experiência muito interessante. Ao atravessar a Harbour Bridge minha intuição foi contar quanto dinheiro havia na carteira. Descartei a ideia, como um simples sinal de avareza. Na hora do almoço fui procurar minha carteira e ela não estava lá. O resto da tarde fiquei remoendo minhas preocupações tentando descobrir se ela havia sido roubada ou se a tinha esquecido em casa. Chegando em casa descobri que ela estava ao lado da cama, mas se eu tivesse confiado em minha intuição pela manhã, teria evitado todas aquelas horas de ansiedade.

Há várias ocasiões quando, se escutássemos nossas intuições, nossa vida seria muito mais simples. Conheço um bom número de mulheres que, quando grávidas de seu primeiro filho, foram influenciadas por outras pessoas e não tiveram a confiança para seguir suas próprias intuições porque achavam que não estariam fazendo o melhor para seus bebês. Todas as suas experiências de maternidade mudaram quando tomaram esta essência e começaram a confiar e seguir aquilo que sua intuição mandava.

Para aqueles que passam muitas horas em frente de vídeos ou equipamentos eletrônicos e sentem-se um pouco "desligados" ou apáticos no final do dia. uma dose de Bush Fuchsia vai "ligá-los" novamente. Muitas vezes você pode notar que atingiu esse estágio porque passa a cometer erros tolos.

Bush Fuchsia aumenta a capacidade de falar com clareza e é excelente para pessoas gagas. Proporcionará confiança para falar em público assim como a habilidade de falar sobre suas convicções e expressar exatamente o que querem dizer. Se uma pessoa fica muito nervosa ao falar em público, ela deveria tomar Bush Fuchsia por alguns dias antes da ocasião e um pouco antes de iniciar a palestra. Muitos artistas estão tomando Bush Fucshia por acharem que desta forma projetam-se melhor diante de uma performance. Alguns dizem que estão recebendo papéis que jamais conseguiriam no passado.

Tenho tomado esta essência antes de ser entrevistado no rádio ou televisão e descobri que desta forma transmito minhas ideias com muito mais facilidade.

Para dislexia a essência deve ser tomada por duas semanas, depois faz-se um intervalo de outras duas semanas e repete-se a dose inicial. Pode ser que haja casos em que a pessoa deva tomar a essência por muitas semanas ou mesmo meses, mas uma vez que surja uma melhora, as doses podem ser gradualmente diminuídas.

– Eu agora confio e sigo minha intuição.
– Minha verdadeira voz agora flui clara e livremente, sem nenhum esforço.

Bush Gardenia

(Gardenia megasperma)

"O fruto de todo bom casamento é o amor eterno" – Kama Sutra

A Bush Gardenia é normalmente encontrada nos bosques tropicais e florestas do Northern Territory. Trata-se de uma árvore que cresce até mais ou menos nove metros de altura, possuindo uma coroa arredondada, galhos meio tortos e sua casca é envolta por uma camada lisa, amarelada e salpicada de um pozinho meio esfarelento. Suas folhas são arredondadas e resistentes, com nervuras salientes em forma de espinha de peixe, porém quando novas são aveludadas. As perfumadas flores brancas possuem quatro a cinco centímetros de diâmetro e nove pétalas. Florescem de julho a novembro.

O nome Gardenia foi dado em homenagem ao médico obstetra e naturalista Dr. Alexander Gardener (1730-1791). O nome da espécie é derivado das palavras gregas mega, que quer dizer grande, e sperma significando semente. O fruto é duro, medindo seis centímetros de comprimento, e contém sementes comestíveis repletas de um suco espesso e envoltas numa substância pastosa.

A história de como foi feita a essência da Bush Gardenia foi contada anteriormente neste livro (veja "Viajando com as Essências Florais Australianas").

Este remédio serve para renovar a paixão e o interesse nos relacionamentos. Ele faz com que casais que estão se afastando um do outro por estarem muito preocupados cada um com sua própria vida, se deem conta do que está ocorrendo e comecem a dedicar-se mais e aproximar-se novamente de seus companheiros(as). É como se a essência ajudasse o indivíduo a olhar de frente para seu companheiro(a) e perceber o que o(a) outro(a) está fazendo e sentindo, e aquilo que é necessário fazer para uni-los novamente.

Certa ocasião, um casal de oitenta e poucos anos de idade procurou-me porque estavam se afastando um do

outro. O marido estava sendo seco e brusco com sua esposa e por vezes até tornava-se grosseiro. Depois de tomar a essência de Bush Gardenia sua esposa informou-me de que ele estava agora trazendo café na cama para ela e dizendo que a amava.

A Bush Gardenia não serve somente para relacionamentos entre marido e mulher mas também é muito eficaz nos laços familiares. Pode ser usada, por exemplo, quando um membro da família está se envolvendo com drogas ou qualquer outro problema do gênero e o resto da família não está se dando conta do que acontece por que está muito preocupada com suas próprias vidas.

Um médico certa vez disse o seguinte sobre a Bush Gardenia: "Eu descobri que este remédio é particularmente apropriado para aquelas pessoas que precisam ter um relacionamento mais amoroso consigo mesmas, assim como é muito benéfico para os relacionamentos entre irmãos e irmãs, principalmente quando pequenos".

Pode haver alguma coisa relativa ao número de pétalas que a flor possui, pois em numerologia o número nove representa tudo aquilo que diz respeito a questões humanas.

O livro "How to Make Love to the Same Person for the Rest of Your Life", escrito por Dagmar O'Connor, diz respeito ao mesmo tema da essência da Bush Gardenia. Mas a Bush Gardenia, além de melhorar a comunicação entre os casais, também ajuda o relacionamento entre pais e filhos.

Entre todos os aromas de flores, não conheço nenhum mais sensual que o da Gardenia. Por esta razão podemos verificar o quanto esta flor está relacionada à paixão e sexualidade.

– Eu agora crio um espaço para me comunicar com aqueles que amo com sensibilidade e compreensão.
– Eu agora descubro novas maneiras de fortalecer meu relacionamento com meu companheiro(a), filho(a), pais.

Condições Negativas:

- Relacionamentos instáveis
- Auto interesse
- Inconsciência

Resultados positivos:

- Paixão
- Renova interesse no companheiro(a)
- Melhora a comunicação

Bush Iris

(Patersonia longifolia)

"Fique em silêncio e perceba que sou Deus." – Salmos 46.9

As três sépalas roxas dessa flor tão atraente anunciam a profusão de flores da primavera dos estados arenosos do Leste da Austrália. São as sépalas que dão o colorido da flor, pois as pétalas são insignificantes. Embora apareçam em grande quantidade, as flores da Bush Iris são muito delicadas e florescem por somente algumas horas. Atingidas pelo sol do meio dia, elas normalmente murcham até o final da tarde e desaparecem. Porém, podem surgir novamente num curto período de tempo. A razão deste fato é que cada flor é somente uma entre outras tantas que estão firmemente atadas à mesma grossa e densa bráctea. Sendo assim, se uma delas morre, ela é rapidamente substituída por outro broto que se abre. Para um observador eventual, pode parecer que a flor desta pequenina planta voltou a viver depois de murchar.

A Patersonia pertence à família da Iris e possui aproximadamente vinte espécies. Todas são exclusivas da Austrália com excessão de três que são encontradas bem ao norte nas Filipinas. O nome genérico foi dado em homenagem ao Capitão William Paterson, um apaixonado colecionador

botânico que foi Governador de New South Wales de 1794 a 1795.

Este foi o primeiro remédio que Kristin e eu fizemos. Um dia fomos ao campo para fazer a essência do Waratah porém não encontramos nenhum em flor e, portanto, não era a época certa para a preparação da essência. Foi aí então que encontramos a Bush Iris. Nada acontece por acaso! Naquela noite, em nossas meditações, Kristin e eu soubemos que foi muito importante ter feito esta essência antes de tantas outras que fizemos pois ela abre as portas para a percepção e espiritualidade mais elevadas do indivíduo, permitindo que a Trindade flua através da pessoa.

Para Kristin, o maravilhoso arranjo de flores malva e roxo propiciaram uma passagem psíquica para a compreensão das propriedades de outras plantas. Este remédio ajuda o desenvolvimento espiritual e permite que a pessoa transcenda para outros níveis de conscientização. É excelente quando tomada antes de uma meditação ou ao iniciar um curso de meditação ou qualquer outra prática espiritual ou religiosa. Ela aumenta a autoconscientização e faz com que a visualização criativa durante as meditações se torne muito mais efetiva.

Vários professores de metafísica na Austrália deram a essência a seus alunos para aumentar sua conscientização espiritual. Ela remove os bloqueios no chacra básico e no centro de confiança, ou chacra da garganta, agindo da mesma forma no terceiro olho e chacra coronário.

Por outro lado, o aspecto negativo que a Bush Iris trata é uma visão materialista e ateísta com relação à vida, do tipo síndrome de sexo, drogas e *rock'n'roll*, quando existe uma negação do lado espiritual. Se uma pessoa está presa à forma de viver materialista, a Bush Iris pode equilibrar sua vida. Ela também é muito benéfica para aqueles que querem conscientizar-se dos reinos espirituais.

Como já foi dito, para aqueles que acreditam em Deus não é necessária nenhuma prova, enquanto que, para aqueles que não creem em Deus, nenhuma prova é possível. No entanto a Bush Iris promove a fé e ajuda pessoas a darem passos à frente sem nada temer, sabendo que Deus está junto delas.

A Bush Iris é muito importante e benéfica para doentes terminais. O medo da morte faz com que a pessoa se prenda com unhas e dentes à vida, o que em troca leva a muito mais dor e sofrimento. Para muitos, a morte é um momento de grande medo e incerteza sobre o que vai acontecer. Bush Iris certamente não irá matar ninguém

Condições negativas:

- Medo da morte
- Materialismo
- Ateísmo
- Excesso sexual
- Avareza

Resultados positivos:

- Despertar da espiritualidade
- Ajuda os que estão morrendo em sua transição
- Limpa os bloqueios no chacra básico e no centro de confiança

antes da hora ou de estar preparado para partir. Entretanto, fará com que sua passagem seja suave e pacífica e livrará a pessoa da angústia, aflição e medo normalmente associados com esta transição.

Em muitos casos, o fato de dar a essência da Bush Iris a doentes terminais pode diminuir a necessidade deles tomarem drogas ou analgésicos fortes. Aqueles que trabalham com pacientes terminais já notaram que, mais ou menos um dia antes de sua morte, eles ficam muito calmos. Muitos até veem pessoas queridas ou parentes que já estão em outro plano, como se seus espíritos viessem para encaminhar a pessoa para a Luz. Entretanto, as drogas administradas a pacientes terminais, tais como analgésicos fortíssimos para doentes com câncer, podem bloquear sua percepção psíquica e privá-los destas experiências tão importantes.

Eu mesmo já prescrevi esse remédio muitas vezes para doentes terminais. Um deles foi um veterano da guerra do Vietnã que tinha tanto medo de morrer que ele não permitia que ninguém em sua casa, nem mesmo seus filhos, falassem sobre sua doença ou mencionassem nada sobre morte. Muita tensão foi criada em seu ambiente doméstico, pois todos sabiam que ele estava morrendo e tinham medo de tocar no assunto. Quando ele tomou Bush Iris, sua família pode finalmente falar abertamente sobre seus sentimentos antes dele falecer. Foi um grande alívio para todos e, depois de sua morte, sua esposa veio me agradecer por ter recomendado esta essência que permitiu que o marido tivesse uma morte tão tranquila.

– Eu estou agora em harmonia com minha espiritualidade que está despertando.
– Eu agora aceito a morte como simplesmente outra transformação.
– O Universo sempre me protegerá.

CROWEA

(Crowea saligna)

"Sou um homem velho e tenho vivido muitas preocupações, porém a maior parte delas jamais aconteceu." – Mark Twain

Crowea é um pequeno arbusto que mede no máximo um metro de altura e cresce particularmente nas serras arenosas da região costeira de New South Wales e Queensland do Sul.

A espécie tem seu nome tirado do cirurgião inglês J.Crow (1750-1807), que fez muitas pesquisas sobre fungos e musgos. A Crowea floresce do outono até o início da primavera e suas cinco pétalas de cor magenta formam uma flor aberta que tem de três a quatro centímetros de largura. Os longos apêndices nas pontas dos estames dão ao centro um aspecto de alto relevo. Um notável contraste é formado pelas folhas verde escuras em formato de lanças junto às flores. É maravilhoso encontrar um pé de Crowea em flor, pois sua presença é majestosa.

A Crowea é um remédio frequentemente prescrito e de enorme valor. Tem um poder calmante e centralizador sobre o corpo e a mente e, invariavelmente, traz uma grande sensação de alívio e bem-estar. Para aqueles que não estão se sentindo bem ou simplesmente estão indispostos ou mal-humorados, a Crowea é a escolha certa pois os ajuda a reencontrar novamente seu equilíbrio. Normalmente essas pessoas não conseguem dizer o que está errado com elas.

Recentemente viajei a Brisbane para realizar um seminário sobre as Essências Florais Australianas e, assim que cheguei, na primeira manhã logo cedo encontrei o recinto trancado e o zelador havia saído para passar o fim de semana fora. Após verificar cada janela, cada porta e cada sacada para tentar entrar, encontrei uma claraboia no telhado por onde consegui passar. Então precisei pular dentro de uma banheira. Finalmente, após entrar sem quebrar nenhum osso, abri a porta da frente para entrar com todo o equipamento que ainda deveria ser montado enquanto os participantes já estavam chegando. Bela maneira para começar um dia de aula!

Uma única dose de Crowea ajudou-me a relaxar, aliviar minha sensação de medo e permitir que eu apreciasse o seminário. É um ótimo remédio para preocupações e cansaço.

A Crowea é também um excelente remédio para úlceras estomacais e outras indisposições do aparelho digestivo. As cinco pétalas da flor Crowea estão numerologicamente vinculadas ao equilíbrio emocional e ao estômago.

Fiz uma descoberta muito interessante sobre a relação entre esta planta e a Cinesiologia (para maiores detalhes sobre esse assunto veja o capítulo sobre Cinesiologia), especialmente a forma chamada Touch for Health, onde músculos específicos indicam de que maneira está funcionando o órgão que corresponde àquele músculo. Para se fazer um "equilíbrio" completo do Touch for Health nos catorze órgãos principais e sistemas nervosos, o tempo em media é de vinte a trinta minutos de trabalho físico. Tomando sete gotas de Crowea – uma dose – exatamente o mesmo resultado será atingido com um efeito tão duradouro quanto.

Este remédio também ajuda a alinhar os corpos etérico e astral com o corpo físico quando estes estão em desequilíbrio, como pode ocorrer quando uma pessoa é fisicamente perturbada durante uma viagem astral, ou quando é rudemente acordada de um sono profundo.

Condições negativas:

- Preocupação contínua
- Sensação de que alguma coisa pode estar errada

Resultados positivos:

- Paz e clareza
- Equilíbrio e centralização do indivíduo

Pressa, preocupação e dinheiro têm sido descritos como sendo os três males da humanidade. Se assim for, a Crowea é o remédio que diz respeito a um terço desses males que nos assediam, pois é um excelente remédio para preocupação. Noventa por cento ou mais daquilo sobre o que nos preocupamos, ou nunca acontece ou é alguma coisa sobre a qual não temos controle. Portanto, não vamos perder tempo lutando com essas possibilidades. Meus próprios casos clínicos, assim como o *feedback* que recebi de outras pessoas, demonstra que a Crowea é um excelente remédio para as preocupações constantes.

– Eu agora estou deixando para trás minhas preocupações e abrindo meu ser para maior vitalidade e paz interior.
– Minha mente agora está em paz.

Dagger Hakea

(Hakea teretifolia)

"Perdoar é a mais bela e mais elevada forma de amor. Como retribuição você receberá incontáveis bênçãos de paz e felicidade." – Robert Miller, A Bag of Jewels (Eds. Susan Hayward & Malcolm Cohan)

Este gênero recebeu seu nome em homenagem a um defensor da botânica do século dezoito, Baron Von Hake. Existem mais de cem espécies de Hakeas na Austrália as quais pertencem à mesma família que a Banksia e o Waratah, isto é, a família dos Proteaceae. Embora a maior parte seja de arbusto, algumas Hakeas crescem até o tamanho de uma pequena árvore. Todas as espécies possuem grossos frutos normalmente de casca espessa, contendo no seu interior sementes pretas que são expelidas quando morre um galho ou a planta toda.

A Dagger Hakea é um arbusto rasteiro que pode ser encontrado sob várias formas mas raramente ultrapassa três metros de altura. As flores que vão do branco ao creme e florescem no final da primavera, possuem um perfume dos mais deliciosos entre todas as flores silvestres Australianas e o perfume lembra uma mistura adocicada de mel e canela. O fruto que fica na árvore por um longo tempo é estreito e pontiagudo como uma adaga. É muito fácil compreender como o arbusto recebeu seu nome, quando se vê - e sente - ambos: seus frutos e folhas, que lembram agulhas que variam de dois a cinco centímetros de comprimento.

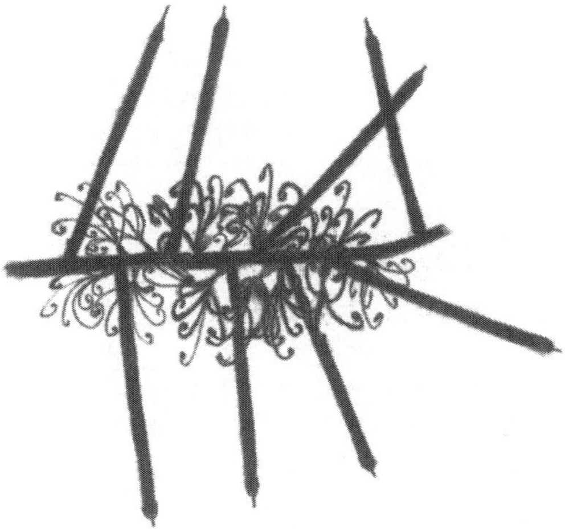

Dagger Hakea espalha-se em áreas úmidas e quentes ao longo das trilhas de mato, tornando a passagem muito precária e árdua. A Doutrina de Assinaturas é muito evidente nesta planta.

Indubitavelmente esse remédio é para aquelas pessoas que "espezinham" e cujas palavras por vezes são farpas pontiagudas. Essas pessoas podem guardar velhos ressentimentos ou rancores contra aqueles aos quais foram muito chegados, tais como membros da família ou antigos amores.

Em primeiro lugar este remédio provoca a expressão espontânea dos sentimentos e do perdão. Ajuda as pessoas a trabalhar e resolver seus profundos sentimentos de revolta e amargura que normalmente são dirigidos àqueles que lhes foram mais chegados. Por outro lado, Mountain Devil é para aqueles que vivenciam essas emoções dirigidas a qualquer um indistintamente.

Com Dagger Hakea o ressentimento é mais dissimulado do que franco. Algumas vezes o sentimento dessas pessoas é tão intenso que se sentem oprimidas. Por isso guardam seus ressentimentos trancados dentro de si mesmas. Algumas vezes essas pessoas parecem ter uma natureza suave, porém, atrás dessa fachada existe muita raiva.

Esse remédio é excelente quando um relacionamento termina ou quando existe uma rixa familiar. No primeiro caso, antes que possam esquecer um primeiro amor ou amigo, talvez tenham de trabalhar seus sentimentos, especialmente se foi a outra pessoa quem terminou o relacionamento. Muito ressentimento e amargura podem ser criados se as pessoas sentirem que foram tratadas injustamente.

O processo seguinte é muito benéfico para aquelas pessoas que querem trabalhar e resolver seu ressentimento e amarguras. Ele é chamado "O Processo do Perdão" e resultados ainda melhores podem ser alcançados se a pessoa tomar Dagger Hakea uma semana antes de iniciar o processo e por mais alguns dias após.

O PROCESSO DO PERDÃO

Para fazer este exercício, o ideal é você encontrar um lugar quieto e privado onde possa falar em voz alta sem receio de ser ouvido ou perturbado por alguém. O exercício pode ser feito em várias vezes ou de uma só vez, porém, se escolheu a última opção, previna-se, pois o exercício pode demorar algumas horas.

Após deitar-se ou sentar-se confortavelmente, respire profundamente e feche os olhos. Permita-se, entrar num estado de reflexão e relaxamento. Então peça para ser apresentada numa forma visual às pessoas das quais você guarda ressentimentos. Somente uma pessoa aparecerá de cada vez e em primeiro lugar aquela com quem você tem um maior número de assuntos a resolver – quase invariavelmente aparecerá primeiro um dos pais, em seguida, o outro.

Quando vir uma determinada pessoa ou pressentir quem seja, ela ou ele, visualize um cordão saindo do umbigo da pessoa e ao mesmo tempo um cordão saindo de seu próprio umbigo. Dê um laço unindo as duas pontas de cada cordão. Então, falando em voz alta, pronuncie o nome da pessoa e em seguida: "O ressentimento que guardo contra você por... e mencione tudo aquilo que faz sentir-se ressentido ou amargurado com aquela pessoa".

Após ter falado tudo, diga o nome da pessoa e: "O ressentimento que guardo contra você eu agora libero. Eu o amo e o perdoo". Enquanto você fala "Eu o perdoo", visualize uma tesoura em sua mão e corte o cordão imaginário que está unindo você à pessoa. Repita todo o exercício por duas vezes e tente mencionar ressentimentos que talvez tenha esquecido nas primeiras vezes, repetindo novamente aqueles já mencionados anteriormente.

Condições negativas:

- Ressentimento
- Amargura com os mais próximos da família, amigos e amores

Resultados positivos:

- Perdão
- Expressão aberta e franca dos sentimentos

Após ter completado os dois exercícios adicionais, você então muda o processo. Isto é feito da seguinte maneira: Amarre os dois cordões, o seu ao da outra pessoa e desta vez ao pronunciar o nome da pessoa diga: "O ressentimento que VOCÊ tem contra MIM por...". Aí cite os fatos pelos quais imagina que a pessoa possa ter algum ressentimento contra você. Para completar, diga novamente o nome da pessoa e: "Por todas essas coisas pelas quais VOCÊ guarda ressentimento contra MIM, eu agora o perdoo. Eu o amo e o liberto", e corte o cordão imaginário. Como antes repita o exercício duas vezes.

Agora você está apto a empenhar-se na resolução de assuntos com a próxima pessoa, portanto peça nesse momento para vir à mente a visualização de outra pessoa contra a qual guarda ressentimentos.

A primeira vez que fiz esse exercício deparei-me com alguns incidentes antigos que haviam sido encerrados no fundo de meu subconsciente. Na realidade o colega de escola de vinte anos atrás apareceu de repente. Ele era uma pessoa que eu havia esquecido por muitos e muitos anos, no entanto, o ressentimento ainda estava presente em meu subconsciente minando minha energia e vitalidade.

Quando todo o exercício do perdão for completado, você sentirá uma grande sensação de alívio e leveza.

Betty, uma paciente de quarenta e dois anos, chegou à minha clínica com cólicas e cálculos na vesícula. Ela havia se casado pela segunda vez e admitia guardar muito ressentimento de sua enteada que morava com eles, uma menina de oito anos de idade com temperamento muito forte. Ela também tinha muita raiva pelo fato do marido dedicar muito tempo à filha dele, enquanto dava pouca atenção à filha dela, de dezessete anos de idade, que também morava com eles.

A situação chegou a um ponto crítico quando o marido de Betty fez seu testamento deixando grande parte dos pertences da casa para sua filha. Na verdade a própria Betty havia comprado aqueles objetos e quando o fato foi discutido com o marido, ele continuou se negando a mudar o testamento. Betty guardou consigo toda amargura e ressentimento que sentia com relação à situação, o que deu origem aos cálculos na vesícula.

Durante a consulta ela concordou que Dagger Hakea era o remédio mais apropriado e quando retomou duas semanas mais tarde, disse que as dores haviam cessado. Na medicina chinesa, a vesícula e o fígado estão relacionados à raiva. Ela também mencionou não estar mais tão brava e ressentida e que também havia começado a falar com o marido sobre seus sentimentos. Como resultado, ele mudou seu testamento.

Ela também estava consciente de que tinha mais tolerância com sua enteada, dizendo que a menina havia mudado bastante sua atitude e estava tornando-se menos egoísta. Seria interessante especular sobre a possibilidade de que a menina continuasse a mesma, porém Betty estava vendo-a sob uma perspectiva diferente. Existe um tratamento naturopata maravilhoso para cálculo na vesícula que uso com frequência em minha clínica. Também prescrevo Dagger Hakea para dissolver a emoção que está causando a formação dos cálculos e os dois tratamentos juntos são muito eficazes.

– Eu agora sou capaz de expressar honesta e abertamente meus sentimentos.
– Eu agora libero todo o ressentimento e amargura guardados e estou aprendendo a perdoar.

Dog Rose

(Bauera rubioides)

"O homem não consegue descobrir novos oceanos até que tenha a coragem para perder a terra de vista". Anônimo

O nome do gênero Bauera homenageia a memória de Ferdinand Bauer (1760-1826), o artista botânico que, sob a orientação de Joseph Banks, navegou com Matthew Flinders durante sua incrível circunavegação da Austrália em 1803. No que dizia respeito a botânica, esta viagem foi a mais importante jamais feita até aquela data. Bauer era tido como um dos melhores artistas na história da arte botânica. Seu legado foi uma magnífica coleção de desenhos de animais e plantas australianas – mais de mil e quinhentos.

Dog Rose é um arbusto resistente que pode crescer até dois metros de altura e é encontrado em todos os estados com excessão da Austrália Ocidental e o Northern

à sua volta. Dar e aceitar o amor ajuda a pessoa a medo de lado. Aqueles interessados em estudar ofundamente este assunto poderão ler o livro de G. Jampolsky "Love is Letting Go of Fear".
o que o fato de superar o medo provoca um aumento gia, porque a força vital pode fluir livremente. lade de vida também melhora, fazendo com que a sinta seu próprio valor. Por isso Dog Rose pode ser or pessoas tímidas, se sua timidez advém de uma confiança nos outros mais do que de uma falta de ma, para a qual Five Corners é mais apropriada. se proporciona mais autoconfiança a esses indivíhes permite sentirem-se mais à vontade e poderem ar-se mais livremente na presença de outros. Ajudareciar a companhia de outras pessoas ao invés de n-se amedrontados por elas.
onsequências do medo no nível físico são, para problemas de estômago. Eles poderão ter úlcedo a grande acidez dos sucos gástricos. O medo te poderá enfraquecer as glândulas suprarrenais e ir a quantidade de oxigênio no corpo. Na Iridilombranquecimento da Iris e o aumento da pupila iis de medo.
o já foi mencionado, no sistema chinês o medo s rins que por sua vez estão ligados à vesícula. crianças que fazem xixi na cama podem ser as se os medos que invariavelmente têm forem os. Poderão ter medo de um dos pais, mais frenente do pai. O fato de uma criança ter medo uro indica que seus rins não estão funcionando Outrossim, se os pés de uma criança são virados ra, dispostos como os pés de uma bailarina, os o funcionam devidamente e essa criança terá a cia a ser medrosa.
nto mais nos concentrarmos num medo, seja ele nedo generalizado ou um medo específico, mais ostos estaremos a criar em nossas mentes os fatos cos aos quais tememos. Diz o velho ditado: "O a que coloca quarenta cadeados em sua porta, atrai ca ladrões". Uma coisa é cuidar de nossos bens, oisa é tornarmo-nos paranóicos sobre o fato de os e ficar constantemente focalizando o medo possam ser roubados. Pessoas que foram roubadas s se fixam tanto no fato que acabam atraindo roubos. Nada nos acontece por acaso e se puaprender com um fato então não precisamos

Condições negativas:

- Medroso
- Tímido/envergonhado
- Inseguro
- Apreensivo com outras pessoas
- Medos menores

Resultados positivos:

- Confiança
- Crer em si próprio
- Coragem
- Amor à vida

Territory. Esse gênero é nativo da Austrália.

A Bauera rubioides possui folhas pequenas e suas flores, com seis pétalas, variam em tons que vão de um rosa intenso até o branco e florescem do final da primavera até o verão.

A Dog Rose cresce de forma abundante nas florestas úmidas costeiras, perto de riachos, nas beiras dos urzais e até em encostas úmidas e rochosas, porém sempre perto de água, formando às vezes uma mata espessa.

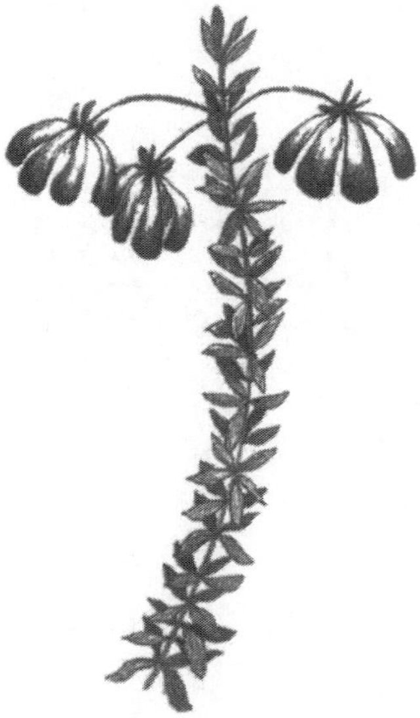

É interessante notar que na medicina chinesa o elemento água é representado pelo meridiano dos rins. A emoção associada aos rins é aquela do medo, que é o principal estado emocional trabalhado pela Dog Rose. As flores de uma vibrante cor rosa têm uma aparência de pingentes soltos e arredondados, lembrando os ombros caídos de uma pessoa defeituosa ou de alguém com baixa energia. A Dog Rose trata de medos comuns, não terror, mas medos secundários e triviais. Alguns exemplos são: o medo de ser roubado, medo de nadar ou medo de altura.

No entanto o medo é sinal de muita preocupação em seu próprio interesse. A energia é dirigida para dentro, de uma maneira um tanto mórbida. Ser medroso tem o efeito de bloquear e suprimir a energia vital de um indivíduo. Os medrosos não utilizam a energia que lhes é disponível e, portanto, são fracos.

O medo também impede o amor de chegar e é o próprio amor que ajudará a dissipar o medo. A cor rosa da flor da Dog Rose é importante, pois esta cor ajuda a liberar o amor inerente à pessoa e abrir o coração para o amor

Territory. Esse gênero é nativo da Austrália.

A Bauera rubioides possui folhas pequenas e suas flores, com seis pétalas, variam em tons que vão de um rosa intenso até o branco e florescem do final da primavera até o verão.

A Dog Rose cresce de forma abundante nas florestas úmidas costeiras, perto de riachos, nas beiras dos urzais e até em encostas úmidas e rochosas, porém sempre perto de água, formando às vezes uma mata espessa.

É interessante notar que na medicina chinesa o elemento água é representado pelo meridiano dos rins. A emoção associada aos rins é aquela do medo, que é o principal estado emocional trabalhado pela Dog Rose. As flores de uma vibrante cor rosa têm uma aparência de pingentes soltos e arredondados, lembrando os ombros caídos de uma pessoa defeituosa ou de alguém com baixa energia. A Dog Rose trata de medos comuns, não terror, mas medos secundários e triviais. Alguns exemplos são: o medo de ser roubado, medo de nadar ou medo de altura.

No entanto o medo é sinal de muita preocupação em seu próprio interesse. A energia é dirigida para dentro, de uma maneira um tanto mórbida. Ser medroso tem o efeito de bloquear e suprimir a energia vital de um indivíduo. Os medrosos não utilizam a energia que lhes é disponível e, portanto, são fracos.

O medo também impede o amor de chegar e é o próprio amor que ajudará a dissipar o medo. A cor rosa da flor da Dog Rose é importante, pois esta cor ajuda a liberar o amor inerente à pessoa e abrir o coração para o amor que está à sua volta. Dar e aceitar o amor ajuda a pessoa a deixar o medo de lado. Aqueles interessados em estudar mais profundamente este assunto poderão ler o livro de Gerald G. Jampolsky "Love is Letting Go of Fear".

É claro que o fato de superar o medo provoca um aumento de energia, porque a força vital pode fluir livremente. A qualidade de vida também melhora, fazendo com que a pessoa sinta seu próprio valor. Por isso Dog Rose pode ser usada por pessoas tímidas, se sua timidez advém de uma falta de confiança nos outros mais do que de uma falta de autoestima, para a qual Five Corners é mais apropriada. Dog Rose proporciona mais autoconfiança a esses indivíduos e lhes permite sentirem-se mais à vontade e poderem expressar-se mais livremente na presença de outros. Ajuda-os a apreciar a companhia de outras pessoas ao invés de sentirem-se amedrontados por elas.

As consequências do medo no nível físico são, para muitos, problemas de estômago. Eles poderão ter úlceras devido a grande acidez dos sucos gástricos. O medo constante poderá enfraquecer as glândulas suprarrenais e diminuir a quantidade de oxigênio no corpo. Na Iridilogia, o embranquecimento da Iris e o aumento da pupila são sinais de medo.

Como já foi mencionado, no sistema chinês o medo afeta os rins que por sua vez estão ligados à vesícula. Muitas crianças que fazem xixi na cama podem ser ajudadas se os medos que invariavelmente têm forem aliviados. Poderão ter medo de um dos pais, mais frequentemente do pai. O fato de uma criança ter medo do escuro indica que seus rins não estão funcionando bem. Outrossim, se os pés de uma criança são virados para fora, dispostos como os pés de uma bailarina, os rins não funcionam devidamente e essa criança terá a tendência a ser medrosa.

Quanto mais nos concentrarmos num medo, seja ele vago, medo generalizado ou um medo específico, mais predispostos estaremos a criar em nossas mentes os fatos específicos aos quais tememos. Diz o velho ditado: "O homem que coloca quarenta cadeados em sua porta, atrai quarenta ladrões". Uma coisa é cuidar de nossos bens, outra coisa é tornarmo-nos paranóicos sobre o fato de perdê-los e ficar constantemente focalizando o medo de que possam ser roubados. Pessoas que foram roubadas às vezes se fixam tanto no fato que acabam atraindo outros roubos. Nada nos acontece por acaso e se pudermos aprender com um fato então não precisamos

Condições negativas:

- Medroso
- Tímido/envergonhado
- Inseguro
- Apreensivo com outras pessoas
- Medos menores

Resultados positivos:

- Confiança
- Crer em si próprio
- Coragem
- Amor à vida

que a mesma lição seja repetida inúmeras vezes pelo Universo para que finalmente possamos entendê-la. O preço que pagamos por sermos lentos em aprender a lição é que cada repetição desta é apresentada de uma maneira ligeiramente mais forte com a intenção de ajudar-nos a aprender de uma vez.

Se você estiver lutando contra um medo, uma técnica muito útil é visualizar uma grande marca preta em forma de "x" sobrepondo-se a seus pensamentos negativos e então imagine uma versão positiva da cena. Assim você estará mostrando a sua mente aquilo que não quer e substituindo com aquilo que deseja.

A essência da Dog Rose é também muito eficaz para pessoas que têm pesadelos ou para aqueles que ficam muito nervosos depois de assistir filmes de terror ou ler um livro de suspense. O medo pode ser captado de outros ou de um ambiente comum. Um acontecimento também pode desencadear o medo que estava guardado no subconsciente.

Essa essência pode ajudar-nos a aprender uma valiosa lição. Nós somos capazes de ir para frente em nossas vidas mesmo quando sentimos medo. Podemos encarar nossos medos e usar a adrenalina extra que eles produzem para enfrentar situações amedrontadoras. Em cursos de crescimento pessoal a expressão "montar no tigre selvagem" significa confrontar nossos medos. O medo só existe em nossas mentes e, na maioria dos casos, aquilo que tememos acaba se tornando tigres de papel.

O capítulo deste livro sobre Cinesiologia fala de um Teste Muscular para fobias. Se um indivíduo é fóbico, pode ter ótimos resultados usando a técnica descrita naquele capítulo assim como tomando a essência de Dog Rose.

Outra característica do medo é que ele atrai negatividade e forças escuras. Essas forças escuras são reais e, se presentes, podem afetar sobremaneira as pessoas medrosas. As essências de Dog Rose e Grey Spider Flower ajudam-nas a dominar o medo nessas circunstâncias e a confiar em si mesmas, em Deus e na proteção da Luz.

Algumas pessoas relutam em admitir que têm medos insignificantes ou pequenos medos porque sentem que são bobagens. Essas pessoas podem ser tímidas e inseguras sobre elas mesmas e a Dog Rose irá ajudá-las a resolver esses problemas.

A Dog Rose também pode ser apropriada para aqueles que passaram por grandes mágoas, pois as mágoas não resolvidas geralmente tornam as pessoas medrosas.

A Boronia e a Sturt Desert Pea são os remédios que ajudam as pessoas a trabalhar suas mágoas e a Dog Rose pode então ser usada se o medo for um problema.

A insônia é um sintoma bastante comum nas pessoas medrosas porque frequentemente estão em luta com seus medos. Elas também podem ser comilonas compulsivas ou podem comer para bloquear ou impedir sentimentos desagradáveis. Se são pessoas com dificuldade de entrosamento, podem ficar em casa sozinhas comendo compulsivamente e vendo televisão.

Dog Rose é muito eficaz para animais selvagens que foram feridos e estão sendo tratados, devido a seu medo natural pelos seres humanos.

É também bastante útil para aqueles que têm medo de pegar uma determinada doença tal como AIDS ou câncer. Se você fica pensando e se preocupando sobre uma doença, muitas vezes você acaba se contagiando. Esses medos quase sempre são criados pela mídia ou por autoridades médicas. Eles citam estatísticas sobre a incidência de várias doenças na população e ficam advertindo o público para ficar alerta a centenas de sintomas. Isto tem levado as pessoas a não terem confiança na sua capacidade de lidar com sua própria vida e saúde. As crianças detectam sentimentos de inadequação ou medo em seus pais quando estes não são capazes de lidar confiantemente com os problemas de saúde de suas famílias.

Algumas gerações passadas as mulheres cuidavam quase que totalmente da saúde de seus familiares. Hoje em dia na maior parte dos países ocidentais o conhecimento e compreensão da cura não está mais nas mãos das mulheres, pois as autoridades médicas convenceram-nas, muitas vezes pelo medo, que somente médicos competentes e com anos de treinamento profissional podem ser os responsáveis pela saúde de suas famílias.

O aspecto positivo dessa essência é que ela desperta atitudes aventureiras, deixando as pessoas preparadas para enfrentar a vida e não se intimidar diante de novos desafios. A vida torna-se muito alegre quando se é capaz de encontrar e apreciar outras pessoas e fazer aquilo que sempre se deseja sem que o medo o impeça.

– Eu agora reconheço minha própria magnificência e sinto confiança em todas as situações.
– Eu agora aprecio a companhia de outros.

Five Corners

(Styphelia triflora)

"Vida é descobrir que você a merece." – Gita Bellin, Amazing Grace

As quinze espécies de Styphelias são encontradas em todos os estados da Austrália. A Five Corners é um arbusto ereto que cresce até dois metros de altura. Possui folhas lisas e pontiagudas por todo seu caule. As flores de formato tubular são de um tom rosa magnífico e, enquanto vão crescendo, os cinco lóbulos amarelos enrolam-se para trás expondo os estames. O fruto tem cinco lados, o que deu a este lindo arbusto seu nome genérico.

A meu ver este remédio é o mais importante de todos, pois trabalha com aquelas lições universais de autoestima e autoaceitação. Este remédio diz respeito à grandiosidade do ser físico e de sua essência. Ajuda a sentirmo-nos seguros de nossa beleza interior e exterior.

Durante seminários frequentemente pergunto às pessoas se alguma vez em suas vidas já tiveram um período de baixa autoestima ou falta de confiança. A única pessoa que respondeu não, mais tarde confessou ser um mentiroso compulsivo!

A Five Corners pode ser vista como uma estrela de cinco pontas representando uma pessoa em posição anatômica com a cabeça, braços e pernas estendidos para fora. Com expressão positiva a energia flui para frente e para trás entre aqueles cinco pontos, recarregando e revitalizando a pessoa. Quando existe uma falta de autoestima, o fluxo de energia fica bloqueado, com a figura de cinco pontas lembrando uma pessoa "toda apertada" com seus braços e pernas firmemente entrelaçados.

As pessoas que não se sentem bem sobre si mesmas, frequentemente dão a impressão de que estão tentando parecer insignificantes. Nota-se isto nas cores que escolhem para suas roupas, onde os tons neutros e claros são predominantes. Essas cores fundem-se com a paisagem e assim essas pessoas não se sobressaem e nem são notadas. Elas não só se vestem de maneira totalmente insípida

Condições negativas:

- Baixa autoestima, especialmente em relação ao corpo físico
- Desgosto consigo
- Personalidade embutida, contida
- Vestuário sem cor e sem vida

Resultados positivos:

- Amor e aceitação de si mesmo
- Celebração da própria beleza
- Alegria

como também suas roupas em geral cobrem tanto de seus corpos que seus "selves" físicos são anulados.

Na cromoterapia o vermelho estimula a circulação e, usando vermelho, os outros notam sua presença. Baixa autoestima está intimamente relacionada a pressão baixa e usando vermelho você poderá aumentar sua pressão sanguínea e também sua autoconfiança.

A Five Corners ajuda em primeiro lugar a promover uma aceitação do "self" e depois a apreciação da beleza do "self" em todos os níveis.

Eu encontrei uma Five Corners em flor e fui atraído por ela percebendo propriedades muito fortes. Algumas semanas mais tarde num *workshop* eu estava fazendo um trabalho individual com uma mulher quando de repente ela começou a chorar convulsivamente. Ela deu-se conta do quanto havia reprimido sua feminilidade durante tantos anos.

Ela cresceu muito unida a seu pai porém seu relacionamento com ele era baseado em sua atitude de "moleque". Seu modo de vestir era masculinizado e seus amigos jamais tinham-na visto usando um vestido. Ela nunca havia notado sua própria beleza. Quando entrou em crise segurei sua testa nos pontos de liberação de estresse emocional e, enquanto mantinha minha mão nesses pontos, veio-me à mente uma figura desta flor e lá permaneceu. Eu sabia que este era um remédio para autoestima e apreciação de nossa própria beleza.

A mulher mostrou-se entusiasmada quando descrevi a planta para ela. Depois de tomar a essência da planta ela fez algumas sessões de "cura pelas roupas" com Cristin. Passaram em revista todo seu guarda-roupa, uma atividade que Kristin se refere como "técnica da sacola feliz" e do lenço: qualquer peça de roupa que não faça a pessoa sentir-se linda é jogada fora, inclusive aquelas que estiveram penduradas por longo tempo esperando que a moda voltasse. Os lenços são para as lágrimas que são derramadas ao desapegar-se de suas velhas posses.

Depois, para surpresa de seus amigos, ela mandou fazer alguns vestidos e mudou o corte de seu cabelo. Assim que começou a gostar dela mesma, iniciou um relacionamento – algo que sempre teve dificuldade em fazer – com um homem que realmente se importava com ela. Você não poderá receber amor dos outros se você não ama a si mesma.

Por acaso você já se relacionou com alguém que não se sente bem com ele mesmo? Eles não se amam e também não conseguem aceitar seu amor. Este é um comportamento muito comum.

Five Corners aumenta o amor próprio e a vitalidade de uma pessoa. Citando uma paciente: "Eu adoraria tomar uma injeção intravenosa dessa essência! Sinto-me tão bem com ela!" Com esse remédio você pode, de fato, observar as mudanças ocorrendo. Quando as pessoas estão se sentindo bem consigo mesmas, elas florescem e isto aparece! Nenhuma outra essência possui a capacidade de liberar tantas crenças negativas.

– Eu agora estou celebrando minha incomparável força e beleza.
– Eu estou me tornando mais amoroso e aceitando a mim mesmo.

FLANNEL FLOWER

(Actinotus helianthi)

"O caminho mais rápido para a liberdade é sentir seus sentimentos." – Gita Bellin, Amazing Grace

Actinotus helianthi cresce em áreas rochosas e arenosas perto da costa de New South Wales indo até a parte central de Queensland. A planta inteira – flores, botões, estames e folhagem – é coberta por uma camada macia, sedosa, com uma textura de flanela, daí seu nome genérico. O nome genérico Actinotus significa "com raios que vem do centro" referindo-se a forma das "pétalas" que são de um branco aveludado salpicadas de um verde salvia. Essas são na verdade, brácteas que guardam no seu interior um conjunto de minúsculas flores que formam a parte central branca acinzentada da planta. As lindas folhas divididas verde acinzentadas também são aveludadas. A planta floresce principalmente na primavera e verão.

As Flannel Flowers pertencem à grande família das Apiaceae, que inclui as cenouras e a salsa. Com excessão de uma espécie da Nova Zelândia, as Flannel Flowers são encontradas somente na Austrália. A textura macia e sensual dessa planta, que implora para ser tocada, fornece uma indicação do modo pelo qual funciona com as pessoas, pois a Flannel Flower é para aqueles que não gostam do contato físico. A Flannel Flower é para pessoas que se sentem pouco à vontade com a proximidade física e o toque. Todos nós possuímos um senso de espaço pessoal, alguns precisando de mais espaço que os outros. Entretanto, aqueles que não gostam de ser tocados frequentemente anseiam por reclusão. Eles não se aproximam com facilidade dos outros e, quando o fazem, não conseguem lidar com isso. Sentem-se como se seu espaço houvesse sido invadido. Essas pessoas não gostam de ser abraçadas ou tocadas, por isso o contato social ou estar em lugares com muitas pessoas pode ser bastante desagradável para elas. Flannel Flower ajuda as pessoas a apreciar o contato e a atividade física. É um remédio para a expressão física, seja através do toque ou através do movimento como dança ou esporte. O personagem preguiçoso Norm, que aparece na campanha publicitária "Life, be in it", seria um perfeito candidato à Flannel Flower. Norm é obeso e fica sentado vendo TV com uma lata de cerveja na mão enquanto sua mulher, toda vestida com sua roupa de ginástica, faz seus exercícios perto dele dizendo: "Venha Norm, vamos dar uma corrida". A resposta de Norm é: "Ah! Talvez mais tarde".

A Flannel Flower aumenta a energia física. Também ajuda as pessoas a expressar seus sentimentos verbalmente e desenvolve a sensibilidade e suavidade no tocar, seja numa maneira sexual ou sensual.

O homem australiano é frequentemente retratado como sendo muito rude e insensível. Flannel Flower permite que este tipo de homem sinta-se mais à vontade ao expressar o lado mais suave e gentil de sua natureza. Ajuda-o a aproximar-se dos outros, sejam amigos ou amores, e compartilhar seus sentimentos com eles. De certa forma a Flannel Flower tende a ser um remédio para homens, embora venha a funcionar da mesma forma para mulheres que apresentam esse tipo de comportamento.

Uma área em que a Flannel Flower tem afinidade com os homens é no caso de abuso ou trauma sexual. Estatísticas mostram que trinta por cento dos homens são

Condições negativas:

•

Aversão ao toque

•

Agorafobia

•

Falta de sensibilidade nos homens

Resultados positivos:

•

Suavidade e sensibilidade no tocar

•

Abertura

•

Expressão e sentimentos

•

Confiança

•

Alegria na atividade física

violentados sexualmente em alguma época de suas vidas, seja por estupro ou outra forma de violência sexual.

A Flannel Flower pode ajudá-los a sentir-se mais à vontade com relação ao toque, para que possam vivenciar de novo um contato físico. Pode também ser usada por homens que foram agredidos fisicamente. Eu sei, por experiência própria, que depois de tal trauma você se sente muito inseguro com outras pessoas. Você não confia nos motivos alheios e por algum tempo pode sentir-se muito exposto e vulnerável quando perto de alguém. Nesses casos a Flannel Flower combinada com a Fringed Violet traz resultados rápidos e duradouros. (Para as mulheres que foram violentadas sexualmente, a Wisteria com Fringed Violet trabalham muito bem juntas.)

– Eu agora aprecio expressar e compartilhar meus sentimentos.
– Eu agora estou aberto para a gentileza e sensibilidade física.

Fringed Violet

(Thysanotus tuberosus)

"Esteja em paz e visualize um claro plano e padrão fluindo por todas as suas vidas, Nada acontece por acaso."
– Eileen Caddy, Footprints on the Path

Esta planta é uma das vinte espécies diferentes de Thysanotus encontrada em todos os estados da Austrália com excessão da Tasmânia. Nos estados do Sul ela é simplesmente chamada de "Common Fringed Lily", enquanto que em New South Wales e em Queensland ela é conhecida como Fringed Violet. Ela pertence à vasta família das liliáceas embora a Austrália não tenha nenhuma liliácea no verdadeiro sentido botânico.

A Fringed Violet é uma planta ereta e esguia com aproximadamente quatorze centímetros de altura, com folhas que lembram grama. Caules longos e macios sustentam as lindas flores que vão do malva ao roxo e que consistem de três pétalas, cada uma medindo sete milímetros de comprimento e delicadamente guarnecidas

com cílios delgados. A planta floresce na primavera e no verão. A Fringed Violet prefere os locais abertos e ensolarados, tais como os gramados urzais de arenito. Sua beleza é temporária, pois as elegantes flores roxas abrem somente por uma única manhã.

Ainda me lembro da alegria que senti ao encontrar esta planta pela primeira vez. Muitas vezes folheando livros vi fotos dessa flor e sempre me impressionei com sua beleza, mas certamente não fiquei nem um pouco decepcionado quando a encontrei nos urzais.

Como em muitas outras plantas, a Doutrina de Assinaturas é muito evidente na Fringed Violet. Os cílios em forma de cabelo lembram a forma de uma aura, o que indica uma das principais funções da planta: ajuda a restaurar a aura de uma pessoa após ter sido danificada por um choque ou trauma. O choque pode ter sido causado pela perda de uma pessoa amada, más notícias ou um acontecimento inesperado. Fringed Violet ajuda as pessoas a lidar com o choque para que sua paz interior não seja afetada. Impede que seu equilíbrio seja afetado por acontecimentos externos.

Com um pouco de prática é fácil detectar um rompimento na aura de alguém. Corra suas mãos à volta e ligeiramente acima do corpo da pessoa. Qualquer ponto frio indica que ali há um rompimento ou enfraquecimento da aura.

A aura pode também ser afetada por radiação eletromagnética proveniente de torres de transmissão e cabos de eletricidade. Sabemos que as células em um corpo sadio giram no sentido horário, porém, sob o efeito destas condições negativas, a direção pode ser invertida indicando saúde e vitalidade precárias. Fringed Violet combinada com Crowea, Waratah, Paw Paw e Bush Fuchsia é excelente para anular os efeitos da radiação eletromagnética.

Condições negativas:

- Danos à aura
- Choque e trauma
- Falta de proteção psíquica
- Pouca recuperação após choque ou trauma
- Medo de contato físico em consequência de violação ou ataque

Resultados positivos:

- Remoção dos efeitos de um trauma antigo ou recente
- Reintegração dos corpos físico e etérico
- Proteção psíquica

Fringed Violet combina muito bem com outros remédios para determinados propósitos. Para agressão física ou sexual é usada com Flannel Flower para os homens e com Wisteria para as mulheres. Também pode ser usada com Grey Spider Flower para proteção física, no caso da aura ser rompida e perdermos nossa proteção, facilitando a penetração de energias negativas. Com a aproximação do final do século as forças negativas à nossa volta estão aumentando, portanto esse remédio tornar-se-á cada vez mais importante para nós, assim como a essência de Waratah.

A aura de um bebê continua aberta ainda por algum tempo após o parto, assim como sua moleira. Colocar algumas gotas de Fringed Violet nesse ponto e fazer o sinal da cruz sobre ele, ajudará a aura a se fechar para as influências negativas. Por essa razão, algumas parteiras dizem que a criança não deve sair de casa por seis semanas após o parto. Esta precaução é desnecessária se for usada a Fringed Violet porque a proteção é imediata. Pode ser aplicada uma vez por dia durante alguns dias.

Fringed Violet pode ser de grande ajuda para alguém que nunca mais sentiu-se bem desde um determinado acontecimento, como uma cirurgia, ou uma notícia ruim, pois ela consegue libertar o indivíduo de um trauma duradouro. Depois de uma amputação, algumas pessoas vivenciam um fenômeno curioso chamado "dores fantasmas", tendo sensações aparentemente vindas da parte do corpo que foi amputada. Isto pode ser explicado pela fotografia Kirlian. Com esta técnica, se cortarmos uma folha ao meio, a fotografia de uma das metades mostrará uma aura em volta de toda a planta incluindo a metade que não está mais lá.

Todos nós já ouvimos a expressão: "pular fora de sua pele". Isto é o que literalmente acontece com o medo – os corpos interior e exterior se desequilibram. Fringed Violet ajuda a aliviar os corpos após um choque ou trauma.

Pessoas em estado de choque se recuperam muito mais rapidamente se tomarem Fringed Violet. É aconselhável dar, ou Fringed Violet ou a essência de Emergência na qual a Fringed Violet é um dos componentes, para alguém que tenha sofrido um acidente, mesmo quando a pessoa não demonstre estar em choque, pois pode haver uma reação retardada. Às vezes, até o choque de más notícias pode ficar guardado no corpo por semanas após e é muito comum que as pessoas desenvolvam eczemas ou outro tipo de erupção cutânea algum tempo depois.

Quando alguém tem uma doença grave a causa pode ser encontrada numa profunda emoção negativa ou trauma vivido dezoito meses antes, pois ela demora todo esse tempo para manifestar-se fisicamente. Tendo início nos corpos sutis e vindo de fora para dentro, o câncer, por exemplo, segue esse padrão. Qualquer choque não resolvido pode se manifestar como um esgotamento nervoso. Fringed Violet faz voltar a época do choque e ajuda a neutralizá-lo.

Pode-se detectar pelos olhos várias indicações para o uso da Fringed Violet: formatos desiguais de pupila, pupilas dilatadas, feixe de nervos em volta da Iris multipartido e também a falta de claridade nas bordas entre a Iris e branco do olho, indicando uma pessoa facilmente influenciável por outros ou por fatores externos. A Fringed Violet ajuda a manter intacta a proteção da pessoa impedindo assim a entrada de energias externas indesejáveis. É excelente para ser tomada por pessoas que são sugadas por outros, ou aqueles que inconscientemente absorvem os desequilíbrios físicos e emocionais de outros.

Em técnicas de regressão no tempo e especialmente no trabalho de Regressão a Vidas Passadas, a Fringed Violet é muito importante para trazer a pessoa de volta ao tempo presente no final de cada sessão. É também muito útil após uma sessão na qual a pessoa revive o próprio nascimento ou após haver superado um grande número de experiências catárticas ou emocionais. É também um ótimo remédio para traumas de nascimento, pois o nascimento é muitas vezes um momento em que as pessoas estão no seu ponto máximo de suscetibilidade e sensibilidade.

– *Minha força vital agora irradia boa saúde e vitalidade.*
– *Estou equilibrado e integrado e agora tenho proteção universal.*

GREY SPIDER FLOWER

(Grevillea buxifolia)

"Avancem até a borda, disse ele.
Eles disseram: Nós estamos com medo.
Avancem até a borda, disse ele.
Eles vieram.
Ele os empurrou... e eles voaram."

– *Guillaume Apollinaire*

Há mais de duzentas e cinquenta espécies de Grevilleas encontradas na Austrália que vão desde variedades rasteiras até árvores altas como a Silk Oak. Todas pertencem à grande família das Proteaceae. O nome Grevillea foi dado em homenagem ao botânico inglês, G. Greville, enquanto que buxifolia se refere ao formato das folhas que lembram aquelas do buxo (buxus).

A Grey Spider Flower é um arbusto comum de um a dois metros de altura que cresce ao redor de Sydney e das Blue Mountains. A calátide marrom avermelhada é recoberta de uma penugem branca acinzentada. É formada por conjuntos de florzinhas individuais agrupadas formando cachos redondos no final dos galhos. Todas juntas parecem uma aranha arrepiada. Os pistilos são longos e curvos lembrando as pernas da aranha. As flores possuem um néctar precioso e o arbusto fica florido a maior parte do ano. Quando se olha para esta planta vê-se nitidamente um rosto com dois olhos afundados e uma boca bem aberta que lembra o famoso quadro expressionista dos anos trinta de Edward Munch, "The Scream". Isto já sugere a qualidade da planta, pois é muito eficaz para tratar de terror, dar coragem, calma e fé.

Quando eu estava preparando a essência, toda vez que ia colher uma flor encontrava nela uma aranha verde. Segundo Rudolph Steiner, a aura do grupo anímico da família das aranhas é tão forte que muito poucas pessoas clarividentes conseguem olhar para ela. Parece que alguns aspectos da natureza são tão diferentes que não podemos apreciar sua grande beleza, por causa de nosso medo. De um ponto de vista psicológico, há também a teoria de que as aranhas são o símbolo arquetípico do medo primitivo. Durante minha infância a experiência mais aterrorizante foi assistir num filme de aventuras imensas aranhas numa floresta tropical. Também sentimos medo devido ao perigo físico que as aranhas venenosas representam para nós. Com certeza alguém que tenha passado por uma teia de aranha poderá confirmar o princípio dessa sensação de medo.

A essência da Grey Spider Flower é para terror extremo, que é muito mais intenso que aqueles medos secundários e comuns associados a Dog Rose. Trata-se aqui de terror ou pânico absoluto e paralizador. Tanto pode ser medo de morrer ou de perder a própria identidade, ou medo de coisas tão chocantes, tão horríveis que não possamos sobreviver a elas.

Para algumas pessoas o maior e mais apavorante medo na vida é o de falar em público. Elas ficam tão nervosas que às vezes tremem violentamente ou ficam completamente mudas na frente dos outros. Isto é diferente dos medos associados a Dog Rose, os quais são secundários e muito mais generalizados.

O terror afeta diretamente o corpo físico de uma maneira bastante óbvia. O indivíduo fica com as pupilas dilatadas, a garganta seca e o coração batendo fortemente. A reação da adrenalina no corpo diante de uma situação aterradora faz com que a pessoa sinta-se completamente largada após a experiência. Na Iris, a área de coordenação motora fica ao lado da área de ansiedade e, quando houver uma onda de terror ou ansiedade, esta transbordará para a zona vizinha ou seja, a zona dos movimentos, impedindo que a pessoa se mova, ficando então paralizada de medo.

Certa vez tratei um homem que ficava aterrorizado quando ficava sozinho em lugares fechados. Ele estava trabalhando para a companhia de gás e muitas vezes precisava entrar em lugares como porões, por exemplo. Então seu medo era obviamente do tipo Grey Spider Flower. Esta essência pode ser usada quando existe na atmosfera um clima de muito terror, tal como em tempo de guerra. Uma técnica chamada "Buttoning" pode ajudar quando se está ouvindo reportagens sobre acontecimentos aterrorizantes ou acidentes hediondos ou ainda pior, se você estiver envolvido em um deles. Se colocar a língua no céu da boca atrás dos dentes da frente, esses

Condições negativas:

- Terror
- Medo do sobrenatural e de ataques psíquicos

Resultados positivos:

- Fé
- Calma
- Coragem

acontecimentos não baixarão tanto o nível de sua energia. Lembro-me certa vez quando meu tio presenciou um terrível acidente no qual três pessoas morreram. Ele voltou para casa tremendo com o choque e o terror, bastante ciente de sua vulnerabilidade e mortalidade. Grey Spider Flower combinada com Fringed Violet teria sido excelente remédio para ele naquele momento.

Como já foi mencionado, a Grey Spider Flower pode ser usada com Fringed Violet para proteção contra ataques psíquicos ou nas ocasiões em que você sente sua vida ameaçada. Esses remédios ajudarão a desenvolver a confiança, a fé e a compreensão de que a Luz pode ser sempre invocada para sua proteção.

Assim como a Dog Rose, a Grey Spider Flower pode ser usada para pesadelos, especialmente em crianças pequenas cujo medo permanece com elas por algum tempo após haverem despertado. Muitas crianças vivenciam o terror como resultado de pesadelos, ao passo que a grande maioria dos adultos quase não é perturbada por eles. Frequentemente os adultos subestimam o efeito dos pesadelos nas crianças.

Recentemente dei esse remédio para uma criança de cinco anos de idade que ficava imobilizada e aterrorizada toda vez que chovia e estava fora de casa. A Grey Spider Flower fez esse medo desaparecer rapidamente.

A Grey Spider Flower é para terrores que aparecem subitamente como uma reação a algo horrível e age rapidamente acalmando e ajudando as pessoas a se recuperarem. Pode ser usada para casos graves de asma, para ajudar as pessoas a lidar com o medo da asfixia e para casos graves de fobia. Para as formas mais amenas desse distúrbio pode ser administrada Dog Rose.

A essência da Grey Spider Flower ajuda a proporcionar fé, calma e coragem. Essas qualidades podem ser observadas em pessoas que trabalham com situações muito perigosas tais como dispositivos de bombas ou unidades de resgate e socorro onde grande coragem é necessária, pois essas pessoas colocam sua segurança em segundo plano em nome do bem estar alheio.

– *O poder Divino me proteje agora.*
– *Fé, calma e coragem fazem parte de mim agora.*

Hibbertia

(Hibbertia pendunculata)

*"Esta é sua vida e ninguém irá ensiná-lo,
nenhum livro, nenhum guru.
Aprenda por si próprio, não através de livros.
É algo infinito e, quando você aprende sobre si mesmo,
através de si mesmo,
Desse aprendizado vem a sabedoria."*

– Krishnamurti, A Bag of Jewels
(Eds. Susan Haywcard & Malcolm Cohan)

As hibbertias possuem mais de 115 espécies numa categoria que, com raras exceções, restringe-se à Austrália. Todas as espécies dessa categoria têm flores amarelas que se assemelham muito entre si. Daí seu nome genérico: Flor de Guinéu, porque as flores "brilham como guinéus dourados".

Hibbertia pendunculata é um arbusto baixo, abundante e rasteiro. É encontrado por toda a parte em florestas abertas e clareiras nas montanhas e regiões costeiras de New South Wales e a Leste de Victoria do Oeste. Suas flores medem doze milímetros de largura, crescem em longas hastes

N.T.: Guinea = moeda inglesa de cálculo = 21 xelins, em português = guinéu

e florescem na primavera. As cinco pétalas quando caem deixam no chão uma marca em forma de coração. As brilhantes folhas verde escuro fazem um grande contraste com as claras flores amarelas.

Como a maioria das flores de cor amarela, este remédio diz respeito ao intelecto, à parte mental. A Hibbertia é para aquelas pessoas que devoram informações e filosofias. Esses indivíduos têm uma grande ânsia de aprender, portanto estão constantemente fazendo cursos e lendo livros. São muito severos consigo mesmos, especialmente em sua busca de conhecimento, até o ponto de tornarem-se fanáticos. No entanto, a intenção de todo esse esforço por obter conhecimento é para aperfeiçoarem-se cada vez mais e, assim, sentirem-se superiores aos outros. Embora deem a impressão que estão integrando todas as ideias e informações que absorvem, tudo se torna pura e simplesmente "coisas da cabeça" – um exercício intelectual. Eles não estão à procura de uma maneira prática de usar essa informação, mas acreditam ser pessoas superiores pelo fato de terem mais conhecimento que os outros. Recolhem informações daqui, de lá e acolá, apossando-se um pouco da filosofia de vários professores e gurus diferentes. Como essas informações não têm origem em suas próprias experiências, o resultado final é que sentem-se oprimidos, sem nenhuma compreensão ou conhecimento real.

Como disse Albert Eisntein: "O pensamento lógico não nos fornece nenhum conhecimento do mundo empírico, todo conhecimento da realidade começa da experiência e nela termina".

A energia dessas pessoas está focalizada em suas mentes mais do que em qualquer outra parte de seus corpos, especialmente seus corações. Os homens que se encaixam nessa categoria são quase sempre altos e magros e têm a tendência de perder seus cabelos na parte anterior da cabeça. Em algumas dessas pessoas, seus narizes eventualmente crescerão mais.

O aspecto positivo da essência da Hibbertia é a integração das informações e ideias com as experiências e intuições dessas pessoas, para alcançar um equilíbrio. Como resultado a pessoa aceita e confia nela mesma como também no conhecimento que possui e o usa sem querer sentir-se superior aos outros.

A Hibbertia é para pessoas que são inflexíveis e dogmáticas especialmente em manter-se fiéis a seus ideais. Também gostam de estar no controle, manifestando muita auto-

Condições negativas:

•

Fanatismo pelo auto-aprimoramento

•

Apego a aquisição de conhecimento

•

Autodisciplina excessiva

•

Superioridade

Resultados positivos:

•

Contente com o próprio conhecimento

•

Aceitação, domínio e utilização do próprio conhecimento

negação e autorrepressão. Esta rigidez de mente é quase sempre refletida num endurecimento do corpo e estes dois aspectos são manifestações de uma falta de flexibilidade e de atitudes duras e rígidas.

Uma noite, durante os sete ou oito anos em que fui um vegetariano convicto, fui a um jantar. Entre os vegetais encontrei pequenos pedaços de peixe que perseverante e diligentemente retirei antes de comer. Hoje em dia percebo que estava sendo quase fanático.

Ao murchar, as cinco pétalas amarelas da flor da Hibbertia caem no chão e deixam uma forma de coração impressa na lama. É como se a flor estivesse fazendo um último pedido, para que nos lembrássemos da importância do coração em nossas vidas. De fato, uma das transformações positivas dessa essência é unir o coração à mente. Citando Gita Bellin em "Amazing Grace" (livro 1):

"Quando o coração sente e a mente compreende, tornamo-nos um ser humano completo."

Na numerologia, o número cinco (o número de pétalas da flor da Hibbertia) representa o centro emocional, e a essência da Hibbertia ajuda a drenar o excesso de energia do plano mental afim de equilibrar o plano emocional.

Como a essência da Hibbertia nos ensina, conhecimento não é decorar textos mas sim revelar a verdade das fontes interiores mais elevadas.

– Eu agora aceito e integro minha sabedoria interior.
– Eu agora sou flexível em todas as situações da vida.

Illawarra Flame Tree

(Brachychiton acerifolius)

"Você nunca será julgado a menos que aceite o julgamento daqueles à sua volta.E, se aceitar o julgamento deles, é somente a sua vontade de assim fazê-lo em nome da experiência."
– Ramtha, Ramtha

Esta árvore alta e espetacular nasce nas florestas úmidas costeiras desde Illawarra ao Sul de Sydney até Queensland.

Em seu habitat natural ela pode crescer até trinta metros de altura. Uma Flame Tree adulta possui o lado de fora do tronco grosso, enrugado e cinza e a parte de dentro é como uma renda.

Quando a árvore começa a florescer, as folhas caem deixando à vista uma miríade de flores escarlate com textura de cera e em forma de sino, penduradas em grandes cachos nas ramagens de cor similar. A árvore inteira resplandesce como se estivesse em chamas quando está em sua total florescência no início da primavera. Então, folhas verdes novas de vinte e cinco centímetros de comprimento vão aparecendo à medida que as flores vão desaparecendo: as árvores mais velhas têm folhas ovais enquanto que as mais novas têm folhas divididas em cinco lóbulos que se assemelham a uma mão estendendo-se para fora.

Devido às propriedades dessa essência, não seria nenhuma surpresa se a mão estendida estivesse pedindo para ser aceita. A essência da Illawara Flame Tree é para pessoas que frequentemente sentem-se rejeitadas. Sentem-se deixadas de lado. Com muita facilidade ficam profundamente magoadas quando percebem que foram rejeitadas real ou imaginariamente. Enquanto outros pen sariam: "Graças a Deus, tenho um pouco de tempo para mim!" estas pessoas sentem que ninguém as ama se não estão incluídas. Consequentemente, sempre fazem coisas que prefeririam não fazer para evitar uma possível rejeição. Tais ações representam uma profunda rejeição do Self e leva a um enfraquecimento da glândula timo que é a chave do sistema imunológico. A Flame Tree fortalece e equilibra o timo. Essas pessoas têm também uma tendência de rejeitar a si próprias, o que pode levá-las a um estado de muito desânimo.

Dizem que se as pessoas do tipo Flame Tree fossem as únicas sobreviventes de um cataclisma, sentir-se-iam tremendamente rejeitadas porque todas haviam sido levadas exceto elas. Essas pessoas sabem que possuem algumas habilidades mas nunca tentam desenvolvê-las ou usá-las. Ignoram seu potencial porque sentem-se oprimidas pela responsabilidade de ter de desenvolvê-lo. Deixam tudo para amanhã e é claro que o amanhã nunca chega.

O remédio da Illawarra Flame Tree ajudará essas pessoas a dar o primeiro passo em busca da realização de seu potencial. Permitirá que consigam comprometer-se com uma determinada linha de procedimento com a qual encontrarão a força e a confiança necessárias para trabalhar naquilo que devem fazer em sua vida sem se sentirem oprimidas pela responsabilidade de fazê-lo.

Um homem que sempre se sentiu muito rejeitado tomou este remédio com excelentes resultados. Estava relutante em tentar algo novo. Agora está muito mais forte com relação a sua própria identidade e sente que pode fazer qualquer coisa que queira sem correr o risco de sentir-se rejeitado.

As pessoas do tipo Red Grevillea sabem o que querem fazer porém não sabem como fazê-lo. As do tipo Flame Tree sabem o que precisam fazer mas sentem-se oprimidas pela responsabilidade de fazê-lo.

Esses tipos de pessoas continuamente retardam a maternidade e a paternidade. Querem ter filhos mas têm medo da responsabilidade. Uma maneira fácil de verificar se este é ou não o caso, é perguntar-lhes como se sentiriam se tivessem gêmeos ou trigêmeos e depois observar a linguagem de seus corpos. Elas podem até dizer que conseguiriam enfrentar o fato, mas começarão a ficar muito impacientes e desconfortáveis.

Muitas das pessoas a quem prescrevi este remédio cresceram com uma Flame Tree em seus quintais ou florescendo pela vizinhança.

A Flame Tree é um ótimo remédio para crianças na escola. Ajudá-las-á a enfrentar os contratempos temporários tais como ser banido do time de criquete ou ser excluído da "turma".

Pode ser de grande ajuda para aquelas crianças que entraram numa escola nova onde os professores ou outras crianças não lhes estão dando muita atenção. O tipo de criança a quem este remédio é dirigido sentir-se-ia

Condições negativas:

- Medo da responsabilidade
- Grande sentimento de rejeição

Resultados positivos

- Confiança
- Aceitar compromissos
- Força
- Autoconfiança
- Autoaprovação

rejeitada diante dessa situação e, ao invés de tentar conquistar novas amizades, ficaria desanimada e abatida.

– *Agora sou amado e aceito todas as situações da vida.*
– *Agora eu aceito alegremente as responsabilidades.*

Isopogon

(Isopogon anethifolius)

"Desenvolvemos a sabedoria com os fracassos muito mais do que com os sucessos." – Samuel Smiles

Os Isopogons pertencem à variada família dos Proteaceae. Existem aproximadamente trinta espécies do gênero e a maior parte é encontrada na Austrália Ocidental. Crescem em todos os estados com exceção da Tasmânia, nas florestas abertas de esclerófilos e nos urzais.

As flores dessa espécie são agrupadas em cachos cilíndricos em volta de um caule felpudo e um aglomerado de sementes semelhante a uma abóboda. Seu nome genérico Drumstick (baqueta), faz alusão a esse cone de sementes no final do caule. Isopogon anethifolius é um arbusto firme que mede até três metros de altura e suas flores amarelas medem de doze a vinte e cinco milímetros de diâmetro. À medida que as flores vão murchando aparecem os cones de sementes cinza arredondados que permanecem na planta por muitos anos. Este arbusto tem uma ramagem mais fina e mais estreita que os outros que fazem parte dessa espécie. Com folhas rígidas, medem de quatro a seis centímetros de comprimento.

Na metafísica, o amarelo simboliza sabedoria e conhecimento e o Isopogon, assim como a Hibbertia amarela, referem-se ao intelecto e, de fato, o Isopogon possui muitas propriedades que dizem respeito à mente. Esta essência é muito benéfica para abrir a mente subconsciente, permitindo a recuperação de habilidades há muito esquecidas.

A Waratah possui características similares, porém é usada em situações de crise ou emergência, quando antigas habilidades de sobrevivência são desesperadamente necessárias, ao passo que a essência do Isopogon é mais apropriada quando uma pessoa quer lembrar-se de uma informação ou habilidade aprendida tempos atrás, tal como falar um outro idioma.

Isopogon ajuda a recuperar as memórias do passado. Meu trabalho com Regressão no Tempo provou-me que todas as nossas experiências estão guardadas na mente. Podemos lembrar de qualquer coisa usando a chave certa para abrir a porta do subconsciente. Este remédio também tem ajudado aqueles que sofrem de senilidade, Mal de Alzheimer ou memória fraca, mas nesses casos deve ser tomado durante alguns meses seguidos.

Isopogon pode também ser tomada por pessoas que não conseguem aprender com suas experiências. Nada nos acontece por acaso. Se não aprendemos com um determinado fato, a lição será então repetida por muitas vezes até que finalmente a compreendamos.

Aqueles que não aprendem com seus erros, muitas vezes passam sua vida tentando dominá-la ou controlá-la sem parar para rever suas experiências prévias. Uma das melhores formas de aprender é cometendo vários erros, porém, depois de cada erro devemos corrigir nosso comportamento de acordo com a experiência.

Condições negativas:

- Memória fraca
- Incapacidade de aprender com experiências passadas
- Senilidade
- Personalidade manipuladora
- Personalidade controladora

Resultados positivos:

- Habilidade para aprender com as experiências passadas
- Recuperação de habilidades esquecidas
- Relacionamento sem manipulação ou controle

O voo espacial que levou Armstrong até a Lua esteve em curso por somente três por cento do tempo. Ele conseguiu aterrisar na Lua porque sua posição estava sendo monitorada e corrigida constantemente para mantê-la no curso correto. A vida também funciona dessa forma – revendo constantemente nossas ações e suas consequências e corrigindo nosso comportamento de acordo com aquilo que aprendemos.

Um caso clínico poderá ilustrar bem este ponto: "Tomei esta essência porque tinha sensação de que minha cabeça e meu coração não estavam funcionando juntos e eu não me lembrava se estava ou não aprendendo com minhas experiências. Três meses depois tive uma grande revelação. De repente pude compreender coisas como desenhos que fiz e sonhos que tive anos atrás. Senti como se uma cortina espessa tivesse sido arrancada da frente de meus olhos. Desde então, estou plenamente consciente de que o cotidiano é um processo de aprendizagem e somente de vez em quando tenho aquela impressão de que minha cabeça e meu coração estão separados."

Este remédio também é benéfico para aqueles que têm necessidade de controlar e dominar os outros. Querem estar sempre no comando e não conseguem imaginar que os outros possam ser capazes de fazer um trabalho tão bem ou até melhor que eles mesmos. Frequentemente acreditam que sabem mais ou melhor que os outros. Uma expressão muito característica dessas pessoas é: "Não faça o que eu faço mas faça o que eu digo". Isto pode ser observado em pais muito rígidos. Eles podem ter uma atitude muito arrogante, dominadora e autoritária em relação aos outros.

Essas pessoas geralmente são dominadas por seu intelecto e desconectadas de seus sentimentos. Podem ser muito poderosas, ambiciosas, exigentes, tirânicas e intolerantes com pessoas mais fracas. Além disso, podem ser muito inflexíveis por um longo tempo com a finalidade de controlar os outros.

O aspecto positivo dessa essência é o líder natural que é inspirador, sábio, tolerante, flexível e que encoraja os outros a desenvolver suas próprias habilidades e capacidades. Esta é uma pessoa que aprende com suas experiências.

– Eu agora aprendo com minhas experiências.
– Eu agora me relaciono com os outros com compreensão e tolerância.
– Eu agora tenho acesso às minhas habilidades sempre que necessito delas.

Black-eyed Suzan

Bluebell

Baronia

Swamp Banksia

Bauhinia

Billy Goat Plum

Bottlebrush

Bush Fuchsia

Bush Gardenia

Bush Iris

Crowea

Dagger Hakea

Dog Rose

Five Corners

Flannel Flower

Fringed Violet

Grey Spider Flower

Hibbertia

Illawarra Flame Tree

Isopogon

Jacaranda

Kangaroo Paw

Kapok Bush

Little Flannel Flower

Macrocarpa

Mountain Devil

Mulla Mulla

Old Man Banksia

Paw Paw

Peach-flowered Tea-tree

Philotheca

Red Grevillea

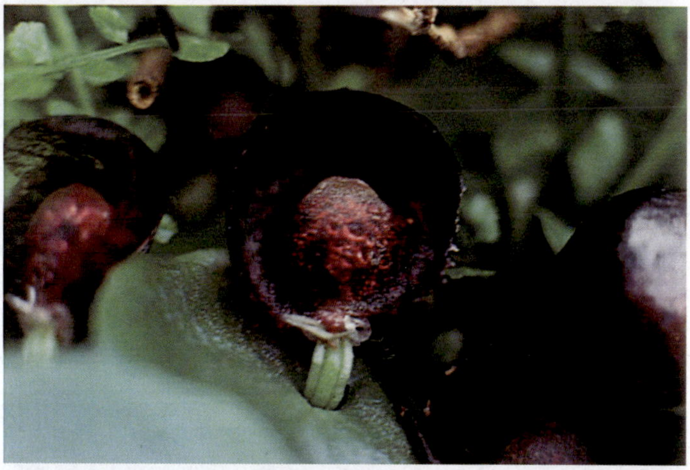

Red Helmet Orchid

Red Lilly

She Oak

Silver Princess

Slender Rice Flower

Southern Cross

Spinifex

Sturt Desert Pea

Sturt Desert Rose

Sundew

Sunshine Wattle

Tall Yellow Top

Turkey Bush

Waratah

Wedding Bush

Wild Potato Bush

Wisteria

Yellow Cowslip Orchid

Jacaranda

(Jacaranda mimosaefolia)

"O caminho mais curto para fazer várias coisas é fazer uma coisa de cada vez." – Samuel Smiles

O Jacaranda é nativo tanto do Brasil, onde cresce em lugares secos e altos, como das Índias Ocidentais. Não é somente sua florescência colorida que torna esta árvore tão atrativa, mas também sua folhagem de aparência delicada, lembrando uma samambaia rendada. Esta árvore tem sido amplamente cultivada na costa Leste da Austrália onde sua florescência azul lavanda ilumina as encostas e as ruas no final da primavera.

As árvores do Jacarandá crescem até trinta metros de altura e são temporárias. Cachos de inúmeras florzinhas em forma de sino com vinte centímetros de comprimento caem formando um tapete de cor malva ao redor das

árvores. As folhas verde claro nas extremidades crescem em pares alternados. Cada folha tem dezesseis ou mais pares de folhas pequenas e cada um desses por sua vez possui vinte pares de minúsculas folhinhas.

O Jacarandá é um remédio para pessoas extremamente agitadas, para aqueles que estão sempre iniciando projetos porém raramente os concluem, especialmente porque são dispersivos; têm muita dificuldade em tomar decisões pois estão constantemente mudando de ideia. Há uma sensação de grande dispersividade com as pessoas do tipo Jacarandá. Elas tendem a estar em todos os lugares, correndo daqui para lá. Curiosamente, Grafton, a cidade da Costa Norte de New South Wales que patrocina o festival do Jacarandá, está em uma área que os Aborígenes consideravam desagradável para se morar porque a energia do local era muito difusa. A profusão de árvores de Jacarandá que existe lá agora pode ter ajudado a concentrar aquela energia difusa.

O Jacarandá é parecido com a Black-eyed Susan porque os dois tipos de pessoas assumem muitos projetos diferentes. Porém o tipo Black-eyed Susan é cheio de energia e concentra-se em terminar suas coisas e muitas vezes assume mais de um projeto ao mesmo tempo, ao passo que as pessoas do tipo Jacarandá se propõem a assumir o mesmo número de projetos porém lhes falta concentração.Os projetos permanecem incompletos em vários estágios. A casa dessas pessoas pode ter um quarto pintado pela metade ou uma estante parcialmente construída. Entretanto este tipo é entusiasta, motivador e repleto de ânimo no início do projeto mas não consegue seguir adiante.

É esgotante ficar perto de pessoas do tipo Jacarandá por serem tão dispersivas. Em geral têm muitas amizades que entram e logo saem de suas vidas. Outras tendem a ficar presas a seu entusiasmo inicial, embora essas pessoas tipo Jacarandá possam repentinamente mudar seu círculo social ou seus conhecidos possam vê-las como realmente são e abandoná-las rapidamente.

Essas pessoas mudam muito de casa. São inseguras quanto a tomar a decisão certa, o que as leva a vacilar. Outras vezes entram em pânico achando que fizeram a escolha errada e, portanto, mudam de ideia.

Mudam regularmente de médico ou de práticos de saúde e frequentemente não terminam os tratamentos iniciados. As fibras nas Iris das pessoas do tipo Jacarandá, ao invés de serem retas são frequentemente sinuosas indicando que a energia não está fluindo livremente. Elas não fluem com a

Condições negativas:

- Dispersivo
- Mutável
- Agitado e sem definição
- Apressado

Resultados positivos:

- Decidido
- Mentalidade clara
- Pensamento rápido
- Centrado

vida, mas andam por ela em zigue-zague. Os sintomas de suas doenças mudam muito. Podem ter dores que mudam de lugar ou apresentam erupções de fundo nervoso ou urticárias. São propensas a acidentar-se, pois pelo fato de serem tão dispersivas podem ser muito desajeitadas. Esse aspecto do Jacarandá é bastante similar ao Sundew. Porém Sundew é para pessoas que são vagas e sonhadoras e não para aquelas que estão sempre apressadas.

Os aspectos positivos da essência do jacarandá são aqueles visíveis numa pessoa decidida, ponderada, rápida de pensamento, esperta e lúcida. Essas pessoas conseguem trocar ideias com outros, ouvir seus conselhos e depois resolver seus próprios problemas, levando em consideração todas as circunstâncias. São flexíveis e podem julgar se um determinado procedimento poderá alcançar o resultado desejado. Conseguem colocar suas estratégias em ação e seus projetos são frequentemente concluídos com sucesso.

– Eu tomo decisões rápida e facilmente.
– Eu agora sou esclarecida e esperta.

KANGAROO PAW

(Anigozanthos manglesii)

"A ignorância não é bem-aventurança, é negligência." – Philip Wylie, Generation of Vipers

Existem dez espécies no gênero dos *Anigozanthos* que foram descritas pela primeira vez em 1800 por botânicos franceses. Todas crescem no lado Sudoeste da Austrália Ocidental. A descrição original da flor era: "uma corola em formato de tubo dividida nas extremidades em seis partes desiguais".

Manglesii é a alcunha da espécie que homenageia Robert Mangels, um horticultor inglês que conseguiu desenvolver este tipo da espécie a partir de uma semente trazida para a Inglaterra em 1883 pelo primeiro governador da Austrália Ocidental, Sir James Stirling.

O botão verde e vermelho da flor da Kangaroo Paw abre-se e suas pontinhas enrolam-se para trás expondo seis estames dourados e uma espécie de estilete que se inclina ainda mais para a frente. No fundo da flor é encontrado néctar. Cada flor tem um formato que se assemelha à pata da frente de um canguru até na penugem que forra toda a parte interna das pétalas. A Kangaroo Paw é um herbácea perene e de vida razoavelmente curta.

O caule em flor pode medir até um metro de comprimento e floresce de agosto a outubro. A planta nasce naturalmente desde o rio Murchison, ao redor de Kalbarri, até Manjimup no Sul. É habitualmente encontrada em vibrantes tonalidades verde e vermelho malva.

A Kangaroo Paw floresce depois de queimadas ou desmatamentos para limpeza da área. Após algum tempo, outras plantas de vida mais longa crescem em abundância abafando a Kangaroo Paw, que não será vista novamente até a próxima limpeza ou queimada da área.

Em 1960 ela foi escolhida entre mais de oito mil espécies de plantas nativas da Austrália Ocidental para ser o emblema floral do estado. Tal escolha não teria surpreendido o falecido Joseph Furphy que, cinquenta e cinco anos antes, com o pseudônimo de Tom Collins, descreveu a planta em seu livro "Such as Life":

"Esta flor é tal e qual a Austrália. Não se trata de Mountain Daisy, Primrose ou Snowdrops; mas uma esplêndida, confiante e audaciosa glória, deixando a preta e escarlate Desert Pea em segundo plano. Até os Gropers não poéticos reconhecem a Kangaroo Paw como sua flor nacional."

Este é outro exemplo de um emblema floral estadual que foi escolhido primeiro e somente mais tarde oficialmente sancionado.

Minha viagem para a Austrália Ocidental foi memorável. Não só pelas mais espetaculares flores silvestres do mundo e pela beleza da terra como também pela amizade e hospitalidade mostrada pelas pessoas. O remédio da Kangaroo Paw engloba essas qualidades. É para sensibilidade às necessidades das outras pessoas – para gentileza. Também proporciona a capacidade de apreciar e sentir-se à vontade com pessoas de diferentes ambientes e personalidades e compreender aquilo que elas necessitam para que também possam sentir-se relaxadas e confortáveis. Um exemplo é um bom anfitrião, que faz alguém sentir-se à vontade em sua casa, ou um guia turístico competente que faz com que as pessoas se familiarizem com os costumes locais.

O aspecto negativo da Kangaroo Paw é alguém muito "verde" – afinal de contas a flor é parcialmente verde! – essas pessoas são muito desajeitadas socialmente e têm grande dificuldade em relacionar-se ou lidar com os outros, por ingenuidade, por acanhamento, ou simplesmente por sentirem-se inadequadas. Este remédio foi usado com muito sucesso em pessoas insensíveis, exigentes demais com os outros ou que conscientemente ignoram as necessidades daqueles que os cercam. Essas pessoas certamente não sabem deixar os outros à vontade. Consequentemente criam muita tensão em situações sociais. Uma reação bastante comum de quem já tomou a essência de Kangaroo Paw é o alívio. Conseguiram enfrentar sua maneira desajeitada e agora podem apreciar a companhia de outras pessoas. Sentem-se muito mais leves e relaxadas.

As pessoas tipo Kangaroo Paw podem sofrer o impacto do ridículo em situações sociais. É comum para estas pessoas não perceberem que estão rindo ou fazendo pouco caso delas, pois estão muito absorvidas consigo mesmas. Podem também dar-se conta de que não se relacionam bem e passam a evitar o contato com outras pessoas. Podem, ainda, tornar-se arredias quando estão perto daqueles com os quais não se sentem à vontade e

Condições negativas:

- Sem tato
- Inconveniente
- Desatento
- Desajeitado
- Insensível

Resultados Positivos:

- Amabilidade
- Sensibilidade
- Saber se pertar
- Apreciar a companhia dos outros
- Sentir-se à vontade

que por sua vez também não se sentem bem com elas.

Kangaroo Paw também pode ser tomada pela pessoa que só sabe dizer a coisa certa depois que a oportunidade passou. É um remédio que ajuda a compreender como agir apropriadamente em qualquer situação.

– Eu agora me relaciono sensível e equilibradamente com os outros.
– Agora sinto-me à vontade com os outros e aprecio a companhia deles.

Kapok Bush

(Cochlospermum fraseri)

"Nunca se dê por vencido. Nunca se dê por vencido. Nunca se dê por vencido." – Winston Churchill

Essa pequena planta delgada habitualmente cresce até três metros de altura e é encontrada em solos rochosos tais como encostas montanhosas e cordilheiras, nas partes tropicais de Queensland, Northern Territory e Austrália Ocidental. Seu nome genérico refere-se às grandes e frágeis cápsulas de sementes que, quando maduras, ficam cheias de uma substância macia e densa com aspecto de algodão. Os Aborígenes usavam esse material para enfeitar seus corpos. Mais tarde os colonizadores usaram-na para encher sacolas que penduravam atrás dos cavalos e para travesseiros.

O nome genérico Cochlospermum tem origem nas palavras gregas kocklo, que quer dizer vento, e sperm significando semente. Isto refere-se ao pequeno "para-quedas" atado a cada semente que ajuda a sua distribuição quando lançadas ao vento.

A Kapok Bush é uma visão muito comum ao longo das estradas durante a estação seca quando perde suas folhas e suas enormes flores amarelas se sobressaem. As flores têm cinco pétalas, sépalas envoltas em penugem e muitos estames, e florescem de maio a setembro. São muito perfumadas e comestíveis.

A essência de Kapok Bush foi preparada em Mount Barker nos Kimberleys numa fazenda de gado Aborígene. É um remédio para estabelecer compromissos e cumpri-los, para não desistir e não aceitar a derrota. Seu aspecto positivo pode ser visto em alguém que domina um problema técnico ou descobre como funciona uma complexa peça de maquinária. Essas pessoas têm uma ampla visão do problema e trabalham nele continuamente até chegar a uma solução.

Até com o ar quente dos Kimberleys e no terceiro ano consecutivo de uma seca ainda pode-se ver os Kapok Bush em flor. As flores têm um gosto delicioso e ligeiramente pegajoso. Em muitas de minhas caminhadas pelos matos, o fato de comer as flores fez com que eu continuasse seguindo em frente.

Este remédio é para pessoas que têm a tendência de desistir muito facilmente e não terminam aquilo que iniciaram. Quando algum esforço é necessário elas se tornam desencorajadas ou desanimadas e abandonam a tarefa. Com Kapok Bush essas pessoas sentem-se muito mais inclinadas a continuar.

A cor amarela de sua flor insinua suas qualidades de compreensão intelectual – ser capaz de perseverar para poder resolver um problema através da lógica. Por exemplo, se algo está quebrado ao invés de simplesmente desistir e abandonar, o Kapok Bush proporciona um *insight* para o indivíduo analisar como aquilo funciona e provavelmente achar uma forma de consertá-lo.

O aspecto negativo do Kapok Bush é uma ausência de esforço porque tudo é muito complicado. Esse tipo de pessoa tende a ter um efeito desanimador sobre a alegria e o entusiasmo dos ambientes. Porém, aquilo que você demonstra você atrai, assim esta pessoa atrai pessoas com naturezas similares que podem tornar sua vida bastante insípida.

Esta atitude de desistência reflete-se em determinados tipos de doenças tais como os males desgastantes da anemia, câncer e pressão baixa, uma constante sensação de exaustão ou deficiências do sistema imunológico. Quando uma pessoa fica sabendo que tem câncer, ou ela luta contra a doença ou morre muito rapidamente porque simplesmente se entrega e torna-se resignada com seu destino. Quando as pessoas não possuem o espírito de luta e contraem uma doença menos grave, sua recuperação é mais lenta.

A melhor maneira de transcender uma doença é querer desesperadamente estar bem e apto a fazer tudo aquilo que a doença o impede de fazer.

Esta essência tem obtido resultados muito bons, não só para doenças como também em problemas escolares; neste caso os pais e professores podem dar a essência para as crianças que não querem tentar quando pensam que um assunto como a matemática é muito difícil.

As qualidades positivas dessa essência são evidentes na comunidade Aborígene de Mount Barker, onde estão ensinando mecânica, administração e outras habilidades das quais a comunidade está tirando grande proveito. Essas pessoas estão aprendendo a resolver problemas e consertar suas próprias maquinárias. Eles não estão intimidados pela nova tecnologia, muito pelo contrário, fazem com que ela trabalhe para eles.

Quando as pessoas realmente não gostam do que fazem em seus trabalhos, ou sofrem de uma longa enfermidade, a sua força vital pode tornar-se tão fraca que perdem seu espírito de luta. Simplesmente não querem ou sentem que não podem ter o controle de suas próprias vidas. Tendem a ser apáticos ou insensíveis na maneira de conduzir seus problemas. Como criamos tudo que nos acontece, somos na verdade capazes de mudar nossas vidas para melhor.

A essência do Kapok Bush ajuda as pessoas a reagir positivamente aos desafios da vida. Permite àqueles que não possuem um senso comum a serem mais práticos e realistas e ajuda-os a dedicarem-se aos problemas e persistirem até encontrar as soluções.

Condições negativas:

- Apatia
- Resignação
- Desânimo
- Indiferença

Resultados positivos:

- Força de vontade
- Persistência e perseverança
- Percepção e consciência
- Execução prática

Quando estávamos em Mount Barker visitamos uma maravilhosa nascente. Levamos muito tempo para chegar lá. Uma noite perguntamos se outras pessoas já haviam estado lá e a resposta de muita gente foi: "Oh! Não! É muito longe, não é?"

Em toda a região dos Kimberleys não encontramos um outro lugar tão bonito quanto aquele. Portanto suponho que a recompensa por nossa persistência foi ter o encantamento daquela paisagem somente para nós.

– Estou agora querendo reagir positivamente aos desafios da vida.
– Agora tenho o controle de minha própria vida.

LITTLE FLANNEL FLOWER

(Actinotus minor)

"Se eu pudesse voltar a viver, começaria a andar descalço no início da primavera e assim ficaria até o final do outono. Eu iria dançar mais vezes. Daria mais voltas no carrossel. Eu colheria mais margaridas." – Citação de Nadine Stair, "If I had my Life to Live Over" em Chop Wood, Carry Water (ed. New Age Journal)

Esta planta é uma versão bem menor da Flannel Flower (Actinotus helianthi) mas suas flores possuem uma textura aveludada similar. Little Flannel Flower tem flores espessas, brancas aflaneladas, envoltas por brácteas que estão espetadas num pequeno cacho de pequenas e delgadas hastes e medem menos de doze milímetros de diâmetro, um sexto do tamanho da actinotus helianthi. Este arbusto delicado e espalhado é perene e floresce a maior parte do ano.

Little Flannel Flower é facilmente encontrada nos urzais e florestas abertas nas encostas rochosas das colinas, desde a região arenosa de Hawksbury até as Blue Mountains em New South Wales. Entretanto, como geralmente estão escondidas por plantas maiores, podem passar desapercebidas. Um campo dessas flores proporciona uma sensação de extrema leveza.

Este remédio se aplica à nossa criança interior, sejamos adultos ou ainda crianças.

Produz uma expressão brincalhona, despreocupada e de alegria espontânea. Pode ser dado para crianças que estão crescendo muito rapidamente e que tendem a assumir a responsabilidade dos problemas do mundo. É também apropriado para crianças que assistem muita televisão ou escutam os noticiários, pois muito daquilo que veem ou ouvem diz respeito a fatos negativos como terremotos, fome e guerra ou dramas envolvendo violência e/ou infelicidade. Sua visão do mundo é construída pelo que a mídia lhes apresenta e assim passam a ver o mundo como um lugar sombrio, cheio de tristeza, destruição e negatividade.

Muitas dessas crianças ficaram mais velhas antes de seu tempo, perdendo a oportunidade de aproveitar sua infância. Little Flannel Flower ajuda-as a recuperar sua inocência e seu lado infantil de brincadeiras. E, é claro, que a melhor maneira para as crianças aprenderem é através de jogos.

Hoje em dia muitos cursos de gerenciamento e liderança de negócios incluem jogos, pois vários professores descobriram que brincar é a melhor forma de aprender.

Algumas vezes jogar é muito divertido e além disso os jogos são também auxiliares de grande valor. É pena que em nossa cultura a brincadeira esteja restrita somente aos tempos de infância e seja frequentemente desencorajada nos adultos. Toda pessoa tem uma criança dentro de si e esse remédio permite que esta criança aflore. Little Flannel Flower é um bom remédio para adultos, especialmente pais, permitindo-os soltar algumas de suas inibições, divertir-se, brincar com as crianças e com outros adultos. É claro que se as pessoas estiverem em sintonia com suas instuições provavelmente serão capazes de desfrutar do prazer e alegria da vida e perceberão que esta não é uma batalha tão séria. Esse remédio ajuda as pessoas a "confiar na dança da vida" e a ter muito prazer ao percorrer esse caminho. Qualquer adulto que possua uma mente rígida acabará com o corpo rígido. Quase sempre falta espontaneidade e leveza nas pessoas com rigidez física, tal como artrite ou obesidade. Little Flannel Flower permite que muitas pessoas sintam-se parecer muito mais jovens.

Nadine Stair cita em seu livro: "If I Had My Life To Live Over":

"Gostaria de cometer mais erros na próxima vez. Eu relaxaria, seria mais flexível. Seria bem mais tola do que tenho sido nesta vida. Levaria muito poucas coisas a sério. Correria mais riscos. Escalaria mais montanhas e nadaria em mais rios. Tomaria muito mais sorvete e comeria menos feijão. Talvez tivesse mais problemas reais, por outro lado teria menos problemas imaginários.

Veja, sou uma dessas pessoas que vive sensata e razoavelmente hora após hora. Ah! já tive meus momentos e se tivesse de tê-los novamente, tiraria maior proveito. Na verdade, eu tentaria não ter mais nada. Apenas momentos, um atrás do outro, ao invés de viver tantos anos à frente de cada dia.

Tenho sido uma dessas pessoas que não vai a parte alguma sem levar um termômetro, uma bolsa de água quente, uma capa de chuva e um paraquedas. Se tivesse que fazer tudo de novo, eu carregaria menos peso!!"

Este remédio é também muito importante para colocar as crianças em contato com seus guias espirituais e dar-lhes mais consciência do reino espiritual que as circunda. Muitas crianças são psíquicas e clarividentes quando pequenas, embora aprendam que não é conveniente perceber tais coisas. Quando não usam suas habilidades quase sempre acabam por perdê-las. Há muitos

Condições negativas:

- Negação da "criança" interior
- Crianças muito sérias
- Seriedade excessiva nos adultos

Resultados positivos:

- Despreocupação
- Espírito alegre
- Felicidade, alegria de viver

casos de crianças pequenas que contam para seus pais ou amigos sobre uma pessoa querida, talvez uma avó que tenha falecido recentemente, e que aparecem para essas crianças e até falam com elas. Podem também ver seus anjos da guarda, falar e até brincar com eles. Quando contam a seus pais sobre suas experiências frequentemente ouvem que estão mentindo ou inventando histórias. Consequentemente, elas começam a achar que estão fazendo algo errado e param de usar seus dons. Os anjos protetores ajudam a guiar e direcionar-nos. Muitas de nossas intuições são na verdade a ação de nossos guias espirituais.

Todo ser humano ainda precisa ter experiência e aprender com elas, mas a vida pode ser bem mais fácil quando se percebe os estímulos dos anjos protetores.

Os guias espirituais estão sempre prontos a nos ajudar a aprender rapidamente nossas lições e viver a vida com o mínimo de dor e aflição possíveis. Se mais crianças mantivessem contato com seus anjos da guarda os benefícios para nossa comunidade e nossa qualidade de vida seriam espantosos. Também aumentariam de uma maneira significante se existissem adultos mais felizes e espirituosos, capazes de se divertir mais.

– *Agora sou livre para expressar minha alegria e felicidade.*
– *Agora fluo espontaneamente para onde o Universo me levar.*

Macrocarpa

(Eucalyptus macrocarpa)

"Comece com o possível;
Comece com um passo.
Há sempre um limite,
você não pode fazer mais
do que pode.
Se você tentar fazer demais,
você não fará nada."
– P.S. Ouspensky e G.I. Gurdjief em
Begin it Now (Ed. Suzan Hayward)

Localmente conhecida como Mottlecah ou Rosa do Oeste, este eucalipto cresce até cinco metros e meio de altura. Existem algumas florestas naturais destes eucaliptos em algumas áreas isoladas no cinturão de trigo da Austrália Ocidental, mas até essas florestas estão se tornando cada vez mais raras. Recentemente porém, tem sido cultivado com sucesso na Europa e na Califórnia.

Este "mallee" (eucalipto de pequeno porte que normalmente possui vários caules delgados que saem de uma base lenhosa), foi descrito pela primeira vez em 1842. O nome específico que lhe foi dado é derivado das palavras gregas: makros, que significa grande ou comprido, e karpos, que quer dizer fruto, pois possui o maior fruto e a maior flor de todos os eucaliptos. Suas flores solitárias, normalmente vermelhas escuras, podem medir até setenta e cinco milímetros de largura. Florescem de agosto a novembro e fazem um lindo contraste com as folhas cinza prateadas da planta.

Observando a cápsula da semente explodir pela força da pressão dos estames vermelhos, percebemos as propriedades desta essência. É um remédio para energia, vitalidade e perseverança física – essas qualidades são simbolizadas pela cor vermelha.

Esse remédio parece ter uma afinidade com as glândulas suprarrenais – o sistema de defesa e alimentação do corpo. Quando as glândulas suprarrenais estão estressadas, surge uma sensação de cansaço muito grande e falta de energia, deixando o sistema imunológico enfraquecido.

Condições negativas:

- Convalescente
- Cansado
- Exausto
- Esgotado
- Baixa imunidade física

Resultados positivos:

- Energia
- Vitalidade
- Persistência

Há muitas causas para o nível baixo de energia, no entanto, no nível físico, a Macrocarpa pode ajudar a recarregar e revitalizar o corpo. Combina bem com várias essências tais como Old Man Banksia, Banksia Robur e Crowea, dependendo da situação em que a pessoa esteja envolvida no momento.

No caso de esgotamento ela talvez fosse apropriada para alguém com uma personalidade do tipo Black-eyed Susan, que está sempre correndo além do limite e ignora todos os sinais de estresse até que finalmente o corpo sucumbe. Aí é que a tendência da pessoa em repetir esse comportamento também deve ser tratada.

A essência da Macrocarpa é um tônico muito eficaz para aqueles que precisam de apenas um "empurrãozinho para cima". Quando as glândulas suprarrenais ou qualquer outra glândula endócrina não estiverem funcionando bem, todo o sistema será afetado.

Um amigo meu na Universidade que estava tomando muitas drogas que não estavam fazendo muito por sua força vital, estava trabalhando em dois empregos simultaneamente. Ele tinha uma tendência maníaca e não dormia há três dias quando teve um total esgotamento. Perdeu completamente o controle e não foi capaz de continuar seu trabalho. O estresse tomou conta de suas glândulas suprarrenais. Esse é o tipo de situação na qual a Macrocarpa pode ser de grande benefício.

A Macrocarpa ajuda a reforçar a necessidade de descanso, assim como proporcionar uma dose extra de energia. É um dos remédios mais usados em ambientes urbanos e seus benefícios são sentidos excepcionalmente rápido. Faz a pessoa ter uma sensação de estar mais viva, enérgica e no seu total controle após tomar esse remédio.

Macrocarpa também pode ser tomada em momentos de grande stress físico quando é necessária muita perseverança. Pode ser alternada com a essência de emergência durante partos, em tempos de provas escolares e quando é necessário despender grande quantidade de energia física em atividades tais como competições esportivas ou trabalho físico prolongado.

Quando as pessoas se propõem a um objetivo muito difícil, elas podem ficar tão exaustas depois de consegui-lo que simplesmente não têm condições de gozar sua folga. Nesses casos, uma combinação de Silver Princess e Macrocarpa pode ser muito benéfica.

Se as glândulas suprarrenais estão esgotadas, o sistema imunológico também está enfraquecido. As glândulas suprarrenais dão ao corpo a capacidade de lutar e estão estreitamente ligadas ao sistema imunológico. Na Iris, as pupilas podem estar aumentadas com marcas nas áreas das supra renais e do baço.

Depois de tomar Macrocarpa as pessoas podem dormir profundamente por um longo tempo, pois estão muito cansadas.

É também um bom remédio para aqueles que estão convalescendo, pois para acelerar o processo de recuperação pode ser combinada com meia hora de meditação por dia, o que equivale a duas a três horas de sono.

– Eu agora estou vivendo uma renovação de energia e vitalidade.
– Eu agora estou tentando atingir a ilimitada fonte de energia dentro de mim.

Mountain Devil

(Lambertia formosa)

"Tudo que necessitamos é imaginar nossa capacidade de amar se desenvolvendo, até que envolva a totalidade da terra e dos homens." – Teilhard de Chardin

Lambertia é um gênero australiano com nove espécies, oito das quais crescem na Austrália do Sul Ocidental. Mountain Devil, sendo a nona, é encontrada em solos arenosos ao longo da costa de New South Wales e nas Blue Mountains.

Trata-se de um arbusto rijo e vertical que mede de um a três metros de altura com folhas pontiagudas e de um verde brilhante. Como muitas outras plantas da família das Proteaceae, pode sobreviver a longos períodos de seca. A época da florada é principalmente na primavera e verão. A florescência é composta de sete flores tubulares envolvidas por longas brácteas vermelhas. Muitos pássaros que se alimentam de mel são vistos com frequência em volta dessa planta banqueteando-se nos fartos estoques de néctar que a flor possui.

O nome genérico da planta foi dado em homenagem ao botânico A. Lamberth e formosa significa bonita –

uma descrição adequada. Seu nome comum vem de seu fruto característico que possui dois chifres e se assemelha à cabeça de um diabo. Os frutos são verdes quando jovens e secam tornando-se marrom opacos, permanecendo frequentemente no caule por muitos anos. Quando finalmente o fruto lenhoso se divide, normalmente após uma queimada, ele libera sementes em forma de duas asas. Mountain Devil é um remédio da maior importância que ajuda a despertar o amor incondicional e aceitação, assim como o perdão. É o remédio chave para permitir que o amor Universal predomine.

Mountain Devil pode ser usada em qualquer circunstância onde haja falta de amor. O amor é a força vital máxima – a energia mais poderosa que existe. Nossa evolução espiritual é direcionada para a capacidade em expressar quantidade cada vez maior de amor. O fruto dessa planta simboliza essa evolução, essa luta, pois o diabo representa uma falta de amor.

Ciúme, inveja, desconfiança e raiva, todos encerram uma ausência de amor para com a humanidade.

Vários grandes mestres através dos tempos e por todas as partes do mundo, preconizaram a importância do amor por ser o fundamento básico para todos os relacionamentos humanos. O que fazemos para os outros reflete-se em toda a humanidade. Odiar os outros é odiar a nós mesmos, pois estamos todos vivendo dentro da Mente Universal.

Aquilo que pensamos sobre o outro, pensamos sobre nós mesmos. Livrarmo-nos de toda a amargura e ressentimento e amar uns aos outros é justamente o que devemos a nós mesmos e à humanidade.

Como esse remédio elimina o ódio, a raiva e outros sentimentos que impedem a expressão do amor, uma profunda tristeza (o oposto da raiva) poderá surgir. Isso indica a falta de amor próprio, outra razão porque essas pessoas têm problemas em expressar amor.

As Essências Florais Australianas são autoajustáveis e até quando atuam sobre emoções muito poderosas tais como ódio e amor elas liberarão somente aqueles sentimentos e mostrarão às pessoas somente aqueles aspectos delas mesmas com os quais estão aptas a trabalhar. No entanto, a Mountain Devil trabalha em um nível muito profundo e continua ajudando as pessoas até depois de terem terminado de tomar as gotas, ainda eliminando o ódio e a raiva e deixando que flua cada vez mais o amor inerente nelas. São extremamente raros os casos de surgirem problemas com

Condições negativas:

- Ódio
- Raiva
- Guardar rancores
- Suspeita

Resultados positivos:

- Amor incondicional
- Felicidade
- Perdão

as Essências Florais Australianas mesmo quando se trabalha com emoções tão fortes. Porém, se surgir algum problema, a pessoa poderá simplesmente parar de tomar o remédio e começar a tomar a Essência de Emergência.

A personalidade da pessoa tipo Mountain Devil é muito desconfiada.

Essas pessoas não confiam nos outros e ficam se protegendo com medo de serem exploradas. No entanto, a generosidade e a boa vontade para com os demais invariavelmente retorna àquele que as doa, elevando sua vida de várias maneiras maravilhosas.

Minha avó costumava dizer que se você não pode pensar em algo bom para dizer sobre alguém, não diga absolutamente nada. No entanto, pessoas com este tipo de personalidade são tão maliciosas que frequentemente, se não podem pensar algo de ruim para dizer sobre alguém, elas não dizem nada. Associada à sua raiva existe muita culpa. Elas tendem a culpar as pessoas a sua volta e não assumem a responsabilidade por seus próprios sentimentos ou pelas circunstâncias de suas próprias vidas. Elas também tendem a ver o lado ruim da vida projetando no mundo suas próprias frustrações e raivas. Podem ser muito maliciosas, amargas e desagradáveis de se ter por perto.

Entretanto, são os seus próprios sentimentos que de fato as estão envenenando. Isto pode ser observado na Iris pelo marrom tóxico do cólon e pela disfunção hepática.

Como essas pessoas estão envenenando a si próprias com ódio e ressentimento, elas podem criar doenças. Essas doenças muitas vezes surgem na forma de câncer, derrames ou artrite. As juntas torcidas pela artrite muitas vezes refletem a configuração interna dessas pessoas. As dores agudas e penetrantes da doença são os indicadores das farpas que elas projetam sobre os outros. Estas pessoas frequentemente guardam rancores que permanecem com elas por décadas após décadas, corroendo lentamente seus corpos internamente e criando doenças. O ódio que sentem pelos outros dá a essas pessoas o poder sobre sua própria saúde e bem estar. O ódio que sentimos não fere nossos inimigos; somente torna nossos dias e noites num tumulto infernal.

De fato, as pessoas que sentem muita raiva ou ódio, frequentemente ferem a si próprias e aos outros em acidentes. Acidentes de carro são a forma mais explícita de manifestar a raiva em nossa cultura.

Mountain Devil atua muito bem para as pessoas que estão envolvidas num processo de divórcio ou separação, quando muita raiva, vingança e manipulação sempre acontece. "Sinto como se meu lado bom tivesse voltado", é um comentário típico daqueles que tomaram este remédio.

Os aspectos positivos desse remédio são as poderosas virtudes humanas tais como o amor e o perdão. Essa forma suprema de amor foi mostrada por Cristo com suas palavras finais na cruz: "Perdoai-os, pois não sabem o que fazem".

Pessoas que são capazes de dar sem querer algo em troca e que podem se regozijar com a boa sorte dos outros, encorporam os aspectos positivos da Mountain Devil. No mundo dos negócios estão ocorrendo mudanças. Ao contrário da atitude competitiva de ganhar ou perder, está surgindo uma nova filosofia envolvendo a situação de ganhar e ganhar, que leva a uma maior cooperação e melhor qualidade de vida.

É importante para as pessoas do tipo Mountain Devil reconhecerem que estão sentindo raiva e se darem conta que possuem tais sentimentos.

Uma forma mais efetiva para liberar a raiva do que quebrar algo, alguém ou a si próprio é ajoelhar-se em frente a uma pilha de travesseiros e com uma vara levantada acima de sua cabeça bater neles fortemente aliviando a energia em sua coluna. Você deixa sua raiva sair sem machucar ninguém. Se isso é artificial demais para você, libere a raiva fazendo algo físico como cavar um buraco na terra ou correr em volta do quarteirão.

A respeito disso, uma criança que era excessivamente agressiva e violenta descreveu nos mínimos detalhes cenas de vidas passadas num vilarejo da Eurásia onde estuprou, assassinou e roubou como membro de uma quadrilha. Seu comportamento mudou drasticamente após tomar Mountain Devil. Tornou-se muito mais gentil, suave e tolerante para com seus pais e irmãos mais jovens.

Mountain Devil deu a muitas pessoas uma maior compreensão de sua raiva e um caminho criativo para aliviá-la. Essas pessoas adquiriram mais responsabilidade sobre seus atos e culpam os outros com menos frequência.

Este é um ótimo remédio para ciúmes, especialmente rivalidade entre irmãos. Quando um irmão ou irmã estiver para nascer, dar ao irmão mais velho algumas doses de Mountain Devil pode ajudar a remover qualquer tipo de ciúme. Nessa situação, esse remédio é muito bom para animais de estimação também.

Quando pessoas resolvem morar juntas e trazem seus próprios animais com eles, uma situação muito tensa pode surgir. Sob um ponto de vista metafísico, se você visita alguém cujo cachorro rosna ou late para você, isto significa que a pessoa não gosta de você. Talvez pudesse oferecer àquela pessoa um pouco de Mountain Devil como uma oferta de paz. É um grande alerta quando num relacionamento o animal de uma das pessoas começa a morder e latir para a outra.

A Doutrina de Assinaturas é incrível nesta planta. O vermelho das flores indica a intensidade das emoções. As sete flores simbolizam a espiritualidade, pois esse número representa o aprendizado de lições e, naturalmente, a lição mais importante para se aprender é a expressão do amor. As folhas afiadas dessa planta são como farpas lançadas em palavras e que colocam a outra pessoa em cheque e provocam dor. O fruto que possui dois chifres lembra a cabeça de um diabo. As sementes normalmente precisam de fogo para se soltarem. O fogo queima a casca para expor o interior. As sementes em forma de duas asas simbolizam os anjos que vieram através do fogo do inferno. O fruto permanece na árvore durante anos, assim como os velhos rancores e ressentimentos que precisam de um fogo regenerador para queimá-los.

– *Eu agora estou aberto para o amor universal.*

– *Eu estou perdoando em todas as situações, agora e sempre.*

MULLA MULLA

(Ptilotus atripicifolius)

"O medo não pertence ao presente, mas tão somente ao passado e ao futuro que não existe." – A Course in Miracles (Eds. Francis Vaughan & Roger Walsh)

O gênero Ptilotus é comumente conhecido como Mulla Mulla e é encontrado nas partes mais secas do interior do continente australiano.

Existem mais de cem espécies amplamente distribuídas por esse território e todas elas, com exceção de uma, são exclusivamente australianas. Como quase todas as plantas do deserto, elas florescem quando as condições climáticas lhes são mais favoráveis. As flores podem durar meses até que sejam derrubadas pelo vento e pela chuva. A maior parte das espécies nasce na Austrália Ocidental e nos territórios do norte, onde podem cobrir muitos hectares das planícies vermelhas de cascalho arenoso.

Ptilotus atripicifolius é um pequeno arbusto anual ou perene com flores rosadas. As flores, que medem cerca de dois centímetros de comprimento, são recobertas por uma penugem, reunidas nas pontas terminais em porções densamente comprimidas. Esta planta prefere o solo roxo e margoso (N.T.: terra composta de argila, sílica e humo) das regiões quentes e áridas. Quanto maior o calor, melhor para florescer.

A essência da Mulla Mulla foi preparada em Palm Valley, no Northern Territory, onde cresceram algumas das mais antigas plantas da Austrália. Não é de se surpreender que esta planta seja encontrada no deserto na Austrália Central, a parte mais quente do continente, pois suas propriedades estão fortemente relacionadas com o calor e o fogo. Este remédio é para recuperação física e/ou emocional de experiências aterradoras causadas por queimaduras, objetos quentes e fogo.

Este remédio é um exemplo da maneira pela qual as Essências Florais Australianas foram preparadas para atender às necessidades da sociedade no momento presente. A destruição contínua das camadas de ozônio estão

Condições negativas:

•

Medo de fogo ou de objetos quentes

•

Trauma associado a fogo e calor

Resultados positivos:

•

Rejuvenescimento

•

Sentindo-se à vontade com fogo

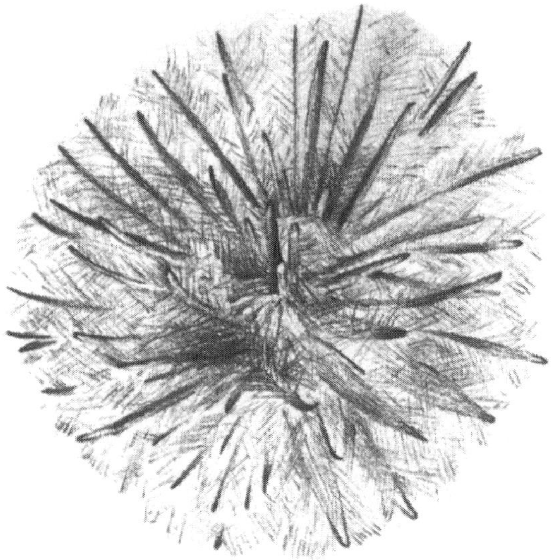

permitindo que uma maior radiação ultravioleta penetre na atmosfera terrestre, levando a uma incidência maior de queimaduras provocadas pelo sol e câncer de pele até em locais onde essas condições eram antes bastante raras, como a Argentina, Nova Zelândia e Tasmânia.

Estamos absorvendo muito mais radiação nos últimos anos e o remédio da Mulla Mulla pode ajudar a liberar essa radiação armazenada em nossos corpos. Depois de terem tomado a essência, muitas pessoas observaram que antigas queimaduras de sol, às vezes de muitos anos atrás, voltaram a aparecer em seus corpos, permanecendo somente por um ou dois dias. Assim, puderam determinar por quanto tempo a radiação havia ficado armazenada em seus corpos pela largura das marcas de seus maiôs, que indicavam a moda de várias épocas. Pode ser associada à Fringed Violet para aquelas pessoas que estão em tratamento de radioterapia.

O medo do calor e do fogo muitas vezes é inconsciente e pode manifestar-se em forma de pouca vitalidade, como se essas pessoas quisessem esvair-se. Quando um indivíduo se apresenta com tais sintomas um aconselhamento apropriado pode muitas vezes revelar o medo que está por trás de fogo e objetos quentes. Um paciente vinha engordando por cinco anos. Sua energia estava baixa e ele se sentia pesado e preguiçoso. O Teste Muscular revelou que ele precisava de Mulla Mulla. Descobriu-se que cinco anos antes sua casa tinha sido totalmente queimada no incêndio da Quarta-feira de Cinzas em Victoria, no qual muitas pessoas perderam suas vidas. Ele lutou contra o fogo e teve algumas experiências aterradoras. Desde então sofria de estresse nos tempos de calor e tinha engordado sem parar. Estava sendo muito difícil emagrecer, pois a gordura significava uma camada de proteção. Mulla Mulla foi muito benéfica para este homem.

Quando estávamos visitando Rotorua, na Nova Zelândia, minha filha Grace teve uma febre muito alta depois de ter estado numa das piscinas térmicas. Mais uma vez, fazendo o Teste Muscular, o remédio indicado era Mulla Mulla. Minha sensação é a de que a água quente e o vapor desencadearam uma lembrança muito antiga de uma de suas vidas passadas.

Durante trabalhos de Regressão a Vidas Passadas muitos profissionais práticos e conselheiros de saúde observaram que a essência de Mulla Mulla era indicada para um grande número de seus clientes, pois essas pessoas em vidas passadas foram condenadas à morte pela fogueira.

Curiosamente, muitas dessas pessoas, normalmente mulheres, agora trabalham em áreas ligadas a cura, pois, como herboristas ou curandeiras, eram condenadas a serem queimadas vivas, numa tentativa da igreja de exercer mais poder.

Basta olharmos para trás e as terríveis torturas de antigamente para percebermos as várias maneiras em que eram usados instrumentos incandescentes nos vários períodos da história. Portanto, não é nenhuma surpresa que as experiências traumáticas causadas por calor e fogo, especialmente numa vida passada recente, possam afetar tão fortemente as pessoas na vida presente.

– Eu agora enfrento a vida com vitalidade e confiança.
– Eu agora libero meus medos.

Old Man Banksia

(Banksia serrata)

"Uma viajem de mil milhas começa com um passo." – Lao Tse

Uma das primeiras plantas australianas descoberta por Sir Joseph Banks, a Old Man Banksia é encontrada em todos os estados da Austrália Oriental. Crescendo até dezessete

metros de altura, à medida que envelhece seu tronco vai tornando-se rijo e contorcido e envolvido por uma casca escura felpuda e seixosa. As folhas espessas, brilhantes e verdes escuras, crescem até dezesseis centímetros de comprimento e são serrilhadas de maneira uniforme. Observar a completa evolução do ciclo de florescência desta árvore é deleitar-se na natureza. No final do verão os firmes botões marrom aveludados vão mostrando lentamente os espigões novos de flor verde prateada. Começando na base e subindo até o cone, as flores vão se abrindo gradualmente, mudando de colorido entre os tons de castanho claro dourado até laranja e finalmente o vermelho, quando murcham. Finalmente, tudo que resta são os "grandes olhos", cones lenhosos espessamente revestidos de uma lanugem macia e curta em tons que vão do cinza claro ao vermelho ferrugem. Esses cones, que medem entre oito e dezesseis centímetros de comprimento e que guardam as sementes em forma de asas, são retidos por muitos anos e são uma característica notável da árvore. A falecida May Gibbs baseou seus famosos personagens, os enormes e terríveis homens de Banksia, na aparência dos cones. Quando em flor, os cones contêm grande quantidade de néctar, o que atrai muitos pássaros, marsupiais e insetos.

Como outros membros da família das Proteaceae, as Old Man Banksias são muito adaptáveis e podem ser encontradas em terras arenosas e outras áreas inóspitas, porém crescem mais comumente em bosques e florestas abertas.

Este é um remédio para pessoas sólidas, pletóricas e pesadas, que de uma forma geral possuem baixo nível de energia. São vagarosas e têm sido preguiçosas por longo tempo. Podem ter sido desencorajadas por algum contratempo ou podem meramente ter se sentido cansadas por um longo período. A essência de Old Man Banksia traz uma luz de volta à vida dessas pessoas. Também ajuda a dar-lhes o poder da persistência. Continua a agir no corpo por um longo período após a pessoa ter parado de tomar a essência.

Essas pessoas normalmente sofrem de hipotireoidismo, o que deixa a pessoa preguiçosa, com uma sensação de peso no corpo ou obesidade e cansaço. Tendem a ser pessoas honestas e confiáveis, que se arrastam pela vida de uma forma estável, frequentemente escondendo seu cansaço e sempre batalhando com um esforço incessante.

O tipo Old Man Banksia certamente não é rápido em pensar como a pessoa tipo Black-eyed Susan. Eles tendem a ter um temperamento mais terreno e funcionam mais nos níveis emocional e físico do que mental.

Frequentemente têm uma grande afinidade com crianças e podem ser o foco principal de suas famílias, tomando para si a maior parte dos problemas e carga de trabalho. São pessoas que dão de si e de seu tempo para os outros. Normalmente sofrem de sobrecarga e excesso de trabalho, encontrando dificuldade em dizer "não" quando outros solicitam sua ajuda.

Assim como de hipotireoidismo, essas pessoas podem sofrer de ataques cardíacos, derrames ou podem desfalecer fisicamente ou sofrer de um esgotamento nervoso. Old Man Banksia é um bom remédio para ajudá-las a compreender seus limites e aprender como dizer "não".

Essas pessoas têm um ótimo senso comum. Não fazem nada apressadamente, são práticas, metódicas e muito pacientes. São, de uma forma geral, muito boas ouvintes, pois se preocupam bastante com os outros e as pessoas envolvidas em algum problema sempre as procuram. Gostam de ajudar os outros e frequentemente se envolvem muito com as pessoas. Em geral possuem um senso intuitivo muito forte. Podem ser psíquicas e estão em contato com a natureza.

Condições negativas:

- Lento
- Pletórico
- Com baixa energia
- Desencorajado
- Cansado
- Frustrado

Resultados positivos:

- Alegria de viver
- Energia
- Entusiasmo
- Interesse pela vida

Uma de minhas pacientes envolveu-se com muitos grupos de meditação. Como era uma ótima médium, as pessoas sempre pediam para que comparecesse a seus grupos afim de ajudar no desenvolvimento de seus membros. Por ser uma pessoa muito consciente, sentia-se compelida a ajudar os outros. Começou a engordar e sentir-se muito cansada, preguiçosa, mas ao mesmo tempo não conseguia recusar esses convites. Depois de tomar Old Man Banksia ela começou a readquirir sua vitalidade e começou a dizer "não", e a dor mutilante que sentia nos joelhos e nos quadris desapareceu ao tomar esta essência. Algumas pessoas, após tomarem a essência, sentiram uma estranha sensação tal como um aperto na garganta, mas isto era apenas temporário e indicava que a energia da tireóide estava sendo reequilibrada.

Em alguns países ocidentais foi estimado que mais de quarenta por cento das mulheres acima de quarenta anos de idade sofrem de hipotireoidismo. Old Man Banksia pode ser muito benéfica para essas mulheres que apresentam tais sintomas. Na verdade, os Aborígenes australianos viam esta árvore como um símbolo da espiritualidade feminina. Pode ser associada à Macrocarpa e Crowea para produzir um tônico fortíssimo para a vitalidade.

Os aspectos positivos da Old Man Banksia são alegria, entusiasmo, energia e interesse pela vida, assim como capacidade para enfrentar qualquer circunstância imposta pela vida.

– Eu agora posso enfrentar qualquer aspecto da vida.
– Eu agora sinto alegria e entusiasmo pela vida.

Paw Paw

(Carica papaya)

"Eis aqui uma fórmula de duas etapas para resolver estresse: 1ª etapa = Não se preocupe com bobagens; 2ª etapa = Lembre-se, são apenas bobagens." – Anthony Robbins, Unlimited Power

Paw Paw é uma árvore sempre verde que não perde suas folhas durante o inverno, crescendo até oito metros de altura, coroada por folhas profundamente lobadas e palmadas que medem sessenta centímetros de largura. O fruto é uma grande amora, medindo de dez a cinquenta centímetros de diâmetro, que surge das suculentas e brancas flores fêmeas.

Originária do México, a árvore agora é nativa das regiões tropicais da América, Índia, Taiti, Arquipélago Malaio e Austrália do Norte.

A árvore da Paw Paw tem um tronco muito reto e estreito que se ramifica numa massa de folhagem e frutos no topo da árvore. Esta é uma pista para algumas de suas propriedades.

A Paw Paw é um ótimo remédio para ativar uma conscientização do Eu Superior, que tem as respostas para todas as nossas perguntas. Quando uma pessoa está lutando com uma decisão de vida muito importante, esse é o remédio recomendado. Fortifica o processo intuitivo e, dessa forma, ajuda-nos a encontrar as respostas para nossos problemas. O efeito é ainda mais poderoso se a pessoa retirar-se para uma meditação silenciosa após tomar a essência. Nesse espaço silencioso a Paw Paw aumenta a comunicação com o Eu Superior.

Condições negativas:

- Sobrecarregado
- Incapaz de resolver problemas
- Oprimido por ter que tomar decisões

Resultados Positivos:

- Melhora o acesso ao Eu Superior para resolver problemas
- Assimilação e integração de novas ideias
- Calma
- Clareza

Ao tentar tomar uma decisão muito importante, várias pessoas sentem-se sobrecarregadas pela responsabilidade de escolher a melhor forma de agir. O remédio da Paw Paw resolverá instantaneamente a sensação de estar sobrecarregado. É uma das Essências Florais Australianas de ação mais rápida.

É também muito benéfica quando uma pessoa teve acesso a uma grande quantidade de novas informações e ideias que sejam difíceis de assimilar. Paw Paw desenvolverá uma assimilação e integração dessas informações e ideias. É também muito boa para estudantes que têm apenas algumas semanas para estudar para um exame. A tarefa é tão assustadora que frequentemente sentem-se oprimidos e relutantes até para começar. Paw Paw resolve esta sensação e permite-lhes dar o primeiro passo.

Como Paw Paw é um remédio para tais situações agudas, pode ser tomado em doses únicas, sempre que um estudante ou qualquer outra pessoa esteja se sentindo oprimida ou tendo dificuldade em integrar uma nova informação. Momentos antes ou logo após um seminário, pode-se tomar uma dose única de Paw Paw para assimilar o novo material.

Este remédio foi preparado durante um *workshop* prolongado de "Touch for Health". Todos estavam esperando passar um tempo sossegado e despreocupado pois foram informados que a maior parte das aulas seria dada na praia. Muitos deles estavam cansados depois de terem se organizado para passar duas semanas longe de suas ocupações. Joan e Bruce Dewe decidiram que iriam usar o *workshop* como uma experiência para um novo programa que estavam querendo introduzir na Conferência Nacional Americana, porém, ao invés de um tempo tranquilo e sossegado na praia, todos foram confrontados com o fato de terem somente seis horas por dia para absorver oito horas de informações. Suas cabeças estavam girando ao final de cada dia. Foi muito apropriado que um remédio como Paw Paw tivesse sua origem em tal ambiente.

No nível físico, Paw Paw é usado como uma proteína digestiva. Como uma essência floral sua ação é bem parecida, porém trabalha em níveis diferentes. Pesquisas recentes mostraram que benefícios reais podem ser obtidos da essência Paw Paw em situações onde a qualidade dos alimentos ingeridos é diminuta ou onde haja doenças devidas a má absorção dos alimentos. Combina muito bem com Crowea para todos os distúrbios digestivos ou abdominais.

– Eu agora estou adquirindo maior acesso ao meu Eu Superior.
– Eu agora assimilo e integro facilmente novas informações.

PEACH-FLOWERED TEA-TREE

(Leptospermum squarrosum)

"A vida é uma coisa linda, preciosa e maravilhosa.
Você não pode se sentar e deixar que ela passe por você.
Você deve se afundar nela, você deve mergulhar nela."
– Kyle Crichton em A Bag of Jewels (Eds. Susan Hayward & Malcolm Cohan)

As quarenta espécies nativas da Tea-tree pertencem à mesma família das Seringueiras e Bottlebrushes. A Peach-flowered Tea-tree é encontrada nas áreas campestres da Costa Central e da Costa Sul de New South Wales, assim como nos planaltos do sul e central.

O arbusto possui grandes e abundantes flores cor de rosa, de dezesseis milímetros de largura, com cinco pétalas. Mais tarde as flores tornam-se brancas. Os rasos carpelos no centro de cada flor contêm néctar. As folhas de aroma adocicado eram usadas pelos antigos marinheiros para fazer uma bebida tipo chá. Elas são estreitas e pontiagudas. O nome Leptospermum refere-se às minúsculas sementes encontradas no fruto, que é uma cápsula endurecida.

Essa Tea-tree cresce até três metros de altura, preferindo áreas bastante chuvosas e, embora ainda floresça bastante durante as secas, é muitas vezes encontrada em locais expostos e ensolarados como os urzais e as dunas arenosas. Sua aparência não é muito graciosa, com exceção de suas atrativas flores.

A Peach-flowered Tea-tree é um bom remédio para aquelas pessoas que não têm força de vontade para persistir e para aquelas que têm um entusiasmo inicial que posteriormente se esvai, deixando-as desinteressadas. O remédio do Jacarandá não é exatamente para as pessoas que perdem o interesse e, sim, para aquelas às quais falta objetivo.

A origem dessa essência é um tanto incomum. Eu fui convidado a participar de um programa de entrevistas na

televisão e pediram-me para levar algumas das "Essências Florais Australianas" comigo afim de serem usadas como complemento do cenário.

Eu já tinha visto a Peach-flowered Tea-tree em flor e havia ficado muito atraído por ela, porém eu não havia ainda sentido suas propriedades. No entanto, enquanto colhia as flores para o programa não conseguia parar de ver a imagem do rosto do entrevistador sobreposta à Tea-tree em flor. Também recebi uma mensagem sobre uma das propriedades da flor. Esse entrevistador tinha fama de ser uma pessoa de humor extremamente variável. De fato, eu já tinha sido avisado de que se fosse ao programa num de seus dias ruins, a entrevista poderia tornar-se muito difícil.

Enquanto esperava para entrar no ar, o entrevistador queixou-se para mim de como era difícil trabalhar em turnos e como sua saúde havia sido altamente afetada pelo horário irregular exigido pela administração. Ele mostrou-me uma cópia de um artigo sobre os efeitos prejudiciais do trabalho em turnos. Este remédio é para pessoas que possuem um humor extremamente variável e também para hipocondríacos – aqueles que se preocupam constantemente com a saúde.

Concentrando-se em sua saúde precária, essas pessoas frequentemente criam as condições que elas mesmas temem. Por exemplo, nos Estados Unidos, nos dias de hoje, muitas pessoas estão indo às clínicas com todos os sintomas da AIDS, porém sem a doença. Este fato ilustra o enorme interesse das pessoas sobre como contrair AIDS, a preocupação com elas mesmas e sua saúde, além da culpa ligada ao sexo em nossa cultura.

Peach-flowered Tea-tree é excelente para tais preocupações pessoais, enquanto que a Sturt Desert Rose é a essência que trabalha com a culpa. As pessoas tipo Peach-flowered Tea-tree têm imaginações vívidas quando se trata de sua própria saúde e estão plenamente convencidas de que possuem toda sorte de enfermidades. Estas pessoas estão constantemente pensando: "O que causou esse problema? O que foi que comi? O que bebi?" Assim que um problema é resolvido, outro surgirá. Suas preocupações estão sempre relacionadas a seus corpos, enquanto que as pessoas tipo Crowea preocupam-se com as coisas de uma maneira geral. Esta essência faz com que a pessoa tenha uma atitude equilibrada e responsável com relação à sua saúde, ao invés de preocupar-se com ela.

Algumas vezes essas pessoas também têm medo de envelhecer e, se assim for, Bottlebrush associada a esta essência pode ser de grande ajuda. Outra combinação muito eficaz para aqueles que têm medo de envelhecer é: Peach-flowered Tea-tree, Dog Rose e Little Flannel Flower (para ativar a criança interior).

Para qualquer pessoa que se enquadre nesta essência, a luz do sol é muito importante. Ficar ao sol, mesmo que seja por alguns minutos, três vezes ao dia. poderá ajudar a corrigir seus desequilíbrios internos. Esse tipo de pessoa sofrerá se tiver que passar a maior parte de seu tempo dentro de casa. Sentir-se-á melhor se estiver junto a uma janela, perto da luz.

Como já foi mencionado anteriormente, este remédio é para aqueles que ficam muito entusiasmados e, sem nenhuma razão aparente, perdem todo o entusiasmo. É também excelente para pessoas que não levam seus planos avante. A essência desenvolve a estabilidade, direcionamento e persistência. A razão principal pela qual não cumprem aquilo que se propõem, é porque o tédio se manifesta. São pessoas de percepção e compreensão rápidas e são realmente competentes naquilo que fazem, porém se aborrecem com muita facilidade.

A mudança de cor da própria flor mostra sua capacidade de ajudar nas oscilações de humor – varia entre alegria e depressão. Em combinação com She Oak, é muito benéfica para tensão pré-menstrual. Peach-flowered Tea-tree equilibra o pâncreas e uma das funções desse órgão é controlar o

Condições negativas:

- Humor variável
- Falta de compromisso e de persistência para terminar projetos
- Hipocondríacos
- Facilmente entediados

Resultados Positivos:

- Equilíbrio emocional
- Persistência para terminar os projetos
- Confiança e responsabilidade com relação a sua própria saúde

nível de açúcar no sangue. Também ajuda a regular e controlar os rins, que regulam a quantidade de insulina que o pâncreas pode produzir. Usando a Cinesiologia, pode-se demonstrar a rápida ação dessa essência no pâncreas.

Os aspectos positivos dessa essência são: equilíbrio emocional, autoconfiança e capacidade de alcançar objetivos e responsabilidade por sua própria saúde ao invés de ficar preocupando-se com ela. As pessoas que se beneficiam com esse remédio perdem muitas oportunidades na vida e desperdiçam muito tempo e energia. Frequentemente tornam-se depressivas sobre sua própria inconsistência e sentem-se frustradas quando percebem que deixaram de receber a recompensa por seu esforço inicial.

– Eu agora tenho um sentido de propósito e convicção.
– Eu agora sinto-me confiante sobre minha saúde física e emocional.

Philotheca

(Philotheca salsolifolia)

"Observe a maneira como um homem recebe um elogio e aí você pode avaliá-lo." – Thomas Burke, 20th Century Quotations (ed. Frank S. Pepper)

O arbusto é nativo de Queensland e New South Wales e é uma das cinco espécies que existem dentro de uma pequena categoria. Cresce principalmente nos urzais, preferindo solos arenosos.

Philotheca cresce até um metro de altura. Possui flores rosa malva em forma de estrelas nas pontas de seus estreitos e abundantes galhos. As cinco pétalas abrem-se amplamente ao redor do centro da flor e medem de sete a doze milímetros de comprimento. Os dez estames retos juntam-se em suas bases. As folhas são pequenas, estreitas e aglomeradas. A Philotheca floresce na primavera e no verão.

Eu tive uma experiência um tanto incomum com essa essência. Na época, eu achei que estava preparando o remédio com Eriostemon, que é uma planta muito semelhante.

Ao voltar para casa e pesquisar um pouco mais sobre a planta, descobri que era a Philotheca. Isso foi muito adequado porque a principal propriedade da Philotheca é a aceitação, a admissão e o reconhecimento de algo, e enquanto eu preparava a sua essência ela nem ao menos me disse que eu a havia confundido com outra planta. Em seu ambiente natural, essa flor passa facilmente desapercebida.

Essa essência permite que as pessoas aceitem o reconhecimento por suas realizações, por aquilo que são, e aceitem o amor de outros. Fazer isto pode parecer muito fácil. Mas na Austrália, e em muitos outros países, por assim dizer, sofremos daquilo que é conhecido por "síndrome da papoula alta", na qual as pessoas criticam os grandes realizadores e tentam diminui-los. Essa síndrome insidiosa pode ser observada nas escolas onde alunos bem sucedidos e atletas que demonstram prazer e satisfação com suas realizações e com seus esforços, são chamados de pretensiosos ou petulantes. Sendo assim, as crianças aprendem ainda em tenra idade que a mediocridade é melhor ou preferível ao sucesso, que elas nunca deveriam almejar demais, mas sim, deveriam suspeitar daqueles que o fazem.

Entretanto, é muito importante traçar metas e aceitar o reconhecimento por nossas realizações, pois isto nos ajuda a permanecer centrados em nossas metas e projetos, o que em troca nos permite cumprir nossa proposta de vida. Em muitos casos as metas a que nos propomos são simplesmente degraus nos dirigindo através do nosso principal propósito de vida.

Condições negativas:

- Incapacidade de aceitar reconhecimento
- Generosidade excessiva

Resultados positivos:

- Capacidade de aceitar amor e reconhecimento
- Habilidade em receber elogios

As pessoas tipo Philotheca geralmente são generosas, dadivosas e boas ouvintes, porém têm grande dificuldade em reconhecer a si mesmas. Elas têm dificuldade em aceitar elogios e tendem a ser tímidas.

O Processo de Reconhecimento

Frequentemente em nossos seminários fazemos o Processo do Reconhecimento que proporciona às pessoas a oportunidade de apreciar a experiência de contar aos outros sobre aquilo que gostam em si mesmas e as coisas que se sentem bem por terem feito. Esse processo é feito com duas pessoas sentadas uma em frente da outra. Algumas vezes dão-se as mãos. O olhar direto deveria ser mantido durante todo o processo. Uma das pessoas começa perguntando: "Você se sente reconhecido por algo que tenha feito?" O companheiro responde com o reconhecimento de um aspecto de sua personalidade. O outro inclina a cabeça e sorri sem comentários e repete a questão. Isto continua por alguns minutos e se, durante esse tempo o companheiro não consegue pensar numa resposta, ele ou ela pode simplesmente dizer "Nada" ou "Zero", e o processo continua. Aí o processo muda e o companheiro que estava respondendo permanece em silêncio e ouve a outra pessoa que reconhece o companheiro pelas coisas que ele ou ela disse ou qualquer outra coisa que tenha observado sobre o companheiro. Outra vez, o companheiro não deve fazer comentário algum sobre o que estava sendo dito. Isto continua por alguns minutos. Os papéis agora são invertidos e todo o processo é repetido.

É indiferente se você faz este processo com um parente ou alguém que acabou de conhecer. Até as pessoas que lhe são estranhas usarão sua intuição de uma forma precisa sobre você. A beleza desse processo é que poderá reconhecer seus próprios méritos sobre qualquer coisa que tenha feito, assim como os de seu companheiro e nenhum comentário será feito. Após terminar o processo, a maior parte das pessoas tem vontade de sentar e falar sobre as várias questões que surgiram. Isso frequentemente acontece com casais, pais e filhos, especialmente se esses filhos forem adultos. Esse processo é muito eficaz para relacionamentos nos quais existe muita tensão, porque permite que sentimentos e pontos de vista sejam externados. Recentemente quando estávamos fazendo esse processo na Tasmânia do Norte, um homem de seus sessenta anos de idade, que desde os quatorze anos havia sido fazendeiro, contou para sua esposa que não queria mais trabalhar nas fazendas. Ela já havia pressentido, porém ele jamais havia falado sobre o assunto. Durante o processo ele pode se abrir e falar sobre seus sentimentos. Mantendo o olhar direto durante todo o processo os participantes mantêm-se em contato com seus corações e suas mais profundas emoções. Depois desse processo muitas pessoas pedem uma dose de Philotheca. Torna-se evidente quão bem ou mal você é capaz de reconhecer seus próprios méritos e receber elogio dos outros. Até os anúncios e propagandas exploram a ideia de que é melhor não se vangloriar, como pode ser observado pelos comerciais dos "empreendedores silenciosos". Portanto, é fácil perceber como esses estereótipos tomam-se impregnados em nossas psiques. Pessoas incapazes de aceitar elogios ou reconhecimento ou ajuda de outros em geral tornar-se-ão dependentes, contando sempre com a ajuda externa, talvez porque tornam-se até certo ponto fisicamente incapacitadas. É muito mais fácil deixar o reconhecimento fluir através de você ao longo da vida. Outros sentem-se melhor quando elogiam uma pessoa que aprecia o que eles estão dizendo.

Kristin estava fazendo um grande trabalho com Lloyd Rees, o grande ancião da arte australiana. Em seu nonagésimo aniversário muitos jantares lhe foram oferecidos. Certo dia após um desses jantares, ele disse que ela deveria ir para casa pois ele se sentia indisposto. Ele explicou que ficar ouvindo todas aquelas coisas maravilhosas que disseram sobre ele quase o haviam matado. Fiquei perplexo ao ver um homem com tantos dons, que havia realizado tantas coisas, ser incapaz de aceitar o reconhecimento pelos seus méritos.

Muitas pessoas recebem reconhecimento somente no dia de sua morte e então já é muito tarde para saberem o que os outros pensavam a seu respeito e deixarem penetrar o amor que os outros sentiam por elas. O poder do reconhecimento é muito profundo e esse remédio ajuda as pessoas a se abrirem para essa energia.

– *Eu agora me reconheço pelo que sou.*
– *Sou merecedor do amor e da ajuda oferecida a mim e agora estou aceitando graciosamente encorajamento e elogios.*

Red Grevillea

(Grevillea speciosa)

"O impossível torna-se possível quando as pessoas se unem a você. Quando você faz coisas com as pessoas, não contra elas, os incríveis recursos interiores do Eu Superior são mobilizados."– Gita Bellin, Amazing Grace

Esta é uma das Grevilleas mais decorativas, com belíssimas flores vermelhas que florescem durante todo o ano e principalmente na primavera. Seu nome específico "speciosa" significa vistosa. É um arbusto que cresce até dois metros de altura e é encontrado nos terrenos arenosos ao Norte de Sydney.

As flores formam cachos grandes e circulares que se localizam nas pontas dos galhos ou entre as folhas. As flores vermelhas tubulares enrolam suas pétalas para trás e revelam um único pecíolo, com pontinhas em forma do naipe de paus. A brisa brinca com esses pecíolos curvos dando às flores a forma de uma aranha. Muitas flores vermelhas são polinizadas por pássaros cujos olhos são particularmente sensíveis ao comprimento de ondas mais longas do espectro visível, isto é, o vermelho e o laranja. A visão da maioria dos insetos, especialmente abelhas, é desviada em direção ao comprimento de ondas mais curtas de luz. Eles são capazes de enxergar o ultravioleta mas não podem ver o vermelho. As flores vermelhas raramente possuem qualquer aroma pois os pássaros que as polinizam não possuem praticamente nenhum olfato.

Red Grevillea é um remédio muito poderoso para pessoas que se sentem estagnadas. Dá força para aquelas pessoas que sabem que precisam sair de determinadas situações que não lhes são favoráveis, porém não sabem fazê-lo. Essas pessoas em geral são dependentes de outras e não usam seus próprios recursos tão bem quanto poderiam. Frequentemente são muito sensíveis à crítica, o que as faz introverterem-se cada vez mais. Esse remédio as ajudará a sair de suas conchas, pois encoraja a independência e a audácia. Homeopatas descobriram que esta essência pode eliminar a "golden staph", uma

bactéria muito resistente à maioria dos antibióticos e que é contraída nos hospitais.

Ao recomendar este remédio, não se apegue muito às suas próprias expectativas quanto aquilo que a pessoa fará em resposta a sua situação. Seus passos podem dar a impressão que estão andando para trás, mas frequentemente precisam primeiro dar uma volta ao problema para depois poderem ir em frente. Dando a volta em torno do próprio problema, aprendem as lições que lhes são importantes; de fato, afeta o mais íntimo de seus seres. Para um observador seria bem mais óbvio se elas seguissem um caminho mais direto, porém isto pode não ser o mais importante para a pessoa que está tomando a Red Grevillea.

Este remédio é extremamente eficaz embora os resultados não sejam antecipados. O aspecto de aranha das flores insinua a condição da pessoa tipo Red Grevillea, que é como um inseto preso numa teia.

Uma mulher estava ainda casada, porém o relacionamento havia terminado há muito tempo. Seu marido morava no interior e mandava-lhe uma semanada. Queria divorciar-se

Condições negativas:

- Sentimento de estagnação
- Muito sensível
- Afetado por críticas e por pessoas desagradáveis

Resultados positivos:

- Arrojado
- Força para sair de situações desagradáveis
- Indiferença quanto ao julgamento dos outros

mas preocupava-se em como enfrentar sua situação financeira, uma vez que o casamento fosse legalmente desfeito. Depois de tomar Red Grevillea por uma semana, ela decidiu dar entrada nos papéis de divórcio. No mesmo dia seu marido telefonou sugerindo que se divorciassem e oferecendo-lhe um arranjo financeiro muito lucrativo – muito mais do que era legalmente obrigado a dar.

Red Grevillea pode ser apropriada para diversas situações. Há pessoas que estão trabalhando em empregos que não gostam mas têm medo de sair por terem hipotecas a pagar. Outras podem estar cuidando de parentes doentes e talvez sintam-se presas numa armadilha. Essas pessoas sabem o que precisam mas não sabem como mudar suas situações.

Depois de tomar esta essência, muitas pessoas contam que estranhas "coincidências" ocorreram que ajudaram-nas a dar "o passo à frente". Isto mostra como a realidade de uma pessoa pode mudar uma vez que ocorre mudança em suas atitudes ou consciência.

– Eu agora estou encontrando a força e a coragem para deixar de lado situações desagradáveis.
– Eu sou um indivíduo poderoso, estável, agindo a partir da força e da coragem.

RED HELMET ORCHID

(Corybas dilatatus)

"É um pai sábio aquele que conhece seu próprio filho."
– Shakespeare, O Mercador de Veneza

Esta orquídea é encontrada em todos os estados, com exceção de Queensland e Northen Territory. Ela gosta de locais cobertos de musgo ou terriços de folhas protegidos e abrigados embaixo de samambaias nas florestas abertas. Como a maioria das orquídeas do Sudoeste da Austrália, Corybas dilatatus é uma planta da terra, anã, com uma única folha em forma de coração crescendo sobre a flor.

Há uma história muito especial sobre a preparação dessa essência. Durante minhas meditações recebi uma mensagem sobre uma orquídea que tinha a propriedade de ajudar pais a criar vínculos com seus filhos. Ajuda-os a colocar menos ênfase em seus trabalhos e a tornar-se mais conscientes da importância de cuidar dos vínculos com seus filhos e passar mais tempo com eles.

Há muitas orquídeas belíssimas a Sudoeste da Austrália e muitas vezes pensamos ter encontrado esta em particular. Porém, cada vez que me sintonizava com cada planta, nenhuma possuía as propriedades requeridas. Certo dia estávamos ao pé de Toolbrunup Peak, em Stirling Range. Havia uma estrada de terra que terminava num estacionamento de onde saia uma trilha que ia até o topo da montanha; a pé demorava de quatro a cinco horas. Havíamos estacionado o carro e estávamos fotografando algumas plantas a meio caminho da estrada, quando um carro veio em direção oposta. Um homem cheio de entusiasmo saiu do carro e correu até onde estávamos e disse: "Vocês gostam de flores, não gostam?" Eu simplesmente inclinei a cabeça afirmativamente. Ele começou a contar-me sobre uma orquídea maravilhosa, a Red Helmet Orchid, que ele tinha visto em flor. Enquanto ele falava comecei a compreender que o Universo estava me conduzindo ao local dessa flor. Procurei por uma hora ao longo da trilha. Eu estava tão entusiasmado que não prestei muita atenção às instruções do homem. Ele havia dito que a orquídea nascia tão perto do chão que era muito fácil passar desapercebida. Quando passei por algumas pessoas voltando, perguntei se tinham visto a orquídea. Alguns disseram que o mesmo homem também havia contado a eles sobre a flor. Um deles disse que crescia numa área musgosa, cheia de terriços de folhas. Por fim cheguei a um determinado ponto que batia com a descrição. Olhei em volta à procura de uma flor de um vermelho brilhante, mas nada encontrei. Quando estava pronto para voltar, um casal que também havia conversado com o tal homem, passou por mim. Eles me mostraram a orquídea. Eu jamais a teria encontrado sem a ajuda deles. Parecia uma flor tão insignificante para possuir tamanho potencial.

Sintonizando-me com a orquídea, descobri que além de ajudar o pai com o processo de vínculos, ela também poderia ajudar crianças e adultos que têm problemas com figuras de autoridade. Essas pessoas têm um temperamento muito rebelde, que tem frequentemente sua origem num relacionamento muito ruim com seu pai.

Condições negativas:

- Rebelde
- "Cabeça quente"
- Egoísta

Resultados positivos:

- Vínculo masculino
- Sensibilidade
- Respeito
- Consideração

Até quando o pai já é falecido, essa essência ajuda-as a remover os bloqueios emocionais provocados por esse relacionamento. Dessa forma ajuda-as também a resolver seus sentimentos negativos com relação a autoridade e a homens de uma maneira geral. Muitas pessoas concordariam que o relacionamento com seu pai não foi satisfatório. Não é de admirar que Ashley Brilliant, satirista americana, comentou maliciosamente: "Pais e filhos não são amigos naturais, porém, em alguns casos, formaram-se amizades duradouras."

Toolbrunup é um lugar pedregoso onde venta muito, e estava chovendo naquele dia. Entretanto as flores estavam banhadas em sol mais ou menos a meio caminho do topo da montanha. Continuei minha escalada e até a hora de voltar as flores estiveram em infusão por mais de três horas. Porém parecia que a essência ainda não estava pronta. Quando sintonizei-me novamente, a mensagem foi que ela precisava não só da luz do sol como também da luz da lua. Confiando no processo, lá deixei a essência e voltei para o carro. Foi nesse momento que me dei conta que era noite de lua cheia e que a essência também precisava da energia feminina da lua para suas propriedades de criar vínculos. Ela precisava de ambos, o princípio feminino da lua e o masculino do sol.

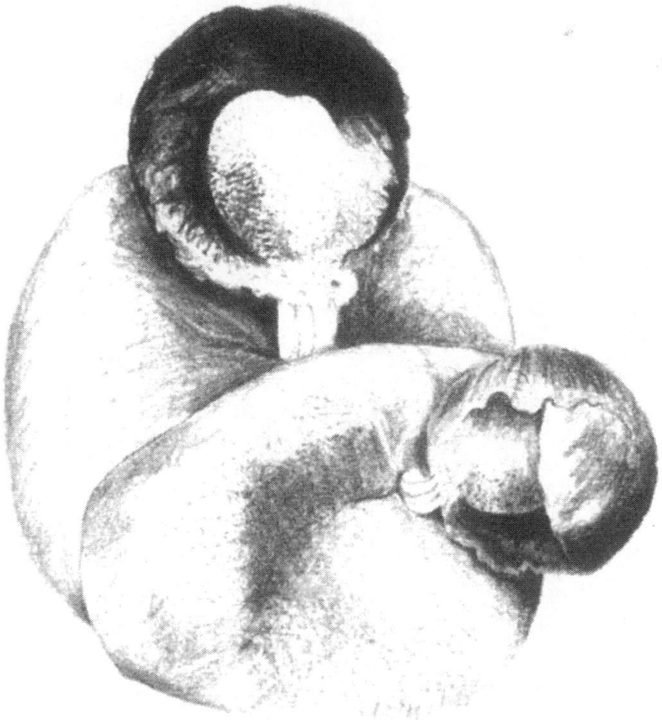

A primeira pessoa que tomou a essência de Red Helmet Orcfrid estava tendo grandes dificuldades com um vizinho, um homem muito bravo e agressivo. Quando ela falou-me a respeito desse homem, pareceu-me que ele incorporava várias características do pai dela. Depois de ter tomado a essência, ela teve uma conversa com seu pai e descobriu que podia relacionar-se com ele de uma outra forma. Antes disso sempre foi muito difícil para ela conversar com seu pai. Agora estava conseguindo expressar seus sentimentos e a atitude do pai com relação a ela havia mudado. Com essas mudanças descobriu que podia lidar com seu vizinho expressando suas frustrações e não deixando que o medo a paralizasse.

A carta abaixo, recebida de outra mulher, também fornece um bom exemplo dos problemas com figuras de autoridade que têm origem num relacionamento paternal ruim.

"Red Helmet Orchid foi dada a meu irmão que não conseguia relacionar-se com seus professores ou chefes e estava sempre metido em encrencas com a polícia – dirigia uma moto sem a documentação apropriada e não tinha idade suficiente para dirigir. Agora ele arrumou um emprego e tem um bom relacionamento com o pai, com seu chefe, e não arruma mais problemas com a polícia. Muito obrigada por descobrir a Red Helmet Orchid." Essa essência ajuda as pessoas a encontrar sua autoridade interior.

Na Austrália Ocidental você precisa uma licença especial para colher flores silvestres e só conseguimos uma antes de nossa viagem. No verso do papel havia uma lista com o nome das plantas que não podiam ser colhidas mesmo com a licença. Quando voltei para o carro percebi que a espécie das Corybas estava na lista. Eu não tinha certeza se a Red Helmet Orchid estava incluída. Parecia-me que, caso estivesse, o fato de eu ter colhido as flores seria um ato ilegal e consequentemente o remédio feito delas não funcionaria. Entretanto, mais tarde descobri junto a um órgão governamental que ela podia ser colhida. Tal fato demonstra a conexão da planta com o princípio de autoridade. Além do mais Kristin estava grávida de sete meses na época e preparar esta essência foi particularmente propícia para mim.

Muitos homens ignoram a importância de criar vínculos com seus filhos porque estão ocupados demais com seus trabalhos. Parecem não se conscientizar de que seus filhos precisam tanto deles quanto de suas mães. Metafisicamente uma criança entre o nascimento e os três anos, vincula-se principalmente com a mãe enquanto que dos quatro aos sete, o pai é mais importante. A essência da Red Helmet Orchid ficou disponível numa época em que, pela primeira vez documentada na história, os pais estão frequentemente presentes no nascimento de seus filhos. Tal fato levanta uma questão: se as crianças são capazes ou não de criar vínculos com ambos, pai e mãe, desde seu nascimento.

Talvez alguma pesquisa seja feita sobre esse assunto.

A essência tem também a capacidade de ajudar pessoas a tornarem-se conscientes e preocuparem-se com o planeta inteiro. O mundo precisa ser tratado como um bebê recém-nascido por causa de seu meio ambiente frágil e de toda negatividade que o circunda. As ações negativas daqueles que vivem no mundo não atacam somente a superfície terrestre mas também sua alma. Se o mundo não for tratado com amor e carinho, ele irá em troca atacar toda a vida que nele exista e a destruição será devastadora. Red Helmet Orchid pode desenvolver nossa preocupação pelo planeta assim como pode mudar a consciência dos homens.

– Eu agora expresso maior cuidado e gentileza em meus relacionamentos.
– Eu agora sou capaz de me comunicar facilmente com pessoas de autoridade.

Red Lilly

(Nelumbo nuáfera)

"Se você construiu castelos no ar,
Seu trabalho não está necessariamente perdido;
É lá que devem estar.
Agora coloque as fundações embaixo deles!"
– Henry David Thoreau

Red Lily é uma erva aquática perene que surge de um rizoma rasteiro submerso. É encontrada nos pântanos formados de tempos em tempos em vales de rios cobertos com a terra deixada pelas enchentes. Esses pântanos nunca secam completamente depois da época de chuvas e a Red Lily é normalmente encontrada em poças profundas e lagoas dos pântanos. Esta planta não é tecnicamente uma liliácea e sim um lótus, pois as enormes folhas redondas não flutuam, ao contrário, elas são eretas e em forma de cálice e não encostam na água. As flores são enormes, belíssimas, protuberantes e perfumadas, com pétalas de um rosa profundo e o miolo amarelo. Elas medem de quinze a vinte e cinco centímetros de largura e podem ser vistas de março a novembro apoiadas em hastes espinhosas, medindo de meio até um metro e meio de altura.

Os tubérculos das raizes e as sementes são comestíveis e eram usadas pelos Aborígenes. As sementes têm vida extremamente longa e algumas germinam até duzentos anos depois.

Esta planta é também conhecida como o lótus sagrado. Na tradição Budista, o lótus é o símbolo da espiritualidade. A flor tão pura surge das águas escuras e portanto simboliza a elevação da consciência espiritual. Ela distribui-se desde o Sri Lanka até o Norte da Austrália, incluindo muitos países Budistas.

O remédio da Red Lily ajuda a equilibrar os planos espiritual e terreno. Faz com que as pessoas permaneçam ancoradas e práticas, ao mesmo tempo permitindo-as alcançar e tocar os reinos espirituais.

Essa essência também foi preparada em Bali, porém suas propriedades são ligeiramente diferentes da essência australiana. Esta última incorpora a espiritualidade dos Aborígenes australianos que é muito forte e tem muita energia terrena.

O aspecto negativo deste remédio é representado por aquelas pessoas que não estão bem ancoradas no plano terreno. Algumas até estão resistindo ao fato de permanecer aqui. Estão sempre nas nuvens, sonhando acordadas. Falta-lhes interesse pelos acontecimentos no mundo e no momento presente. Tendem a fantasiar e viver no futuro. Essas pessoas normalmente possuem um olhar distante, vago e dividido. Podem estar infelizes com as circunstâncias atuais, porisso escapam para um mundo de fantasia, sonhando com outras situações.

As pessoas tipo Red Lily frequentemente são desconcentradas, distraídas, porque sua mente está em outro lugar. São pessoas ausentes, pouco práticas e vivem mais no pensamento do que nas ações. Sua memória é fraca porque não prestam atenção naquilo que está acontecendo à sua volta. Conversar com essas pessoas é frustrante porque na verdade não ouvem o que está sendo dito. Frequentemente interrompem e saem por uma tangente. Nesse aspecto a Red Lily é muito boa para autistas.

No nível físico, essas pessoas geralmente são muito desastradas e desajeitadas porque não prestam atenção no que estão fazendo, são predispostas a se acidentar. Também dormem demais, o que não deixa de ser outra forma de escape, e podem se envolver com drogas, especialmente alucinógenos ou maconha. Elas certamente não são as pessoas mais adequadas para se estar junto enquanto dirigem.

Conheci um homem cuja mãe lhe telefonava nas tardes de domingo lá pelas três horas e pedia desculpas no caso de tê-lo acordado ou a alguém mais da casa. Normalmente ele ainda estava dormindo – raramente levantava antes do meio dia. Ele se drogava demais e tinha sempre um aspecto sonolento e vago. Ele era também um matemático brilhante.

Red Lily também pode ser usada por pessoas que estão sofrendo os prejuízos causados pelas drogas, especialmente alucinógenos como LSD e os cogumelos "Mágicos". Muitos jovens estão, como diz a expressão, "vegetando"– fizeram uma "viagem" e permaneceram fora de órbita. Esse remédio também pode ser dado para alguém em coma ou esquizofrênicos catatônicos, que absolutamente não interagem com ninguém. A pintura de

Condições negativas:

- Distraído
- Desconectado
- Dividido
- Indeciso
- Falta de foco
- Sonhando acordado

Resultados positivos:

- "Pés no chão"
- Concentrado
- Vivendo no presente

Botticelli "Nascimento de Venus" lembra essas pessoas que normalmente são muito etéreas e transcendentais.

Red Lily tem propriedades semelhantes a Sundew. Entretanto a Red Lily é para aqueles acima de vinte e oito anos, enquanto que a Sundew é para aqueles até essa idade. Red Lily produz uma sensação de estar ancorado e focalizado no presente. É um remédio excelente para pessoas que têm problema em se concentrar ou começar um trabalho e enfrentar tarefas práticas.

– Eu estou focalizado no aqui e agora.
– Eu agora estou ancorada no plano físico.

She Oak

(Casuarina glauca)

"Aquilo que imaginamos vividamente
desejamos ardentemente
trabalhamos entusiasticamente
precisa inevitavelmente acontecer."
– C.P. Sisson, A Bag of Jewels
(eds. Susan Hayward & Malcolm Cohan)

As árvores de Casuarina são amplamente distribuídas por toda a Austrália. Têm grande afinidade pela água e são usadas pelo mundo afora para estabilizar os terrenos arenosos do litoral.

A Casuarina foi uma das primeiras árvores a se desenvolver na terra. Seu nome foi dado em homenagem à espécie de pássaros Casuarius, isto é, um enorme Casuar – espécie de ema australiana que não voa, cujas penas lembram os galhos compridos e caídos da árvore. Seu nome comum She Oak, começou a ser usado por causa dos antigos colonizadores brancos que usavam sua madeira para fazer móveis, telhas e construir casas. Era conhecida como "Carvalho dos pobres".

Casuarina glauca cresce em áreas úmidas ao longo dos riachos ou de águas represadas das marés de rios. É uma árvore alta e reta de poucos galhos pendidos e uma folhagem parecida com pinheiro. As flores fêmeas parecem botões em forma de globo, com os pecíolos pendurados para fora de forma a receber o vento, similarmente às trompas de Falópio que esperam para receber os óvulos expelidos pelos ovários. As flores fêmeas crescem até tornarem-se parecidas com uma noz, que tem o mesmo tamanho de um ovário humano. As flores machos são densamente aglomeradas em longos espigões na ponta dos galhos, dando à árvore uma tonalidade avermelhada.

Para uma mulher, o fato de não poder conceber pode ser uma das experiências mais terríveis de sua vida. A função principal da She Oak está relacionada aos fatores emocionais que estão inibindo a fertilidade. A essência foi preparada usando as flores fêmeas da She Oak. Beneficiará as mulheres que por nenhuma razão física aparente não conseguem engravidar.

Mais de vinte por cento de todos os casos de infertilidade na mulher são causados por fatores desconhecidos. She Oak limpará qualquer bloqueio emocional, consciente ou

Condições negativas:

- Desequilíbrio hormonal nas mulheres
- Incapacidade de engravidar sem nenhuma razão física

Resultados positivos

- Equilíbrio hormonal
- Concepção
- Fertilidade

inconsciente, que possa estar impedindo a mulher de conceber. Sentimento de inadequação ou falta de autoconfiança podem impedir a concepção. Uma mulher pode colocar em dúvida sua habilidade de criar um bebê. Ela pode ficar preocupada sobre como enfrentará a gravidez ou a educação da criança, ou sobre toda a questão financeira envolvida na criação de um bebê.

Sob um ponto de vista naturopata, muitos casos de infertilidade feminina são devidos à desidratação do útero e, embora elaboradas técnicas possam ser usadas para corrigir este problema, tomar a essência de She Oak produz exatamente o mesmo efeito. Simplesmente adicionando duas gotas desta essência a um copo d'água permitirá que a pessoa absorva e se beneficie da água. Muitas pessoas são desidratadas apesar de beberem água. Também pode ser tomada para retirar muco das trompas de Falópio e criar mucos sadios e normais no colo do útero. Além do mais, ela regulará a produção de hormônios reprodutores nas mulheres, especialmente se os ovários estiverem funcionando espasmodicamente, o que causa um ciclo menstrual irregular.

Para infertilidade a essência de She Oak é usada de uma maneira diferente das outras Essências Florais Australianas. Deveria ser tomada por um mês, e então, após duas semanas de espaço, tomar por mais um mês. Os resultados obtidos com She Oak têm sido extremamente satisfatórios. Dentre as mulheres para as quais prescrevi o remédio, somente uma delas levou mais de seis meses para engravidar, enquanto somente duas ainda não engravidaram. No entanto, se uma mulher não engravidar dentro de seis meses tomando este remédio, a combinação de Flannel Flower e She Oak é recomendada.As duas essências combinadas têm a capacidade de remover bloqueios cármicos que possam estar impedindo a concepção.

Muitos ginecologistas agora estão usando a essência do She Oak para tratar desequilíbrios hormonais, assim como tensão pré-menstrual. Outros terapeutas alternativos também prescrevem essa essência para retenção de líquidos associada ao ciclo menstrual. Na Cinesiologia esta essência é usada para equilibrar os ovários e em muitos casos também equilibrará os testículos nos homens.

– Eu agora libero todos os bloqueios emocionais que estão impedindo a concepção.
– Eu agora estou me tornando cada vez mais confiante sobre minha habilidade de procriar.

Silver Princess

(Eucalyptus caesia)

"A grande e gloriosa Obra de Arte da vida é saber qual o seu propósito." – Michel de Montaigne, A Bag of Jewels (eds. Susan Hayward & Malcolm Cohan)

Os eucaliptos são frequentemente tidos como árvores resinosas, um termo cunhado por Joseph Banks em 1770, quando viu a seiva marrom viscosa produzida por essas árvores. Hoje em dia, o termo é normalmente usado para os eucaliptos de tronco liso.

Os eucaliptos dominaram o panorama australiano com mais de sessenta espécies. São encontrados em muitos habitats, em que se estendem dos limites das áreas glaciais no deserto Central, nas florestas úmidas, nas florestas de esclerófilos, nas florestas de *mallee,* até as florestas de *brigalow*.

O nome do gênero Eucalyptus é derivado das palavras gregas Eu, que quer dizer bem, e kalyptos, significando coberto. "Bem coberto" refere-se à pequena e dura cápsula que se encaixa firmemente sobre o botão em flor do eucalipto. A cápsula originou-se de uma fusão das pétalas e sépalas, ambas ficando fora da flor. Quando surgem as flores, os estames que se expandem e proporcionam a beleza da flor, empurram a cápsula seca. Caesia quer dizer cinza azulado, a cor do caule e da casca dessa gloriosa árvore. Muitos eucaliptos são agora exportados, não só para serem cultivados por sua beleza e por sua madeira mas também por sua capacidade de equilibrar o solo e drenar solos pantanosos. Todas as folhas resinosas são duras e, por serem penduradas expondo suas bordas aos raios solares e não suas superfícies, elas evitam que se sequem. A forma de crescimento dos mallee é uma adaptação do eucalipto a um ambiente árido com variações extremas de temperatura, grandes chuvas, queimadas e solo pobre. Existem quase cem espécies de eucaliptos que crescem na forma mallee. Eucalyptus caesia é um dos mais bonitos de todos esses mallees. Esse eucalipto adaptou-se ao habitat restrito de rochas expostas nas áreas centrais dos cinturões de trigo da Austrália Ocidental. Alguns anos atrás estava em perigo de extinção quando foi restrito a uma última área natural de crescimento em Boyagin Rock. Acredita-se que aquelas rochas expostas, tenham dois milhões de anos – ou seja, metade da idade da terra.

Entretanto a Silver Princess é agora uma das árvores mais amplamente cultivadas na Austrália. Ela tem um tronco esguio com galhos pendurados e uma casca sobreposta marrom avermelhada com brilho prateado. Os botões, as cápsulas de sementes e os galhos novos também são prateados, o que fica mais evidente à luz do sol. O tronco se divide longitudinalmente em vários anéis estreitos. As folhas são prateadas quando novas, tornando-se azul acinzentadas. As flores vermelhas crescem em grupos de três e pendem em longos caules nos galhos que balançam expostos pela folhagem. Cada flor mede três centímetros de largura com uma franja de estames firmes ao redor do grande pistilo amarelo claro.

Quando eu cheguei para visitar uns amigos em Berri, na Austrália do Sul, imediatamente me levaram para ver na vizinhança uma espetacular "red gum" em flor. Nunca havia visto uma árvore tão bonita, e nem sequer sabia seu nome. Alguns meses mais tarde, quando me preparava para uma viagem ao Sudoeste da Austrália, recebi uma mensagem canalizada sobre uma "red gum" em flor que seria de grande importância para dar às pessoas um senso de direção em suas vidas. Chegando em Perth, vi vários

Condições negativas:

- Sem objetivo
- Desanimado
- Sentindo-se vazio
- Falta de rumo

Resultados positivos:

- Motivação
- Rumo, objetivo
- Propósito de vida

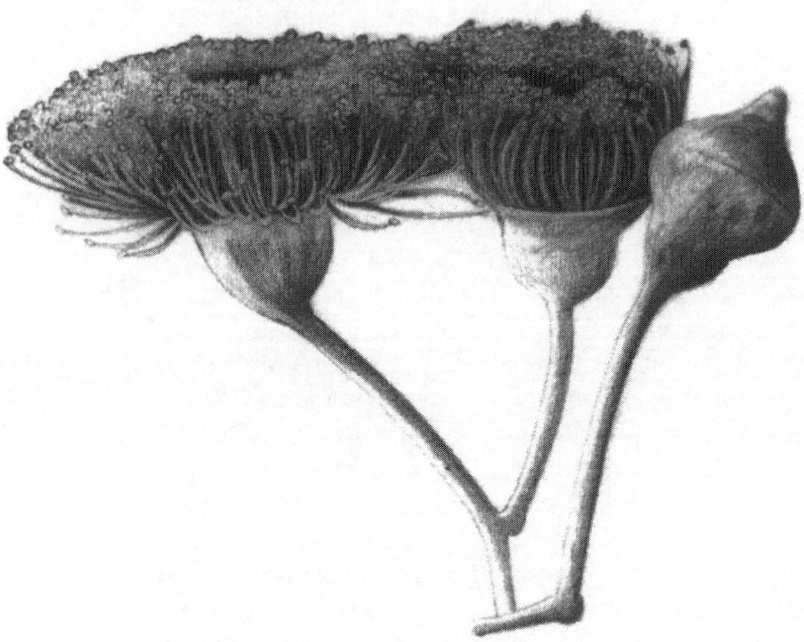

tipos de Eucaliptos caesia – meu "red gum" de Berri! Infelizmente todas essas árvores estavam crescendo ou perto de rodovias principais ou em ambientes que não eram favoráveis ao preparo da essência, ou já haviam terminado de florir.

No jardim botânico da Austrália Ocidental, Kings Park, um dos botânicos me disse que a estação de florescência da Silver Princess havia terminado e que a única plantação natural remanescente no mundo desse lindo eucalipto ficava nas rochas expostas conhecidas como Boyagin Rock perto de sua cidade natal, Brooktown, três horas a Sudeste de Perth. Informou como chegar lá mas avisou que não havia motivo para irmos pois as árvores não estariam em flor. Entretanto, havia uma plantação no jardim botânico com apenas algumas flores restantes e eu estava muito tentado a preparar a essência com essas flores apesar de estarem muito próximas a um estacionamento. Uma violenta chuva caiu sobre Perth, o que acabou com as flores que restavam, portanto conclui que obviamente não eram para ser usadas. Nossa intuição era ir para Boyagin Rock.

Chegamos a Boyagin Rock e encontramos a plantação de Eucalytpus caesia em plena e gloriosa florescência, as flores vermelhas completamente fora de época. Senti que as flores haviam sido resguardadas para mim, em outra demonstração da intervenção divina que ajudou-me a preparar esses remédios, que têm um papel tão importante a desempenhar.

Foi muito gratificante finalmente preparar esta essência. Ela se destina às pessoas que não estão seguras sobre seus planos e propósitos de vida. Na verdade, a maior parte das pessoas não conhece seu completo plano de vida e deixa-os irem se desdobrando no decorrer de suas vidas. Esta essência pode ser tomada quando elas atingiram um determinado ponto de suas vidas como uma encruzilhada e não sabem que passo dar a seguir. Nesses momentos, elas não têm objetivo nem uma direção determinada a seguir.

É extremamente gratificante sentir que estamos fazendo o que realmente deve ser feito com nossas vidas, ou num determinado momento de nossas vidas. Quando simplesmente deixamos a coisa correr sempre sentimo-nos frustrados com a sensação de que está faltando alguma coisa.

O sistema educacional na maioria dos países Ocidentais exige do estudante de segundo grau uma escolha sobre sua carreira antes mesmo de saber se realmente é o que deseja fazer. Quanto mais cedo esses jovens começarem a meditar, mais fácil será para eles encontrar sua vocação na vida. Durante a meditação, ou em silêncio, estamos abertos e receptivos a uma orientação de nosso Ser Interior que nos ajuda a encontrar o caminho.

Algumas pessoas não se definem sobre o que querem fazer até bem tarde na vida, quando se torna mais difícil fazer as mudanças necessárias. Entretanto, se realmente definirem o que desejam e estiverem determinados a fazê-lo, invariavelmente as coisas se encaixam e as oportunidades aparecem, embora precisem de uma dose de fé para dar o primeiro passo. Se, chegando ao final da vida, elas ainda não encontraram seu propósito de vida, podem sentir-se muito desanimadas, acreditando que desperdiçaram toda uma vida.

Outro desempenho importante desta essência é ajudar as pessoas a encontrar um novo caminho uma vez que já tenham atingido seu principal objetivo. Quando as pessoas traçam uma meta prioritária, normalmente ignoram os aspecto do dia a dia da vida, de tal forma que quando atingem essa meta sentem-se muito vazias, com a sensação de "Bem, e daí? É só isso?". A essência da Silver Princess permite que essas pessoas aproveitem a jornada em direção ao seu objetivo e, uma vez alcançado, propicia-lhes uma nova motivação para traçar e buscar novos objetivos na vida. É muito importante que tenhamos nossas metas na vida e que trabalhemos para realizá-las. Em muitos casos, os benefícios reais desses objetivos são bem diferentes daqueles que imaginamos ser seus principais propósitos. Somos como a abelha que deixa sua colmeia toda manhã com o objetivo de colher o pólen. No entanto o principal benefício da atividade da abelha é polinizar as flores e assim completar o ciclo natural da regeneração das plantas.

Similarmente, os benefícios que advém de nossos objetivos são como as ondulações que se formam numa lagoa depois que uma pedrinha foi atirada. Olhando as consequências de nossos objetivos, sonhos e desejos, frequentemente percebemos qual tem sido nosso verdadeiro propósito.

Muitas pessoas percebem num curto período de tempo os efeitos da Silver Princess. Certamente a qualidade de vida para o indivíduo e para a sociedade que o cerca melhorará notavelmente a partir do momento em que as pessoas estiverem aptas a conhecer e seguir seu próprio caminho.

– Eu agora estou consciente e sigo meu verdadeiro caminho de vida.
– Minhas ações agora refletem meu plano e propósito de vida.

Slender Rice Flower

(Pimelea linifolia)

"A pele pode ser diferente, porém o sangue é igual.
Sangue e osso... tudo igual.
O homem não pode dividir-se."
– Bill Neidjie, homem Kakadu da Austrália

Todos os estados são representados pelas oitenta e tantas espécies do gênero Pimelea. Todos são arbustos pequenos – Pimelea linifolia cresce até um metro de altura e floresce praticamente durante todo o ano. O cacho arredondado com pequeninas flores que nascem nas calátides terminais medem mais ou menos vinte e cinco centímetros de diâmetro e consiste num cacho de flores brancas tubulares, com miolos salpicados de cor laranja, cada uma com quatro pétalas. Possui folhas estreitas pequenas e simples que geralmente se encontram em espiral em volta do caule.

A espécie é muito comum nos urzais arenosos e nas florestas abertas. Seu nome é derivado da pimelea, significando gorduroso – referindo-se às sementes – e linifolia, significando folhas estreitas.

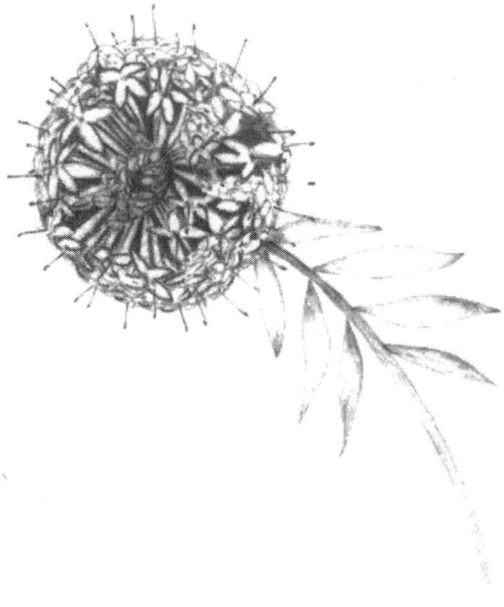

As espécies pimelea foram descritas pela primeira vez por Banks, Solander e Cook. Durante sua breve estadia em Botany Bay em 1770, Banks e Solander reuniram três mil espécimes de plantas, catalogando mais de duzentas espécies. Como uma das principais propriedades dessa planta é a cooperação, é bastante irônico que Banks estivesse comprometido com a posição da Coroa Britânica que declarou todo o continente da Austrália *terra nullius* – quaisquer terras que não fossem usadas nem exploradas poderiam ser reclamadas pela Coroa Britânica legalmente. Embora os primeiros colonizadores encontrassem a cidade de Sydney ocupada pelos Aborígenes, essa lei britânica jamais foi mudada.

A Slender Rice Flower ajuda a desenvolver a harmonia em grupo, a cooperação, a combater o racismo e mentalidades estreitas, fazendo com que a pessoa perceba os dois lados de uma questão ou situação. Durante este século o mundo passou por muitas guerras, nas quais mais de cento e vinte milhões de pessoas foram mortas. Outras centenas de milhares foram gravemente feridas, perderam membros de suas famílias e/ou tornaram-se refugiados. Esses fatos são um grotesco lembrete de nossa falta de tolerância e amor pelo próximo. A terapia de Regressão a Vidas Passadas revela muitos casos de vidas anteriores onde as pessoas estavam envolvidas em guerras e acreditavam que seus inimigos eram inferiores. Ainda hoje muitos permanecem com essa atitude de que outras nacionalidades e raças são inferiores. Muitos que passaram pela segunda guerra mundial ainda odeiam os japoneses. Assim como com Mountain Devil e outros remédios que servem para ressentimento e ódio, esses sentimentos e atitudes adversamente afetam somente as pessoas que os cultivam e podem até desencadear doenças gravíssimas.

A estrutura da planta é muito simples. As flores individuais juntam-se formando um cacho esférico de flores que simboliza a união de toda vida humana. Esta essência ajuda a liberar essa compreensão universal. Cristo ensinou-nos a amar ao próximo porque somos todos um só. Aquilo que fazemos para alguém, estamos na verdade fazendo para nós mesmos. "Você não pode conhecer sua própria perfeição até que tenha honrado todos aqueles que foram criados como você." (*A Course in Miracles*, editado por Francis Vaugham e Roger Walsh)

A Slender Rice Flower ajuda as pessoas a perceber a conexão entre todos os seres humanos e entender que, machucando o outro, na verdade estão ferindo a si próprias. Como J. Allen Boone expressou-se em *Kinship with All Life*: "Somos todos membros de uma vasta orquestra cósmica na qual cada instrumento vivo é essencial para a complementação e harmonia do som universal".

Dadas as qualidades que esse remédio oferece, as pessoas podem parar de fazer comparações e julgamentos prejudiciais a outras religiões e grupos raciais. Ajuda a reconhecer que estamos todos em estágios diferentes de evolução e que ninguém está em posição de julgar outra pessoa ou grupo. Essa essência ajuda as pessoas a ver a beleza e divindade em tudo e em todos. A Slender Rice Flower pode fazer aflorar a humildade que faz parte desta compreensão profunda ao passo que o orgulho e o ciúme representam uma falta de compreensão. A humildade induz a uma maior harmonia e cooperação entre as pessoas. O conceito de sinergia significa que o todo é maior do que a soma das partes. Assim, a ação cooperativa de um grupo é muito mais poderosa do que as ações daquelas pessoas que trabalham independentemente. Quando as pessoas compartilham seus recursos e sabedoria, todos são beneficiados. Para que isso aconteça, os membros do grupo precisam ser tolerantes, flexíveis e estar dispostos a ouvir atentamente para poder cooperar com o bem comum. Slender Rice Flower pode ajudar a pôr em execução a sinergia. Esta essência está se tornando amplamente usada por pessoas que participam de reuniões e conferências e também em locais de trabalho potencialmente estressantes, tais como restaurantes, e está trazendo resultados para uma maior produtividade.

Um bom exemplo do sucesso de sinergia foi visto no trabalho do americano Edward Denning, que aproximou-se de diretores da indústria automobilística em Detroit, depois da segunda guerra, alegando que poderia aumentar sua produtividade. Porém não houve interesse por parte deles. Entretanto foi contatado pelos fabricantes de carros japoneses que naquela época tinham fama de possuir uma qualidade de produção e tecnologia inferior ao padrão.

Ele percebeu que para melhorar a produtividade e a qualidade, era necessário que tanto os diretores quanto os operários cooperassem uns com os outros para desenvolver uma unidade de propósito e um meio ambiente harmonioso para todos os empregados, desde os diretores até os faxineiros. A maioria das pessoas quer fazer um bom trabalho e dar o melhor de si. Aquelas que falham assim o fazem por causa de precários sistemas de gerenciamento;

Condições negativas:

- Orgulho
- Ciúme
- Racismo, mentalidade estreita
- Comparação com os outros

Resultado positivos:

- Humildade
- Harmonia grupal
- Cooperação
- Percepção da beleza nos outros

raramente é falta do indivíduo. Denning implementou novos sistemas tais como controle de qualidade para que os empregados pudessem orgulhar-se de seu trabalho. Hoje em dia o Japão tem uma reputação pelos produtos de alta qualidade com um baixo nível de rejeição, enquanto que na América existe a situação oposta.

Em 1987 foi feito um estudo mostrando que oitenta e cinco filmes que retratavam os russos como bandidos eram feitos nos Estados Unidos, enquanto na Russia, quinze filmes mostravam os americanos como tais. A mídia é parcialmente responsável pela estereotipagem que causa alienação e hostilidade entre nações. Esta manipulação das emoções criou a exaltação do ódio que conduz à guerra.

Com a Slender Rice Flower temos uma essência que pode ajudar a afastar a humanidade do preconceito nacionalista e religioso através de harmonia, cooperação e paz global.

– Eu agora expresso meu amor e aceitação de todas as pessoas.
– Eu agora percebo a beleza ímpar que existe em mim e em todos os seres humanos.

Southern Cross

(Xanthosia rotundifolia)

"A você foi dado o dom dos Deuses; você cria sua realidade de acordo com suas crenças. Sua é a energia criativa que constrói seu mundo. Não existem limitações para o Self exceto aquelas nas quais você acredita." – Jane Roberts, The Nature of Personal Reality

Southern Cross é assim chamada por suas singulares e belíssimas quatro flores liguladas compondo umbelas que consistem de cachos de minúsculas florzinhas individuais apoiadas em finas hastes que se irradiam do ápice de um mesmo caule. Essas quatro hastes de um mesmo comprimento são dispostas em formato de cruz com brácteas largas e petaliformes embaixo de cada cacho de flor.

Existem cerca de vinte espécies neste gênero australiano, e a maioria é nativa da Austrália Ocidental. Southern Cross é uma erva perene, encontrada desde Mount Barker até o Sul em Albany, e nós preparamos essa essência em Stirling Range.

O maior campo de ação deste remédio é o ressentimento e a mentalidade de vítima. Essas pessoas sentem que a vida tem sido muito dura para elas, que têm sido injustamente tratadas pelo destino e que seus esforços não foram recompensados. "Isto não é justo!" você pode ouvi-las dizer.

Com as pessoas do tipo Southern Cross há uma total negação do fato de serem elas as responsáveis por criar sua própria realidade. Acreditam que toda sorte de coisas está sendo feita contra elas e que não possuem controle sobre suas próprias vidas. Citando George Bernard Shaw:

"As pessoas estão sempre culpando as circunstâncias por aquilo que são. Eu não acredito em circunstâncias. As pessoas que se dão bem neste mundo são aquelas que levantam e procuram as circunstâncias que querem, e se, por acaso não as encontram, fazem-nas."

Cada um de nós cria uma realidade positiva ou negativa. Essas pessoas criam grande quantidade de negatividade à volta delas. Sentem-se incapazes de criar circunstâncias positivas para suas vidas. Frequentemente se ressentem quanto aqueles que são bem sucedidos e

Condições negativas:

- Mentalidade de vítima
- Queixoso
- Amargo
- Mártires
- Mania de pobreza

Resultados positivos:

- Poder pessoal
- Assumir responsabilidade
- Positividade

sortudos. Podem culpar muitas pessoas a sua volta, porém jamais culpam a si mesmas por suas próprias situações. São pessoas irritáveis, rabugentas, mal-humoradas, com um comportamento lamurioso. Sentem que o mundo lhes deve uma vida melhor e que todos deveriam lhes dar mais atenção, pois têm sido vítimas de circunstâncias além de seu controle. Embora nem sempre culpem os outros, acreditam que a vida está contra elas e sempre esperam pelo pior.

Uma mulher que conheço e que regularmente usa as Essências Florais Australianas, conscientizou-se quando foi transferida para o Southern Cross High School em Victoria e percebeu que existia uma mentalidade de vítima naquela escola, não somente entre os alunos como também entre os professores. Ela considerou sua experiência lá como uma oportunidade de oferecer algumas soluções para os problemas locais e para aumentar as atitudes positivas e de autoestima.

Numerologicamente, a seta da frustração é muito comum nas pessoas com esta configuração. Se você tem uma criança cujo gráfico de nascimento não inclui os números 4, 5 e 6, é muito importante apoiá-la e ajudá-la a ver os benefícios e aspectos positivos de todas as suas experiências. O conselho a seguir também ajudará: "Procure sentir seu crescimento com cada experiência e tente encontrar a razão para tal". Isso amenizará suas frustrações e ajudará a perceber que tem um propósito na vida. Isto também a encorajará a usar seu poder pessoal e criar uma visão otimista da vida.

Uma reação positiva desse remédio é que essas pessoas podem ser muito atenciosas com os outros. Elas já passaram por grandes dificuldades e podem avaliar como os outros estão se sentindo sem julgá-los. São capazes de orientar aqueles que se sentem vítimas da vida e mostrar-lhes seus problemas numa outra perspectiva. Às vezes a vida parece injusta – a morte de um ser querido, o final de um relacionamento, a impossibilidade de conceber, problemas financeiros – e essas pessoas são de grande ajuda nesses momentos.

A mania de pobreza também está associada com esta essência. Num excelente filme de Hollywood chamado "Mame", a personagem diz: "A vida é um banquete e todos vocês, seus otários, estão morrendo de fome". A essência da Southern Cross ajuda as pessoas a descobrir que esta pode ser uma vida de muita abundância. Em muitos países a mania de pobreza é tão forte que carros muito caros tais como Jaguar e Rolls Royce atraem imenso ressentimento e hostilidade. Entretanto, se a beleza e o trabalho artesanal inerente a esses carros fossem apreciados, essas pessoas saberiam aproveitar muito mais a abundância em suas próprias vidas.

A sensação de estar sendo oprimido e manipulado pela vida certamente acelera o processo de envelhecimento, e isto associado à amargura pode também afetar os órgãos internos, especialmente o fígado e a vesícula. O sentimento de resignação pode simplesmente levar a uma falta de energia e vitalidade. Tomar alternadamente Southern Cross com Sunshine Wattle pode ser muito benéfico para essas pessoas.

Se você considerar o nome Southern Cross, é importante lembrar que a Cruz "já foi carregada para você". Uma técnica muito útil para o tipo de pessoa Southern Cross é pedir que alguém faça uma série de perguntas para as quais você responderá a primeira coisa que vier a sua mente. A pessoa pede para que você diga todas as vantagens que obteve de uma lista que você fez de todas as situações hediondas que ocorreram em sua vida ou todas as coisas sobre as quais você não teve o menor controle. Então você responde: "O benefício que obtive de... foi...". Você poderá dar algumas respostas muito interessantes. Você também pode aplicar esta técnica sozinho usando lápis e papel. Somente escreva: "O benefício que eu obtive de..." e acrescente a situação ou outro fato indesejável em sua vida e o benefício que dele obteve. Toda situação difícil é uma tentativa do seu Eu Superior para lhe mostrar como está fora do caminho e ajudá-lo a fazer as correções que o trarão de volta ao caminho certo. Você sempre tem uma ajuda e direção espiritual e somente precisa solicitá-las.

Há uma história sobre um homem que, após sua morte, viu sua vida retratada numa série de pegadas na neve. Para a maior parte de nossas vidas existem dois pares de pegadas, o segundo pertence a Jesus. Quando a vida estava muito difícil para esse homem, somente um par de pegadas era visível. Finalmente ele virou-se para Jesus e disse, "Onde você estava quando realmente precisei?" Jesus respondeu, "Eu estava carregando você".

Nunca estamos sozinhos durante nossas batalhas, pois Seu amor está sempre presente para nos ajudar. Somos sempre capazes de enfrentar as situações, mesmo aquelas que achamos intoleravelmente difíceis. Nossas reações a uma determinada situação nos afetam mais do que a própria, e toda situação é mera experiência de aprendizado.

– Eu estou compreendendo cada vez mais que eu crio minha própria realidade.
– Eu estou crescendo com cada experiência de vida.

SPINIFEX

(Triodia species)

"Toda doença física tem sua origem nas emoções." – Ian White

Existem mais de trinta e cinco espécies de Triodia, todas nativas da Austrália. Spinifex é uma gramínea nativa que prefere os locais áridos e semiáridos do interior da Austrália. Adaptou-se a essas condições com seu aspecto compacto, sendo uma moita com folhas pontiagudas que se projetam em todas as direções. Seu crescimento é centrífugo e, quando a parte central da moita morre, deixa brotando à sua volta um anel verde acinzentado.

O Spinifex floresce após as chuvas do verão e do outono, criando no agreste uma ilusão de campos de trigo ou um mar de grama quando o vento ondula por entre as calátides douradas.

Os Aborígenes colhiam as sementes e transformavam-nas em farinha e usavam a resina pegajosa de suas folhas para fixar as pontas das lanças e como cola para uso geral. Um tipo simples de colírio também pode ser feito espremendo o suco dos brotos novos.

Sinergeticamente, Spinifex possui uma energia muito poderosa, quase masculina, devido à proximidade da grama ao chão. Quando recebi pela primeira vez a informação canalizada de que eu iria trabalhar com gramíneas, fiquei muito intrigado, especialmente quando foi mencionado que a Doutrina de Assinaturas é mais evidente nas gramíneas, por serem mais receptivas aos sentidos físicos. Sintonizando-me com uma haste nova da grama, compreendi que esta essência é relevante para o corpo físico. Os brotos das sementes dessas gramíneas

revelam suas qualidades essenciais de cura com muito mais rapidez do que as plantas que possuem flores.

Outro aspecto de Spinifex é sua cor verde. Muitas pessoas, em algum período de suas vidas, precisarão de uma essência verde assim como também de essências florais. Essências preparadas com gramíneas podem ser tomadas internamente ou aplicadas topicamente, diretamente na pele.

As essências verdes têm um efeito de limpeza, eliminando parasitas, infecções causadas por fungos, microrganismos e eliminações metabólicas. A essência da gramínea específica com a qual eu trabalho elimina monília, candidíases e é excelente para cólons tóxicos (toxic cólons), e pode ser usado topicamente para curar qualquer tipo de lesão cutânea, desde acne até eczema e psioríases.

O Spinifex cura as condições de pele que causam dores do tipo cortantes ou ardentes tais como herpes. É muito efetivo para cortes incisivos e limpos onde não há perda de substância. Para essas condições o remédio pode ser usado de ambas as formas, interna e externamente. Para aplicação tópica, dissolva sete gotas da essência em água limpa ou coloque um pano umedecido sobre os ferimentos ou pulverize as lesões com um nebulizador. Repita este procedimento pela manhã e à noite. Você pode usar a essência tópica e internamente ao mesmo tempo.

Muitas pessoas têm informado que quando as bolhas do herpes estão começando a se manifestar, pulverizando a área, seu desenvolvimento é interrompido. Para a maioria das pessoas esta essência irá reduzir enormemente

Condições negativas:

- Indisposições físicas
- Herpes
- Clamídias
- Cortes pequenos
- Sentir-se vítima da doença

Resultados positivos:

- Fortalecimento através da compreensão emocional
- Cura física

a gravidade de um ataque de herpes e eliminará as lesões em dois dias, ao passo que, sem tratamento, permaneceriam por pelo menos uma semana ou dez dias.

A essência de Spinifex também pode ser usada para tratar "clamídia", um organismo que pode provocar infecções na garganta assim como nas vias urinárias e sistema reprodutor. Nos homens o sintoma é expelir pus pelo pênis, ao passo que nas mulheres não existe nenhum sintoma aparente, embora a "clamídia" desenvolva um processo de degeneração nas trompas de Falópio, arruinando-as gravemente. Na realidade, todos os anos na Austrália seis mil mulheres tornam-se estéreis devido a "clamídia", que em geral é detectada somente quando sua infertilidade é investigada clinicamente.

Tomando o remédio internamente, Spinifex ajuda a trazer à tona as causas emocionais das erupções cutâneas. Os problemas emocionais podem então ser resolvidos com as essências florais apropriadas e/ou aconselhamento. Muitos casos de herpes, por exemplo, são causados pela culpa sexual, que pode ser tratada com Sturt Desert Rose ou, em caso de abuso ou trauma sexual, pode ser amenizada por uma combinação de Fringed Violet e Wisteria. No caso do herpes, por exemplo, seus portadores frequentemente sentem-se vítimas da enfermidade. Ela reaparece repetidas vezes sem nenhum motivo aparente, enfraquecendo o sistema imunológico e a confiança da pessoa, provocando o desconforto físico de dor. Na verdade esses ataques são normalmente desencadeados por crenças negativas que foram formadas no início de suas vidas e estão profundamente armazenadas no subconsciente da pessoa. Várias pessoas sentem-se muito confiantes quando entendem que qualquer coisa que aconteça no plano físico invariavelmente origina-se no plano emocional e que são capazes de mudar suas crenças e atitudes que estão causando estas condições físicas, realizando assim sua própria cura.

– Eu agora estou vendo a natureza e o efeito das minhas mais profundas emoções.

Sturt Desert Pea

(Clianthus formosus)

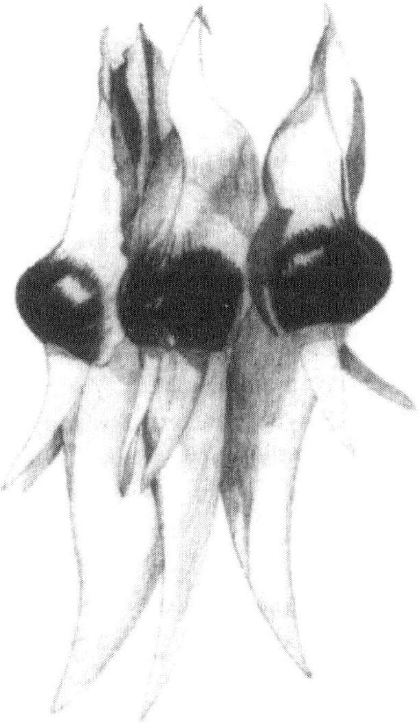

"Quando uma porta se fecha, uma outra se abre. Espere que esta nova porta revele maravilhas, glórias e surpresas ainda maiores. Sinta-se crescer com cada experiência. E procure a razão para tal." – Eileen Caddy, Opening Doors Within

A Sturt Desert Pea é o emblema floral da Austrália do Sul e como esta flor nasce no Deserto e nas áreas dos lagos salgados do interior árido da Austrália, é um emblema apropriado para o estado mais seco de toda a Austrália. Também é encontrada nas planícies Ocidentais secas de Queensland e New South Wales e nas terras áridas do interior da Austrália Ocidental, indo de Kalgoorlie até os Kimberleys.

A Sturt Desert Pea é uma das mais espetaculares plantas nativas, possuindo enorme presença e poder. Suas brilhantes, acetinadas flores vermelhas com seu centro escuro luminoso medem de sete a dez centímetros de comprimento e formam densas calátides de quatro ou cinco flores.

Suas sementes, assim como várias sementes de legu-minosas nativas das regiões áridas, são conhecidas por florescerem após quarenta anos. A longevidade das sementes espelha a mais importante característica desta essência, que diz respeito a profundas mágoas e tristezas guardadas por muitos e muitos anos. As sementes são difíceis de germinar. A germinação normalmente não ocorre até que estas sementes tenham sido expostas a uma grande força como o fogo ou água fervendo, refletindo a liberação catártica de dores profundas.

O nome genérico da planta Clianthus vem das palavras gregas Kleos, significando glória, e Anthos, que significa flor. Formosus quer dizer bonita ou bem formada. A Sturt Desert Pea foi assim chamada em homenagem ao explorador Capitão Charles Sturt, que durante uma expedição de 1844 a 1845, escreveu com admiração sobre o mar de cor vermelha que surgia do agreste e inóspito descampado interior da Austrália. Porém, o primeiro explorador a encontrar a Desert Pea foi William Dampier, que em 1699 reuniu algumas amostras na costa Noroeste da Austrália.

A Sturt Desert Pea e a Waratah são, na minha opinião, as duas essências mais poderosas de todas as Essências Australianas. A principal característica desta essência é que ela resolve as mais profundas dores e mágoas. Esta essência normalmente age de uma maneira muito rápida na maioria dos casos, inclusive quando esta dor ou mágoa venha sendo cultivada por muitos anos ou até tenha vindo de uma vida passada. A Sturt Desert Pea tem feito mudanças assombrosas nas vidas daquelas pessoas que tomaram a essência, especialmente naquelas que guardam suas tristezas dentro de si e raramente choram. Depois de tomar esta essência, aquelas pessoas têm sido capazes de expressar seus sentimentos e sentiram-se muito aliviadas em poder pesquisar a origem de sua dor.

A mágoa afeta os pulmões, como ilustra o exemplo a seguir. Uma senhora procurou-me e disse que estava passando por um período de grande depressão, pois havia perdido uma filha por afogamento. Notei que seus pulmões estavam muito tensos e prescrevi a Sturt Desert Pea. Durante o período em que tomou a essência ela chorou bastante e com muito mais frequência do que anteriormente e após cada choro catártico sua respiração fluía cada vez mais facilmente. Ela inclusive começou a conviver com a morte da filha.

Condições negativas:

• Dor

• Mágoa profunda

• Tristeza

Resultados positivos:

• Liberação

• Alivia recordações tristes

• Motivação e energia

Todas as lendas Aborígenes sobre a Sturt Desert Pea têm a ver com tristezas, mágoas e perdas. A seguinte história é uma versão resumida de uma lenda Aborígene sobre como surgiu a Sturt Desert Pea. Há muito tempo atrás, o jovem, forte e orgulhoso Wimbaco Bolo fugiu para casar-se com a bela Purleemil, a noiva prometida para o velho perverso e covarde Tirtha. Eles pediram abrigo a um grupo de caça de outra tribo, que estava acampado próximo a um grande lago no interior.

O pai de Wimbaco tinha nascido nessa tribo e havia sido seu chefe. Imaginando que a força de Wimbaco e a beleza de Purleemil resultariam em filhos similares, o grupo de caça rejeitou o pedido da tribo de Tirtha para devolver Purleemil. Ao invés disso, deram a oportunidade de Tirtha lutar com Wimbaco pela mão de Purleemil. Covardemente Tirtha recusou esta oferta e deixou o casal em paz.

O ano seguinte trouxe muita felicidade para Wimbaco e Purleemil incluindo o nascimento de um lindo filho que foi o orgulho e a alegria da tribo. Wimbaco caçava e fazia brinquedos para seu filho, que estava destinado a ser o chefe da tribo, enquanto Purleemil, cujo canto era notável, agora canalizava através da música os espíritos que a ensinavam canções cada vez mais belas. Suas canções normalmente eram sobre seu filho que deveria viver eternamente e tornar-se conhecido como o ser mais bonito das planícies do interior.

No ano seguinte a tribo voltou ao lago que ficava perto da tribo de Tirtha. Outras canções chegavam até Purleemil nas quais os espíritos diziam que o infortúnio estava próximo. O orgulhoso e destemido Wimbaco não dava ouvidos às suas súplicas para abandonar a área. Como os dias passavam felizes no novo acampamento, seus receios diminuíram e foram esquecidos, assim como cessaram os avisos dos espíritos.

Mas uma noite, enquanto a tribo dormia, Tirtha e seus homens, que pacientemente estavam esperando uma chance, entraram sorrateiramente e atacaram. Toda a tribo foi morta. Tirtha vangloriou-se em matar Purleemil e o filho com sua lança. Ele e seu grupo de guerra deixaram suas vítimas estendidas no chão.

No ano seguinte retornaram e viram que o lago estava seco e cheio de sal. Os homens que acompanhavam Tirtha ficaram aterrorizados. Tirtha permaneceu para regozijar-se sobre os ossos de seus inimigos, mas ao invés de ossos ele viu massas de flores vermelhas brilhantes cobrindo toda a cena do massacre. Ele nunca havia visto tão lindas flores. Enquanto olhava, uma lança vinda do céu alcançou-o, derrubando-o, e uma voz gritou, culpando-o por suas más ações e pelo sangue que ele havia derramado, o sangue de Wimbaco, Purleemil e seu filho, cujo fluxo transformou-se em flores vermelhas.

"O sangue deles viverá para sempre", foi-lhe dito. "Florescerá para sempre ao longo das planícies descampadas dos lagos salgados, que são as lágrimas secas dos espíritos das canções."

A voz disse a Tirtha que ele permaneceria sentado ali para sempre afim de pagar por sua covardia. Então a lança cravou-o no chão.

A linda flor vermelha – a glória das planícies Ocidentais – é hoje chamada a Sturt Desert Pea. Porém era conhecida pelas velhas tribos como a flor de sangue. Mesmo hoje, a Sturt Desert Pea é um símbolo para muitos Aborígenes do sangue de seus ancestrais que foi derramado durante os duzentos anos da colonização branca.

Um caso clínico que mostra a força e poder da planta é o de uma paciente que se apresentou com uma grande dor provocada por artrite reumatóide, com juntas inchadas e doloridas tanto em repouso quanto em movimento. Estes sintomas vinham se desenvolvendo por muitos anos, desde que separou-se de seu marido. Ele a deixou por outra mulher e ela se ressentiu muito com este fato. A dor começou logo em seguida. Ela tentou vários tratamentos – ervas, homeopatia, nutricional, visualizações, afirmações – sem muito, efeito. Quando a vi ela mal podia andar ou sentar por muito tempo.

Prescrevi a Sturt Desert Pea e foi muito bom quando me telefonou dois dias mais tarde para contar que pela primeira vez em meses ela não havia sentido dor alguma. Acordou livre de qualquer dor, o inchaço havia diminuído e ela havia também liberado grande parte da tristeza que vinha guardando desde sua separação. O alívio obtido foi permanente.

A essência da Sturt Desert Pea ajuda a aliviar tristes recordações depois de longas e antigas mágoas. Uma pergunta que sempre faço a meus pacientes é se por acaso houve algum acontecimento em suas vidas desde o qual não se sentem bem. Várias pessoas estão presas à dor emocional causada pela perda ou separação de uma pessoa querida. Homens por exemplo, raramente esquecem facilmente seu primeiro amor, provavelmente porque não choram para aliviar a dor. Frequentemente se atém à dor e à tristeza de um amor antigo.

Alguns de meus pacientes pedem que lhes prescreva Sturt Desert Pea porque têm visto grandes resultados em outros membros de suas famílias. Qualquer um que se sinta atraído por uma essência, invariavelmente precisa dela. Muitos práticos da medicina que usam máquinas eletrônicas para diagnóstico tais como Vega ou Morey, percebem que a Sturt Desert Pea eliminará uma grande quantidade de doenças, desde as viroses até manifestações bacterianas e parasíticas. Sturt Desert Pea é um remédio muito, poderoso e de ação muito profunda que ajuda a fazer grandes mudanças na vida das pessoas.

– Eu agora libero a dor em meu passado.
– Eu agora sou capaz de expressar meus sentimentos de tristeza e mágoa.

STURT DESERT ROSE

(Gossypium sturtianum)

"Nunca sinta-se culpado por aprender.
Nunca sinta-se culpado por saber.
Isto chama-se iluminação." – Ramtha, Ramtha

A Sturt Desert Rose cresce nas vertentes pedregosas e rochosas dos leitos de riachos secos através de grande parte árida da Austrália, no lado sul do Northem Territory que se localiza a Noroeste da Austrália do Sul, a Oeste de Queensland, a Oeste de New South Wales e em algumas partes do norte da Austrália Ocidental.

É um arbusto compacto, medindo de um a dois metros de altura, com folhas verde escuras de cinco centímetros de comprimento. Suas flores, que lembram o hibisco, são de cor malva com o centro carmim escuro, possuindo cinco pétalas e cinco sépalas. Ambas, pétalas e folhas, têm pontinhos pretos. Seus numerosos estames juntam-se na base formando uma estreita coluna em volta do pistilo. A planta normalmente floresce no inverno e as flores se fecham à noite.

O nome da espécie foi dado em homenagem ao Capitão Charles Stuart, o explorador do interior, que descobriu esta planta em 1884. Em 1961 foi proclamada como o emblema floral do Northern Territory.

A essência da Sturt Desert Rose ajuda as pessoas a seguir suas próprias convicções e moral interiores, e a fazer aquilo que devem. Sturt Desert Rose dá às pessoas a força para serem verdadeiras consigo mesmas.

Às vezes pode ser muito difícil para alguém fazer aquilo que deve, se isto for contrário à moral ou à pressão do grupo. Um exemplo disso é a tremenda pressão dos colegas em festas onde drogas ou álcool estão sendo consumidos e onde uma pessoa não deseja participar. Particularmente os adolescentes têm uma grande necessidade de serem aceitos e consequentemente acham muito difícil não concordar.

Esse remédio irá também restabelecer a autoestima da pessoa. Five Corners é para baixa autoestima, porém Sturt Desert Rose é para a falta de autoestima que é consequência de uma ou mais ações passadas da pessoa – ações com as quais ele ou ela não se sentem bem a respeito. A culpa exerce um grande efeito sobre a autoestima. Sturt Desert Rose é um ótimo remédio para a culpa que pode estar sob a forma de arrependimento de atos passados ou falta de ação. Os arrependimentos podem fazer as pessoas se omitirem, impedindo-as de usufruir as melhores coisas de sua vida. A culpa também pode levar à autocrítica e autocensura, o que produz uma grande opressão na pessoa. Como disse uma jovem mãe após a morte de seu filho: "Depois de ter tomado esse remédio por apenas alguns dias, fui capaz de sentir um alívio do grande peso que eu havia experimentado antes em várias ocasiões de minha vida". A culpa pode ter sua origem em situações quando a pessoa não seguiu sua própria moral ou em situações que tenham sido deixadas incompletas.

Algumas vezes a culpa é de natureza inconsciente. Por exemplo: um homem tomou este remédio após ter conversado com sua mulher sobre a culpa que sentia com relação a seu primeiro casamento e sobre a situação que havia surgido com sua filha daquele casamento. Na segunda noite que tomou a essência, teve um sonho onde um sócio e amigo veio a ele e disse-lhe que estava tudo bem e para não se preocupar. Esse mesmo sócio havia morrido de um ataque do coração causado parcialmente pelo estresse do negócio em que os dois haviam se envolvido. Embora este homem achasse que a morte de seu amigo não o houvesse

Condições negativas:

- Culpa
- Baixa autoestima
- Facilmente levado por outros

Resultados positivos:

- Coragem
- Convicção
- Sinceridade para consigo mesmo
- Autenticidade
- Integridade

afetado, a culpa obviamente estava embutida, pois alguns dias após o sonho sentiu uma grande sensação de alívio e alegria, tornando-se desde então mais confiante.

Dos vários bloqueios emocionais, a culpa é a que provavelmente tem a origem mais óbvia. Crianças pequenas ouvem seus pais lhes dizerem que são más, que não devem arrotar, que não devem chorar e não devem tocar seus órgãos genitais. Toda esta responsabilidade é colocada nesses pequenos seres. Ser-lhes dito que por terem tido um acesso de raiva estragaram totalmente o dia de seus pais, é uma carga muito grande para essas jovens almas carregarem.

Os tipos Sturt Desert Rose podem ser muito justificativos. Para alguns deles cada frase contém um pedido de desculpas. É muito interessante prestar atenção à linguagem que as pessoas usam, pois reflete suas atitudes e crenças. Por exemplo, alguém que precise de Sturt Desert Rose pode dizer: "Ah! desculpe, que tolice a minha". Há um grande poder nas palavras, e, se suas afirmações inferirem algo negativo sobre sua pessoa, acabarão criando essa condição em si mesmo. Além do mais, algumas dessas pessoas procuram adaptar-se à sua própria inadequação como uma forma de autoindulgência.

Elas também podem ser paranóicas e achar que outros estão falando sobre elas ou criticando-as, porque esta é a forma pela qual julgam a si mesmas. Os tipos Sturt Desert Rose também podem estabelecer metas tão altas para si próprios que encontram dificuldade em cumpri-las. Por isso frequentemente sentem-se culpados e inadequados. Obrigações e deveres são muito importantes para essas pessoas. Em casos extremos tornam-se irracionais e culpam-se quando as coisas saem erradas para os outros. Se alguém próximo a elas é prejudicado, acreditam que são responsáveis e que se ao menos tivessem dito ou feito algo diferente, isto nunca teria acontecido. A culpa é a principal causa das doenças transmitidas sexualmente e dos problemas relacionados com o sistema reprodutor. Na nossa cultura, uma grande dose de culpa é associada à sexualidade. Muitas crianças são ensinadas desde uma tenra idade que não é certo explorar seus corpos. Quando adolescentes, pode lhes ser dito que masturbar-se é errado e que não deveriam fazer experiências com o sexo. Entretanto, enquanto a maioria de nossa sociedade condena o sexo antes do casamento, as campanhas publicitárias promovem seus produtos associando-os a imagens sexualmente atrativas. Essas mensagens conflitantes podem criar muita confusão nas mentes desses adolescentes.

O filme "Um Estranho no Ninho" proporciona um retrato muito poderoso de como a culpa pode ser usada para manipular e oprimir as pessoas. Um dos internos do asilo, Billy, está começando a superar suas inibições e a desenvolver autoestima através do relacionamento com uma mulher, quando a supervisora, uma mulher muito dura e cruel, tenta fazê-lo sentir-se envergonhado dele mesmo. Quando isto falha, ameaça contar a sua mãe e conclui que ela ficará muito aborrecida. Vencido pela culpa, Billy suicida-se.

A religião também pode aumentar a culpa, enfatizando que somos todos pecadores, ao invés de reconhecer e celebrar a divindade dentro de cada um de nós e a alegria que podemos experimentar através de nosso relacionamento com Deus.

Ao trabalharmos com pessoas que tendem a sentir-se culpadas, é melhor pedir que almejem somente objetivos facilmente atingíveis para que possam interromper seu comportamento de autocrítica por aquilo que não conseguiram alcançar. Estabeleça tarefas que irão desviar suas atenções sobre suas negatividades. Isto é especialmente importante quando trabalhamos com pessoas que estão deprimidas, pois precisam movimentar-se de novo para que sua força vital possa ser fortalecida. É muito difícil permanecer deprimido e culpado quando se está ativo.

Os aspectos positivos desse remédio são um senso de convicção e integridade pessoal. Essas pessoas fazem aquilo que sabem que têm de fazer e aceitam o que aconteceu no passado para que assim possam seguir adiante.

– Eu agora estou me libertando de todos os sentimentos de culpa e arrependimento do passado.
– Eu agora sou verdadeiro para comigo mesmo em todo o âmbito de minha vida.

SUNDEW

(*Drosera spathulata*)

"Ele, que está batendo à porta, já deixou para trás grande parte de sua jornada." – Provérbio holandês

A beleza de suas rosetas de folhas vermelhas achatadas e brilhantes contrasta com a malignidade desta planta para com os insetos. Esta planta insetívora espalha-se amplamente em pântanos, nas margens dos riachos e nas bases dos rochedos.

Suas folhas em forma de colher medem três centímetros de comprimento, e são recobertas com finos pelos que expelem gotas pegajosas tipo orvalho, que brilham à luz do sol nascente. Os insetos que são atraídos por essa planta se enredam nesses pelos apenas tocando num deles, pois isto estimula os outros tentáculos a fecharem-se sobre a vítima até que seja digerida. Alguns dias depois, os tentáculos se desdobram e ficam à espreita de outras presas. Esses finos tentáculos são incrivelmente sensíveis. O famoso proponente da teoria da evolução Charles Darwin, descobriu que bastaria o peso de .0000125 de um grama para estimulá-los.

As flores brancas têm somente dois milímetros de comprimento e variam do rosa ao branco. Elas surgem na ponta de uma longa haste. Seu tempo de florescência é na primavera, embora as rosetas permaneçam por todo o ano. Inclusive durante o verão essas plantas têm a capacidade de sobreviver a total seca do solo.

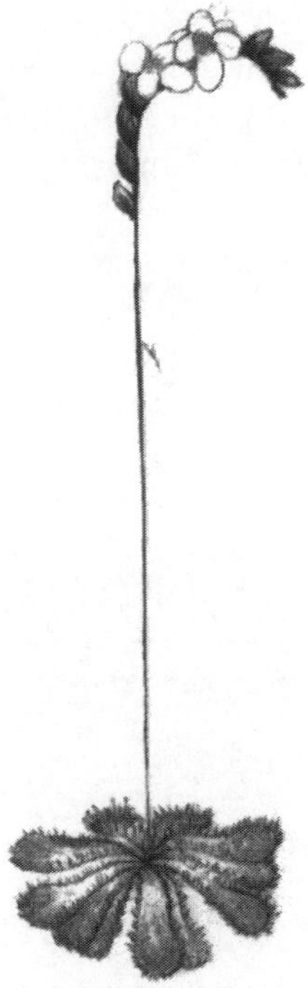

As Sundew são predominantemente encontradas na América do Sul e a Sudoeste da Austrália Ocidental. Drosera spathulata entretanto, é encontrada na Ásia, em muitas ilhas do Pacífico, na Nova Zelândia e na Austrália, onde cresce ao longo da costa Leste desde North Queensland até a Tasmânia. É comumente chamada de "spoonleaf Sundew".

Uma coisa muito estranha aconteceu com a médium que verificou a informação sobre este remédio. Ela teve uma sensação muito forte de estar se dissolvendo numa gota de líquido viscoso e um grande ímpeto de conectar-se com a terra, deitando-se no chão e cobrindo uma área tão grande quanto possível. Tinha necessidade de estar ancorada e esta é a propriedade exata do Sundew e também da Red Lily. Essas pessoas frequentemente são dispersivas, vagas e indecisas e não prestam atenção aos detalhes. São emocionalmente divididas especialmente quando há trabalho ou algo desagradável a ser feito – e para essas pessoas a própria vida em si pode ser desagradável. As pessoas tipo Sundew são frequentemente sonhadoras e esse remédio fará com que permaneçam no presente a maior parte do tempo.

Usando a Doutrina de Assinaturas, as minúsculas flores da Sundew são elevadas muito acima da base sólida de suas rosetas de folha e oscilam em círculo com a brisa.

Esse remédio é muito bom para as pessoas que têm uma ampla visão de como algo deveria ser feito, mas têm dificuldade com os detalhes finais. Sundew ajuda-as a focalizar os pequenos detalhes de uma tarefa e também ajuda a pessoa a parar de adiar.

Sundew é um dos quatro remédios que compõem a Essência de Emergência e serve para indefinição e dissociação, que são formas de escapar das situações ou da própria vida. Após uma experiência traumática as pessoas frequentemente dissociam-se do presente. Às vezes esta é uma maneira positiva de enfrentá-las, pois com o trauma agudo, tais como aqueles causados por um acidente de carro, o espírito deixará o corpo, pois a situação é muito traumática para a pessoa vivenciá-la conscientemente. Quando o espírito deixa o corpo, o corpo astral ainda está preso ao corpo físico por um cordão prateado. Ao fazer viagens astrais as pessoas podem observar seus corpos à distância. Isto pode ser feito conscientemente, embora seja uma prática perigosa, ou pode ser causado por um trauma. Com a experiência de uma morte próxima as pessoas são atraídas por uma linda luz dourada, porém são avisadas para voltar a seus corpos pois suas vidas ainda não terminaram. O remédio Sundew ajuda essas pessoas a voltarem ao corpo físico e ao presente.

Sundew é também muito bom para quem está desmaiando ou se recuperando de uma anestesia, ou para aqueles que estão em coma. É claro que uma forma polida de suicidar-se é devanear pela vida afora – não estar presente.

Do lado positivo, para pessoas que estão no controle de seus corpos físicos e espirituais, tais como os Aborígenes mais velhos ou outros mestres espirituais, quando é chegada a hora de desencarnar estão num ponto tal que são capazes de fazê-lo conscientemente.

Ao trabalhar com o remédio Sundew especialmente para uma condição constitucional, um aspecto a ser considerado é que essa indefinição pode mascarar um ressentimento num nível mais profundo. Essas pessoas podem ressentir-se pelo fato dos outros não prestarem atenção nelas. Assim elas se recolhem em seus próprios pensamentos e ideias, que acham muito mais interessantes do que o mundo de fora. Preferem permanecer divididas até que outros mostrem interesse por elas e as tratem diferentemente.

Muitas indicações para o uso de Sundew podem ser observadas na Iris. Pode haver estrias no feixe de nervos, indicando que o nervo mestre está muito partido por mensagens turvas.

Condições negativas:

- Vagando
- Desconectado
- Disperso
- Indeciso
- Falta de focalização
- Sonhando acordado

Resultados positivos:

- Atenção ao detalhe
- Ancorado
- Focado
- Vivendo o presente

Em alguns casos o feixe de nervos realmente está partido, indicando falta de energia naquela área. Quantidades excessivas de drogas alucinógenas, inclusive maconha, podem levar a uma duplicação do feixe de nervos. Até tamanhos irregulares da pupila – uma grande outra pequena – podem ser um sinal de uma concussão antiga ou de se estar emocionalmente dividida.

Os aspectos positivos da Sundew são: um interesse vivo no mundo real e a capacidade de prestar atenção aos detalhes e tomar decisões. Essas pessoas são capazes de canalizar ideias e informações do plano espiritual e colocá-las em prática. Elas estão receptivas à inspiração e são capazes de aplicá-la ao mundo material para que possam beneficiar a si mesmas e à humanidade. A inspiração é continuamente oferecida àqueles que mostram estar fazendo algo com ela.

Como comentou uma professora: "Sundew tem um efeito de ancoramento. Faz você entrar em acordo com a realidade; centraliza sua existência e a devolve para seu controle". Estudantes acham essa essência muito boa para aumentar sua concentração, especialmente se estão sonolentos e dispersivos ou não conseguem iniciar seus projetos.

Ter um sonho é uma experiência de Sundew e existe toda uma ciência trabalhando em como desenvolver nossa capacidade de interpretar e lembrar de nossos sonhos. Sundew, Bush Fuchsia, Bush Iris e Isopogon associados, ajudarão as pessoas a sonharem mais vezes e também a lembrarem-se de seus sonhos.

Sundew é usado com Little Flannel Flower para ajudar crianças a ter um contato mais claro com seus anjos protetores. As crianças são muito anímicas e passam a maior parte de seu tempo no plano etérico quando recém-nascidas. Gradualmente começam a integrar o espírito com o físico. Entidades tais como gnomos e fadas realmente existem e as crianças têm a capacidade de ver e brincar com elas. Porém, as crianças também são práticas e podem equilibrar os planos espiritual e físico.

– Eu agora estou concentrado no aqui e agora.
– Eu agora estou ancorado no plano físico.

Sunshine Wattle

(Acacia terminalis)

"Aquilo que somos hoje vem de nossos pensamentos de ontem e nossos pensamentos de hoje constroem nossa vida de amanhã: nossa vida é a criação de nossa mente." – Buddha

As Acácias são, das plantas australianas, as mais comuns, encontradas por toda a parte. Wattle é o emblema floral não oficializado da Austrália. As cores tradicionais da Austrália – azul e dourado – retratam o dourado glorioso da Wattle sobre o azul do céu australiano. Existem quatrocentas e quarenta e cinco espécies de Acácias nativas. As Acácias também são encontradas na África, América do Sul e Central e na Ásia. O nome genérico é derivado de uma árvore egípcia com muitos espinhos conhecida como akakia. O nome comum Wattle veio de um termo anglo saxão que quer dizer "cobertura". As hastes da Wattle eram ótimos reforços para as paredes e telhados das casas feitas de barro, daí o termo "Wattle and daub" (pau a pique). A maioria das Wattle não possuem folhas propriamente, suas funções foram substituídas por um pecíolo mais longo, uma adaptação evoluída mais apropriada para o clima árido e agreste da Austrália, permitindo que as plantas sobrevivam às longas secas.

Sunshine Wattle é um arbusto espalhado que cresce até dois metros de altura, com flores de um dourado pálido. As calátides felpudas na verdade são cachos de seis a quinze pequeninas flores com longos estames amarelos contendo grande quantidade de pólem.

Seu habitat são os bosques serrados e as florestas de esclerófilos dos arredores de Sydney, especialmente nas encostas rochosas das colinas de solo muito pobre. É também encontrada em Victoria e na Tasmânia.

O remédio da Sunshine Wattle ajuda a trazer uma aceitação da beleza e alegria do momento presente e a crença em possibilidades para o futuro. É usada normalmente para pessoas que tiveram muita dificuldade no passado e estão literalmente paradas lá atrás. Essas pessoas trazem sua experiência negativa do passado para

Condições negativas:

- Preso no passado
- Expectativa de um futuro sombrio
- Sem esperança

Resultados positivos:

- Otimismo
- Aceitação da beleza e da alegria no presente
- Expectativa alegre

o presente. Não têm esperança de que as coisas vão melhorar no futuro. Aquilo que enxergam pode ser comparado a um espelho que reflete o passado, e aquilo que percebem no presente e para o futuro é somente a repetição daquilo que já foi.

Essas pessoas têm uma crença muito forte de que a vida é uma batalha feroz. Elas sempre veem a vida com desolação e estão contando com novos tempos difíceis e decepções. Estão presas nas experiências desagradáveis do passado. Esta essência as ajuda a ver as situações sob um ponto de vista diferente.

A Sunshine Wattle era usada pelos primeiros colonizadores para suas construções. A vida era muito difícil na nova colônia, pois quando chegaram descobriram que não havia animais domesticados ou mantimentos.

Haviam trazido pouca comida com eles e quase morreram de fome durante os primeiros anos.

Sem eles saberem, o navio de suprimentos que lhes foi enviado seis meses após sua saída da Inglaterra, encalhou no Cabo da Boa Esperança. Assim, depois de um ano, quando nenhum suprimento havia chegado, sentiram-se totalmente esquecidos e abandonados e sobreviver era a grande batalha. Ironicamente, os Aborígenes comiam as sementes extremamente nutritivas de Sunshine Wattle que são excepcionalmente ricas em proteínas. Os colonizadores brancos devem ter sido intuitivamente guiados para usar a Sunshine Wattle em suas construções pois sua essência possibilitou que as pessoas vissem a beleza, a alegria e o entusiasmo do presente e sentissem o otimismo pelo futuro.

É um ótimo remédio para ser tomado quando a vida é temporariamente difícil, quando nada está dando certo ou quando a vida parece ser uma grande batalha.

Um grande amigo meu mudou-se para o interior para assumir um cargo com ótimas possibilidades. Previamente, vinha trabalhando muito para sustentar sua família com pouco dinheiro, o que baixou sua autoestima e o fez pensar em como iria resolver o problema. Quando surgiu esse novo desafio, encontrou-se pensando sobre as lutas e as privações que tiveram de enfrentar no passado e achando que situações similares poderiam repetir-se no futuro. Sunshine Wattle o ajudou a mover-se entre esses sentimentos com rapidez e sentir-se grato pelas chances oferecidas pela nova circunstância. Deste ponto de vista otimista, ultrapassou problemas excepcionalmente difíceis no início deste novo emprego.

Para pessoas que estão sempre sonhando e lembrando dos dias felizes do passado – aquele bom tempo – a Sundew é talvez mais apropriada que a Sunshine Wattle. As pessoas tipo Sunshine Wattle não se lembram do passado como um tempo feliz de maneira alguma.

Uma história típica de Sunshine Wattle é a de uma avó que estava completamente desinteressada de sua vida e para quem tudo exigia muito esforço. Seus netos não gostavam de visitá-la, seus amigos e família só iam vê-la por pura obrigação, raramente apreciando o tempo que passavam com ela. Após um período tomando Sunshine Wattle ela começou a dar pequenas reuniões, convidar amigos, comprar roupas novas e a brincar novamente com seus netos. Começaram a apreciar visitá-la. Ela desenvolveu o interesse pelas pessoas e amorosamente chamava a atenção delas quando estavam desanimadas e abatidas, ajudando-as a recuperar seu bom humor.

Essa essência produziu excelentes resultados em pessoas que se preocupam muito com dinheiro e sentem que a situação financeira está ficando pior. Sunshine Wattle mudou sua perspectiva de vida e devolveu seu otimismo. Uma vez começando a viver e apreciar sua vida, muitas vezes seus problemas financeiros se resolvem.

– Eu agora estou largando meu passado e vendo alegria e beleza na minha vida.
– Eu vivo completa e alegremente no momento presente.
– Eu agora sinto-me otimista sobre a vida e o futuro.

Tall Yellow Top

(Seneio magnificus)

"Uma das contribuições mais importantes que você pode dar ao mundo é querer realmente ser." – Robert Fritz, The Path of Least Resistance

Existem no mundo cerca de mil e trezentas espécies de Senecio. O nome desse gênero derivou-se do latim Senex, que quer dizer "homem velho", e se refere aos flocos do fruto que lembram uma barba de escamas brancas. Existem aproximadamente quarenta espécies australianas que crescem em todos os estados. São anuais ou perenes e todas possuem flores amarelas. A Tall Yellow Top cresce até um metro de altura e pode ser encontrada nas margens dos rios e leitos secos dos riachos da Austrália Central. Possui muitas flores diminutas tipo margarida, aglomeradas dentro de cada calátide, que parecem como uma única grande flor. Sua folhagem é macia e delicada. Quando chegam as chuvas de inverno no interior, tapetes volumosos de flores amarelas criam um resplendor de cor. A flor é uma "sempre viva" e no século passado era comumente chamada de "imortal".

A espécie Senecio pertence à família das margaridas, que é a terceira maior família de plantas da Austrália. Esta família é também das maiores e mais comuns no mundo, contendo mais de vinte mil espécies.

Condições negativas:

- Alienação
- Solidão
- Isolamento

Resultados positivos:

- Sentido de pertencer
- Aceitação de si e dos outros
- Sensação de "estar em casa"

Embora esta planta tenha conexões muito fortes com a profusão de plantas na sua família, o remédio de Tall Yellow Top é para isolamento e solidão. Esta essência diz respeito a alienação, onde exista falta de conexão ou nenhum senso de pertencer a nada – família, lugar de trabalho ou país. É também para a falta de amor, pois a Tall Yellow Top ajuda a reconectar a cabeça ao coração. Sua cor amarela relaciona-se com o intelecto. Pessoas tipo Tall Yellow Top possuem tamanho vazio em seus corações que estão completamente desligadas de seus sentimentos e vivem puramente em suas cabeças. Essas pessoas normalmente têm permanecido nesse estado por longo tempo, às vezes até pela vida inteira. Consequentemente, muitas vezes precisam tomar a essência por mais tempo, até por seis a oito semanas sem parar.

Sua ação é como a de ondas batendo nos rochedos da costa. Possui um efeito gradual como a erosão feita nessas rochas pelo oceano. É necessária muita paciência ao tomar esse remédio, porém seus benefícios são muito profundos.

A necessidade dessa essência pode ter sua origem em experiências muito antigas na vida, tais como abandono no útero ou logo após o nascimento. Os pais talvez tenham rejeitado seu filho ou o tenham dado para adoção. Tall Yellow Top é de inestimável valor quando a pessoa tem um sentimento de não pertencer, não ser querida, necessitada, ou quando falta a sensação de "lar". Muitas pessoas se identificam profundamente com seus trabalhos e, serem despedidas ou removidas, pode resultar em sentimento de alienação e baixa autoestima. Muitas pessoas hoje em dia, por todo o mundo, são sem lar. Os palestinos, os índios do Amazonas, os birmaneses, os kampuchinos e milhões de outros refugiados perderam sua terra mãe. Na Austrália vários Aborígenes são alienados de sua própria terra e cultura. Sentem que não pertencem ao seu próprio país. Eles não se encaixam ou não são aceitos pela cultura Ocidental e até estão perdidos para seu próprio povo. Drogas, desespero e álcool frequentemente os aguardam enquanto viajam por esse caminho para a terra de ninguém. Para todos esses casos a essência Tall Yellow Top pode ser usada.

A meu ver o maior evento de cura que ocorreu na história da Austrália foi o longo fim de semana em outubro de 1987, quando os veteranos do Vietnã marcharam pelas ruas. Eram quarenta e cinco mil homens e mulheres envolvidos na guerra do Vietnã e eles pagaram um terrível preço por sua participação. Essas pessoas tinham muitos motivos diferentes para ir ao Vietnã.

Toda nação tem seus guerreiros e durante os anos sessenta muitos australianos juntaram-se ao exército como forma de expressar sua natureza. Nos tempos modernos o guerreiro é raramente compreendido pelo resto da sociedade. Alguns sentiram estar seguindo a tradição Anzac, que sempre foi glorificada. Outros acreditavam que precisavam proteger a democracia e a Austrália do desafio do advento comunista. Outros foram recrutados.

Quando estavam no Vietnã, não demoraram a perceber que a realidade não correspondia às suas expectativas. A maioria dos vietnamitas não os queria lá e não lhes dava atenção. Pessoas que vendiam comida para eles durante o dia, à noite tentavam matá-los. A corrupção estava em toda a parte. As notícias sobre a guerra dadas pelas mídias americana e australiana eram totalmente diferentes da realidade. Era uma guerrilha na qual as tropas aliadas viviam assustadas. Havia mais ataques psíquicos e forças ocultas do que em qualquer outra guerra. Era uma guerra de minas e franco atiradores, onde se via seus amigos serem explodidos por granadas.

Muito naturalmente o exército não encorajava seus soldados a entrar em contato com os seus sentimentos, pois iriam despedaçar-se. Viveram emoções muito intensas e a única maneira da maioria conseguir aguentar era suprimindo suas emoções. Quando voltaram para a Austrália, não tinham escape para sua dor. Voltavam às escondidas às quatro da manhã para evitar os manifestantes antiguerra que voltavam sua ira contra os soldados ao invés de contra os políticos. Mas os soldados eram meramente joguetes na guerra. Os empregadores não os contratavam e pessoas estranhas chegavam até eles na rua para perguntar como era matar alguém.

Suas experiências durante a guerra eram tão diferentes daquelas que viviam os civis normais, que eles eram incapazes de falar sobre elas. Além disso, houve os efeitos devastadores do "pó laranja". Ao contrário das afirmações do governo de que era inofensivo, suas crianças nasceram com defeitos congênitos e continuavam tendo lesões cutâneas perenes, com sua saúde em deterioração. Devido a todo esse estresse, seus casamentos acabaram. Alguns dos veteranos suicidaram-se e outros ficaram inválidos e derrotados.

Porém, nesse dia em 1987, quando marcharam, o resto da Austrália abriu seu coração e recebeu-os de volta. As ruas estavam apinhadas de pessoas aplaudindo e saudando-os. Foi dito que cada pessoa que marchou naquele dia chorou. Assim como fizeram quase todas as outras nas ruas e muitas por todo o país que assistiram a marcha pelo noticiário e leram nos jornais. A dor e alienação dos veteranos do Vietnã foram lavadas pelas lágrimas. Tall Yellow Top também teve um papel muito poderoso na cura dessas pessoas.

Esse remédio é muito eficiente para aquelas pessoas que se sentem como um estranho numa terra estranha, que acham que não pertencem a este planeta. Sentem-se como se, por algum erro, tivessem sido mandadas para o destino errado, onde simplesmente não se encaixam. A essência de Tall Yellow Top é muito efetiva para aqueles sentimentos de alienação e produz um senso de adequação.

– Eu agora sou capaz de expressar os sentimentos do meu coração.
– Eu agora estou abrindo meu coração e conectando-me a outras pessoas e à mãe terra.

Turkey Bush

(Calytrix exstipulata)

"Se você está a procura de ideias criativas, saia andando. Os anjos sussurram a um homem quando ele sai para caminhar."
– Raymond Inmon, A Bag of Jewels (Eds. Susan Hayward e Malcolm Cohan)

Turkey Bush pode ser encontrada ao longo das estradas, em solos pobres e de pedras, por todas as baixadas e planaltos arenosos expostos no extremo da Austrália. É um arbusto atraente que cresce até três metros de altura, de hastes fissuradas e torcidas. As diminutas folhas lembram pequenas escamas verdes que são grudadas umas nas outras e presas aos galhos, diminuindo a área da folha exposta ao sol, o que serve para reduzir a perda de água durante a seca. Elas florescem de maio a agosto com uma abundante exposição de vistosas flores rosas e roxas em forma de estrela. As pétalas são estreitas e sua cor se esvai à medida que envelhecem.

Esse remédio veio de Katherine Gorge, que fica no extremo da Austrália, e que é formado por treze extraordinariamente lindos desfiladeiros. É justificado que este remédio tenha sido feito neste local, pois é onde se encontra uma das artes mais antigas e conhecidas do mundo, as pinturas Aborígenes em rochas com mais de vinte e cinco mil anos de idade. A Turkey Bush ajuda as pessoas a sintonizarem e expressarem sua própria criatividade. Pode ajudá-las quando suas energias criativas estiverem bloqueadas. Bloqueios e traumas emocionais impedem nossa criatividade. Essa essência ajudará a eliminar tais bloqueios. Quando adultos e professores analisam pinturas de crianças, algumas vezes reprimem sua criatividade, especialmente se criticam as tentativas feitas pelas crianças.

Para os artistas, a Turkey Bush pode ajudá-los a transcender suas limitações e manter contato com sua inspiração criativa. É de grande auxílio para escritores, pintores e músicos que estejam passando por um período no qual lhes falte inspiração. Este remédio permite-lhes contatar seu Ser Superior e abrir-se para sua criatividade.

Muitas pessoas sentem que não conseguem expressar--se de alguma forma criativa. Em nosso *workshop*, Kristin mantém uma sessão na qual os participantes são incentivados a pintar ou desenhar as flores com as quais as Essências Florais Australianas são preparadas. Frequentemente uma dose da Turkey Bush irá ajudá-los a sentir-se confiantes e à vontade para fazer o exercício. Os resultados têm sido formidáveis. Num desses *workshops*, Kristin mandou emoldurar todos os quadros, alugou uma galeria por um fim de semana e organizou uma exposição completa, até com "vernissage". Aqueles que pensavam não ser capazes de pintar, surpreenderam-se ao ver seus amigos e familiares admirando seus trabalhos. Nós também tivemos relatos formidáveis de outras pessoas que usaram Turkey Bush em seus *workshops*. Um exemplo típico foi dado por Anna Gibson, que deu um curso de Comunicação e Aconselhamento em Adelaide: "Eu dirigi uma sessão criativa de desenhos e de contar histórias, onde deixei disponível a Turkey Bush e expliquei para que servia. Uma vez terminados os desenhos, os alunos deram seu *feedback* sobre os desenhos. Um dos alunos disse que foi seu primeiro desenho desde que era pequeno na escola e que sempre havia evitado desenhos e artes e não podia acreditar que houvesse sido ele a pintar sem nenhuma dificuldade."

A Turkey Bush provê um instrumento para que as pessoas entrem num acordo com sua expressão única. Se você parar de desenhar, vamos dizer na idade de sete anos e daí começar como adulto, suas pinturas seriam similares àquelas produzidas por aquele grupo de idade. Para muitos adultos, fazer um desenho igual ao de uma criança é muito desconcertante, no entanto é somente a prática que irá introduzir a mudança no estilo. A Turkey Bush pode dar às pessoas confiança em sua criatividade e habilidade em aceitar e apreciar sua própria expressão criativa. Desenhar uma planta é realmente uma excelente maneira de sintonizá-la. Você pode contatar a essência de uma planta mantendo uma mente calma, clara e receptiva e simplesmente ficando atento a qualquer percepção ou impressão que venha a receber. Sentimentos de paz, pensamentos estranhos ou até reações violentas podem chegar até você, porque em tal estado de consciência, você se torna consciente das influências de outra área da psique. Você está olhando para a planta de uma forma diferente da sua percepção normal e muitas pessoas confessam que antes nunca olharam nada dessa forma.

Abrir-se para as forças criativas é um instrumento muito poderoso, que pode ser uma energia de cura de muitas formas sutis. Muitos problemas uterinos, inclusive a infertilidade, têm sua origem na inabilidade de criar, e Turkey Bush resolveu muitas destas condições. Algumas vezes Turkey Bush é tomada juntamente com outra essência, especialmente She Oak, e outras vezes, sozinha.

– Eu agora estou penetrando no poço universal da criatividade.
– Estou me tornando mais confiante e apreciando minha capacidade de criar.

Condições negativas:

- Bloqueio da criatividade
- Descrença na própria habilidade criativa

Resultados positivos:

- Criatividade inspirada
- Expressão criativa
- Foco
- Confiança artística renovada

Waratah

(Telopea speciosissima)

"A fé é o pássaro que sente a luz quando o alvorecer ainda é noite." – Rabindranath Tagore

A origem do gênero Telopea, um dos mais antigos grupos de plantas no mundo, foi registrada há mais de sessenta milhões de anos atrás na Antártica. Em sua história mais recente, na verdade em 1962, a linda flor de Waratah tornou-se o emblema oficial do estado de New South Wales. É o único emblema floral australiano conhecido por seu nome Aborígene. A palavra "War" quer dizer lindo. Parece que o povo da Austrália sempre se sentiu dessa forma pela planta. Telopea quer dizer "vista de longe" e diz respeito à sua aparência majestosa, o que a faz sobressair-se das outras espécies, enquanto speciosissima significa "a mais bonita". Os antigos colonizadores brancos descreviam o Waratah como a glória dos matos australianos, pois era a mais magnificente planta na nova colônia.

A Austrália não possui um emblema floral oficial embora o "Golden Wattle", ou Acácia pycnantha, seja popularmente vista como tal. Por volta da época da Federação dos Estados Australianos houve um ressurgimento marcante do nacionalismo. Houve um grande debate sobre a escolha de um símbolo floral nacional. Os dois principais concorrentes eram Wattle e Waratah. O Waratah é único da Austrália e excepcionalmente bonito, porém, só é encontrado nos estados do Leste. Wattle não é único da Austrália. Até os dias de hoje, duzentos anos depois da chegada da Primeira Esquadra, a Austrália ainda permanece sem um emblema floral nacional e a discussão ainda continua. Henry Lawson, a grande figura literária australiana, certa vez escreveu em um poema : "Eu amo a grande terra onde crescem os Waratahs". Até hoje a Austrália ainda é lembrada como sendo a terra dos Waratahs.

O gênero Telopea pertence à família das Proteaceae e consiste em quatro espécies. A forma mais comum é Telopea speciosissima que é encontrada somente em New South Wales.

Esse Waratah é um arbusto ereto e forte que cresce até três ou quatro metros de altura. A maravilhosa flor vermelha, que mede até doze centímetros de diâmetro, na verdade é constituída de muitas flores individuais amontoadas firmemente numa calátide rodeada por brácteas brilhantes que se assemelham a pétalas. As brácteas são muito importantes pois protegem e seguram as flores unidas, firmes e próximas. São como mãos segurando algo precioso e frágil que transmitem uma energia nutridora e protetora. A flor também foi associada ao Sagrado Coração de Jesus.

Durante *workshops*, frequentemente mostro slides da flor e peço aos participantes, que normalmente sabem muito pouco sobre a planta, para descreverem suas impressões quando olham para ela. Invariavelmente percebem as qualidades de força, coragem, tenacidade e perseverança. Essas são as qualidades dessa essência.

Este remédio é para aqueles que estão atravessando "a noite negra da alma", para aqueles que estão no máximo do desespero. Ela lhes proporciona a coragem e a força para enfrentarem suas crises. Esta essência certamente é apropriada para aqueles que estão suportando as devastações das guerras ou os desastres de uma quebra do mercado de ações. Após o colapso da Wall Street dos anos trinta, um passatempo popular para os homens de negócios era pular do alto dos edifícios. Essas pessoas sentiam que perder suas riquezas era o fim de tudo.

Durante tempos de crise, a essência de Waratah trará à tona qualquer habilidade de sobrevivência que a pessoa tenha aprendido algum dia. Ela não só fará surgir essas antigas habilidades, como também as amplificará. É um verdadeiro remédio de sobrevivência, pois incorpora as qualidades do habitante do mato australiano – ser adaptável e capaz de enfrentar satisfatoriamente toda sorte de emergências. É dos desafios da vida que a força de caráter é construída. Ou como escreveu J. Willard Marriott: "Madeira boa não cresce com facilidade; quanto mais forte o vento mais fortes serão as árvores".

O remédio do Waratah ajuda a criar coragem. Se a pessoa possui alguma coragem ela será aumentada. Da mesma forma suas habilidades serão realçadas, pois terão a coragem para tentar. Em tempos de crise serão capazes de contar com a reserva de força que já possuem.

A maior parte dos remédios são autoajustáveis, porém o Waratah não está no mesmo nível. Como ela é uma das mais poderosas de todas as essências, é melhor que seja usada por menos tempo. Pelas próprias condições a que este remédio diz respeito, ele precisa atuar rapidamente. Os benefícios iniciais são imediatos e em muitos casos o efeito completo é alcançado em apenas alguns dias. Outros obtém um bom resultado após cinco a sete dias. O Waratah e Sturt Desert Pea são as duas essências mais poderosas. Enquanto eu escrevia este texto sobre o Waratah, recebi uma chamada internacional de uma senhora que estava terrivelmente angustiada e que queria um vidro da essência de Waratah para seu filho que acabara de tentar o suicídio. Tal é a magia da sincronicidade observada frequentemente com as Essências Florais Australianas.

Waratah tem sido de grande ajuda para pessoas que vivenciaram o desespero profundo ou sentimentos suicidas. Ajuda-as a encontrar sua fé e coragem para continuar. Nós nunca vivemos nada em nossas vidas que não tenhamos força ou habilidade para enfrentar. Waratah ajuda a trazer para nós mesmos essa compreensão e conscientização. Muitas vidas já foram salvas por esse único remédio. Não é à toa que tantas pessoas já tenham comentado: "É uma essência tão poderosa!"

Devido a beleza e poder desta planta, sua forma é amplamente usada na arte, arquitetura e desenho. Muitas corporações adotaram a flor como seu logotipo e ela sempre

Condições negativas:

- Desespero extremo
- Desesperança
- Inabilidade para reagir às crises

Resultados positivos:

- Coragem
- Tenacidade
- Adaptabilidade
- Força de fé
- Intensificação das habilidades de sobrevivência

teve um papel muito significativo na cultura Aborígene. Os Aborígenes da tribo Tharawal, ao redor da região de Cronulla ao Sul de Sydney, usavam o Waratah medicinalmente. Eles colocavam as flores numa vasilha com água para que o néctar se soltasse. A água então era bebida pelo prazer, pelo seu efeito fortalecedor e para curar doenças em crianças e nos membros mais velhos da tribo.

A flor é muito comum no folclore e nas lendas dos Aborígenes. A seguinte lenda é uma das minhas favoritas:

"Há muito tempo atrás havia uma linda mulher Aborígene chamada Krubi. Vivia com sua tribo em Burragorang Valley. Era facilmente reconhecida pois possuía um manto especial feito das peles vermelhas de cangurus pequenos. Era ornamentada com as cristas vermelhas das cacatuas de Gang-Gang. Não havia nada mais lindo no mundo que seu manto. Krubi estava apaixonada por um jovem da tribo e ela ia sempre esperar, todos os dias, do ponto mais alto, que ele voltasse da caça. A primeira coisa que ele podia ver era seu manto vermelho. Isto era o que ele esperava ver.

Uma noite Krubi estava muito aborrecida porque soube que os homens iriam sair para uma guerra, pois os Aborígenes de outras tribos estavam invadindo suas terras. No dia seguinte ela sentou-se de novo no desfiladeiro rochoso para esperar seu amor. Daquele ponto podia ouvir os gritos e berros da batalha e mais tarde foi saudada pelos guerreiros que retornavam esfarrapados. Entretanto o homem amado não estava com eles. Ela esperou por sete dias sua volta. Durante aquele tempo suas lágrimas formaram córregos nas rochas. De suas lágrimas surgiram novas plantas, a Boronia, a Eriostemom e a Bush Fuchsia. Após sete dias foi até o local da batalha mas não encontrou nenhum vestígio de seu amor. Krubi retornou ao seu ponto na rocha e desejou morrer. Enquanto seu espírito passava por uma fenda da rocha, surgiu de repente a mais bela planta de toda a Austrália, com um caule firme e reto. Era perfeita em beleza, tal e qual o homem por quem Krubi morreu. As folhas eram serrilhadas e pontiagudas como sua lança, a flor era mais vermelha e brilhante que qualquer outra e, assim como seu manto vermelho, podia ser avistada de bem longe."

Outra lenda é que o rei da tribo dos Burragorang presenteou um antigo governador branco com um Waratah como uma oferta de paz, pois era a flor nacional dos Aborígenes. Dizem que foi a única flor que eles jamais colheram para dar aos colonizadores brancos.

Uma segunda lenda do livro "Aboriginal Austrália" de Burnum Burnum, descreve como o Waratah branco tornou-se vermelho. (Um Waratah branco realmente existe, tanto em New South Wales quanto na Tasmânia.) Há muito tempo atrás, no tempo dos sonhos, todos os Waratahs eram brancos. Naquela época a primeira pomba wonga acomodou-se nos matos com seu companheiro e engordaram com a abundante comida encontrada pelo chão. Nunca voavam acima das árvores porque tinham medo de seu inimigo, o falcão.

Um dia. o companheiro da pomba wonga saiu à procura de comida e não voltou. Ela procurou por ele durante um longo tempo sem sucesso e finalmente resolveu voar sobre o topo das árvores para ver se conseguia vê-lo de cima. Assim que deixou o abrigo das árvores ouviu seu companheiro chamá-la do mato lá embaixo e, com o coração feliz, virou-se para voar ao seu encontro. Mas o falcão que circulava já a tinha visto e, com um mergulho, agarrou-a com suas garras afiadas e rasgou-lhe o peito. Livrando-se do falcão ela se escondeu entre as flores dos Waratahs. O falcão não pode achá-la e voou para longe. Outra vez ouviu seu companheiro chamando. Fraca com a perda de sangue, tentou desesperadamente alcançá-lo, porém só conseguia voar pequenas distâncias e toda vez que descansava, era sobre um Waratah branco com seu sangue impregnando a flor e tornando-a vermelha.

Enquanto sua vida se esvaia, ela transformou os Waratahs brancos em vermelhos, e hoje é raro achar um Waratah que não seja tinto com o sangue da corajosa e leal pomba wonga, que perdeu sua vida procurando por seu companheiro.

Escolhemos o Waratah para ser nosso logotipo porque sentimos que é um remédio muito importante que tornar-se-á cada vez mais importante nos anos vindouros. Metafisicamente, é comum acontecerem grandes mudanças espirituais, econômicas, sociais e físicas no final de uma era. Se essas mudanças ocorrerem, por volta do ano 2000, literalmente milhões de pessoas serão tomadas de surpresa e não entenderão o que estará acontecendo e irão encontrar muita dificuldade para enfrentá-las. A essência do Waratah ajudá-las-á a encontrar sua própria fé e lhes dará coragem e força para lidar com aquelas mudanças. É um remédio muito importante e poderoso.

– Eu agora tenho coragem, tenacidade e fé em todas as situações.
– Eu agora estou encontrando a coragem e a força para enfrentar os desafios da vida.

WEDDING BUSH

(Ricinocarpus pinifolius)

"Considerando todos os atos de iniciativa (e criação), há uma verdade elementar cuja ignorância mata inúmeras ideias e planos maravilhosos; no momento em que alguém se compromete definitivamente, aí a Providência se manifesta.", Goethe, Fausto: Uma Tragédia

Esse arbusto espesso e bem ramificado cresce até dois metros de altura e é comumente encontrado em solos pobres e arenosos em planaltos de arenito nas regiões de Queensland e New South Wales. Suas flores são brancas, como a maioria das flores polinizadas por besouros, que têm pouca visão. O arbusto possui abundantes flores unissexuais que crescem em grupos, consistindo de poucas flores machos e uma única fêmea. Cada flor tem de quatro a seis pétalas que medem de dez a quinze milímetros de comprimento. Antigamente, nos casamentos no interior da Austrália, as flores eram usadas nas grinaldas, daí o nome comum da planta.

Esta essência é para pessoas que têm dificuldade em assumir compromissos, quer seja com amigos, família ou com seus próprios objetivos pessoais. Tais pessoas sempre parecem estar fugindo delas mesmas e evitando

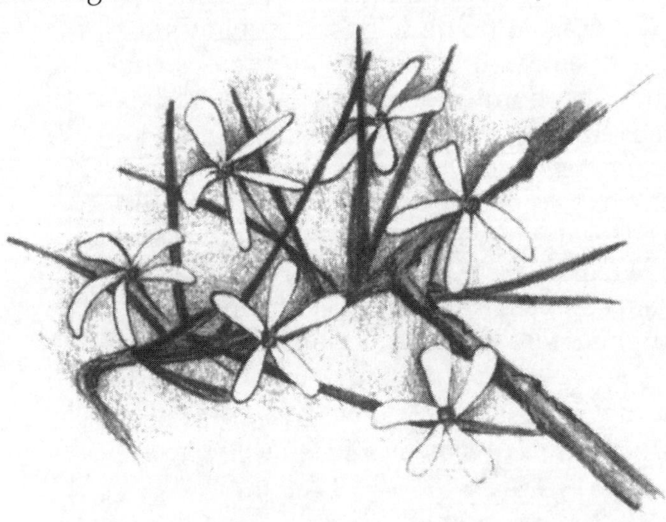

responsabilida-des. É um excelente remédio para quando se inicia uma sociedade ou para qualquer outra forma de vínculos. Pode ser muito útil para desenvolver a dedicação por uma tarefa ou relacionamento ou até mesmo por um propósito de vida.

Wedding Bush pode ser comparada ao cimento que mantém um relacionamento unido. É de grande ajuda quando as pessoas querem renovar seus laços umas com as outras ou quando uma pessoa deseja parar de trocar constantemente de relacionamentos. Este último padrão de comportamento tem sido conhecido como Complexo de Casanova, que descreve uma reação do homem, bem observada e documentada, para com as mulheres e relacionamentos. Depois que a atração física inicial acaba e uma aproximação mais íntima é desenvolvida, esses homens normalmente terminam seus relacionamentos em poucos meses. A autobiografia de Richard Bach entitulada "Bridge Across Forever" é um bom exemplo da situação a que se refere Wedding Bush. Bach foi confrontado com a escolha de: continuar em um relacionamento ou manter seu comportamento tendo vários casos de curta duração. Suas experiências são bem descritas e típicas de muitos homens.

Recentemente um de meus pacientes, uma menina de dois anos de idade, foi trazida até mim por estar sofrendo de perturbações estomacais. Após trabalhar com ela usando Cinesiologia, descobri que Wedding Bush era o remédio principal indicado. Fiquei surpreso com este fato, porém revelou-se que a criança estava refletindo os desequilíbrios existentes na família, o que é conhecido como "transferência". A mãe da criança estava passando por um grande conflito, pois estava tendo um caso e não tinha certeza se deveria ou não manter seu casamento. Após conversar com a mãe, prescrevi Wedding Bush para toda a família. A mãe certificou-se do que queria, escolhendo permanecer em seu casamento, enquanto e os sintomas da criança rapidamente sumiram.

Outra paciente, que por quinze anos havia sido feliz em seu casamento, apaixonou-se perdidamente por outro homem e não conseguia tirá-lo de seu pensamento. Contou para seu marido de sua atração por este homem, embora nunca houvesse tido um caso com ele. Quando a vi, estava convencida de que deveria ter um relacionamento sexual com ele, apesar de estar preocupada sobre o efeito que tal fato teria sobre seu casamento. Depois de tomar Wedding Bush por somente um dia, voltou a ver-me. Despreocupa-

Condições negativas:

•

Dificuldade com o compromisso nos relacionamentos

Resultados positivos:

•

Compromisso nos relacionamentos

•

Dedicação a um objetivo ou propósito de vida

damente contou-me que seus pensamentos e desejos para com esse homem haviam repentinamente terminado e que estava novamente feliz com seu marido. Continuou tomando Wedding Bush, porém seus sentimentos para com esse outro homem permaneceram resolvidos.

Wedding Bush é muito bom para pessoas que tenham iniciado algum tipo de regime ou atividades que requerem disciplina e compromisso. Foi provado ser de grande benefício para atletas que têm necessidade de se comprometer com seu programa de treinamento ou até por pessoas que desejam tornar-se mais magras e seguir um estilo de vida mais saudável.

Preparei esse remédio no aniversário de meu próprio casamento. Kristin e eu frequentemente damos esta essência a amigos quando se casam para que possam tomá-la antes dos votos matrimoniais e antes de deitar ou levantar-se pela manhã nos primeiros dias de seu casamento.

– Eu agora sou capaz de me comprometer com qualquer coisa que escolho ou me proponho.
– Eu agora estou dedicado ao cumprimento dos propósitos da minha vida.

WILD POTATO BUSH

(Solanum quadriloculatum)

"A vida está sempre provendo-nos com novas fontes, novos recursos, até quando estamos reduzidos à imobilidade. No livro da vida, não existe nada fixo." – Henry Miller

Existem mais de oitenta espécies dessa categoria na Austrália, que pertence à mesma família do tomate, batata e tabaco. Wild Potato Bush é um arbusto perene com numerosos espinhos em suas folhas e caules. Na primavera as flores azuis arroxeadas, com seus estames amarelos centrais em forma de cachos, são muito proeminentes. A planta é encontrada em vários lugares da Austrália Central e pode ser vista frequentemente ao longo das estradas. O fruto, que lembra um tomate, não é comestível, embora muitas das Solanum nativas tenham um papel importante na dieta Aborígene.

Essa planta, como muitas da espécie *Solanum,* possui uma aparência celestial. Esse remédio é para pessoas que se sentem sobrecarregadas e limitadas por seu corpo físico. Elas sentem que precisam dar um passo além de suas limitações físicas, porém seus corpos estão impedindo-as e oprimindo-as. São incapazes de efetuar as mudanças necessárias para que possam ir adiante. Essa essência diz respeito à frustração da restrição.

Esse remédio é apropriado para paraplégicos, quadriplégicos e obesos, ou aqueles que tenham qualquer doença que restrinja o corpo. Traz uma sensação de vitalidade e liberdade. Fazer exercício é bom para perder peso, porém pessoas que estão carregando muito peso frequentemente possuem tornozelos inchados, o que restringe suas atividades. Portanto, a obesidade torna-se um círculo vicioso. Wild Potato Bush é frequentemente tomada por mulheres no final da gravidez, quando estão com os movimentos restritos. Quase sempre acham que deitar é muito desconfortável e precisam levantar-se muitas vezes à noite para urinar. Também podem sofrer de indigestão. Carregar uma carga extra certamente tem um preço para o nível de energia das mulheres grávidas.

No entanto, não são somente as mulheres que se beneficiam deste remédio. Quando uso a Cinesiologia para fazer um teste na criança ainda no útero, a essência mais comum

Condições negativas:

- Sentindo-se pesado
- Fisicamente restrito

Resultados positivos:

- Seguindo em frente na vida
- Liberdade
- Vitalidade

necessária é Wild Potato Bush. Eu sempre fico imaginando se a alma que está reencarnando tem dificuldade em estar num corpo físico limitado, ou se o bebé sente-se frustrado por não possuir controle sobre seu corpo. É claro que para falta de controle físico esse remédio pode ser dado para um bebê em muitos estágios durante os primeiros anos de sua vida. Muitos pais e médicos notaram que o tempo de maior frustração para um bebê é justamente aquele anterior a seus primeiros passos. O bebê sente-se pronto para andar mas seu corpo ainda não está suficientemente desenvolvido para sustentá-lo. E polêmico o fato de uma criança andar ou não mais rapidamente após ter tomado esta essência, embora muitos afirmem que sim. Com certeza a frustração da criança é aliviada.

Depois de ter tomado Wild Potato Bush uma de minhas amigas teve um *insight*, confirmado mais tarde durante um trabalho comigo de Regressão a Vidas Passadas. Descobriu que o motivo de sempre ter sido obesa e raramente conseguir fazer uma dieta correta era que o peso servia-lhe como uma proteção. Mary nasceu de um parto muito difícil e permaneceu entalada por muito tempo ao nascer. Sua cabeça saiu facilmente mas não seus ombros. Consequentemente formou a crença de que o mundo não é um lugar seguro e que havia necessidade de acolchoar-se tanto quanto possível para se proteger. Não é de surpreender que seu pescoço fosse excepcionalmente fino em relação ao corpo. Também descobriu que, assim que sua atitude com relação a seu próprio corpo tornou-se mais positiva e sentiu-se menos sobrecarregada por esse fato, ela logo começou a perder peso.

– *Meu corpo está agora cheio de energia e vitalidade.*
– *Eu estou liberando todos os impedimentos sobre minhas habilidades para seguir em frente.*

Wisteria

(Wisteria sinensis)

"A alegria do amor sexual, manifestado de tantas maneiras atrativas e prazeirosas, faz com que a condição humana seja verdadeiramente abençoada." – Smaradipika, Sexual Secrets. – (Nick Douglas & Penny Slinger)

A Wisteria sinesis é uma espécie de um pequeno gênero de trepadeiras atrativas, robustas e fibrosas, com caules emparelhados, nativa da América do Norte e da Ásia Oriental. Foi introduzida na Austrália e Europa no início do século dezenove.

A Wisteria é uma trepadeira efêmera que pode crescer até trinta metros de altura. Sobe enrolando seu caule em torno de qualquer suporte apropriado, embora possa ser podada para formar um arbusto de tamanho normal ou grande. Possui folhas grandes verde escuras, com trinta centímetros de comprimento e flores cor malva em formato de ervilha, que caem em cachos perfumados. Ela requer uma área temperada, sem geadas, para poder brotar.

Lembro-me perfeitamente do dia em que este remédio foi preparado. Foi um lindo exemplo de sincronicidade associada às Essências Florais Australianas. Mais tarde naquele dia, sete dos oito pacientes que atendi, eram mulheres apresentando problemas sexuais. Cinco delas na verdade, eram pacientes novas que haviam marcado consulta semanas antes.

Esse remédio relaciona-se predominantemente às mulheres. Porém também pode ser usado por homens que adotaram a figura de "machão" e negam seus aspectos femininos. Ajuda-os a aceitar que possuem um lado gentil e suave, embora para expressá-lo talvez precisem tomar Flannel Flower, possivelmente por um bom tempo.

Este remédio é para as mulheres que se sentem pouco à vontade e ansiosas sobre sua sexualidade. É de grande ajuda para aquelas que se sentem tensas com o sexo, sendo incapazes de relaxar e apreciá-lo ou tendo medo da intimidade. Muitas vezes esses sentimentos são diretamente atribuídos a abuso ou agressão sexual prévia.

Condições negativas:

- Frigidez
- Histeria sexual
- Machismo

Resultados positivos:

- Prazer sexual
- Abertura
- Suavidade

Foi estimado que até setenta por cento das mulheres são abusadas ou agredidas em algum momento de suas vidas. A Wisteria, quando usada junto com Fringed Violet, ajudará a remoção do medo físico e emocional causado por tais fatos. Uma situação típica de Wisteria me foi apresentada por uma mulher que foi criada numa pequena cidade do interior de Victoria, no início dos anos quarenta.

Aos vinte e um anos, com todas as suas amigas já casadas, ela imaginou que fosse ficar solteirona. Tinha tido somente um namorado e quando ele lhe propôs casamento, logo aceitou, não porque o amasse, mas sim porque achou que se não casasse com ele, ninguém mais iria pedi-la em casamento.

Sua experiência de romance e sexualidade era baseada nas matinées de sábado com filmes de Doris Day e Rock Hudson. Teve um duro golpe quando defrontada com a realidade do sexo. Não o apreciou e embutiu-se em resposta à maneira insensível e um tanto grosseira de seu marido fazer sexo.

Por seus três filhos ela ficou casada por muitos anos. Num certo momento e com grande sensação de liberdade, deixou seu marido e mais tarde encontrou um companheiro cuidadoso e gentil com quem se casou. Embora sentisse um grande amor e ternura por esse homem, ela descobriu que continuava fechada toda vez que estava na intimidade. Wisteria tomada durante algum tempo ajudou-a na solução de seu problema e ajudou a criar um relacionamento sexual completo para o casal.

Uma mulher com quase trinta anos e de quem já estava tratando há algum tempo, contou-me que o exame de Papa Nicolau revelou células cancerosas no colo do útero e que seu ginecologista queria operá-la. Enquanto conversávamos sobre sua sexualidade e o porquê de sua doença, ela contou que nunca havia sentido prazer em ser tocada desde os quatorze anos, quando foi sexualmente violentada por seu namorado. Para este trauma e sua consequência, prescrevi uma combinação de Wisteria e Fringed Violet. Quando voltou para a próxima consulta mencionou que após dois dias de tomar o remédio ela teve uma sensação de ardor muito intensa na vagina. Embora isto tenha causado dor, ela sentiu que um surto de cura estava surgindo e continuou tomando a essência. Quando voltou ao ginecologista antes da cirurgia, ele ficou atônito quando percebeu que o câncer havia desaparecido.

Outra vez preciso enfatizar que a essência não foi usada para tratar o câncer e sim para tratar o desequilíbrio emocional, mantendo a filosofia de que qualquer doença física é simplesmente a manifestação dos desequilíbrios emocionais. Problemas na área reprodutora normalmente refletem problemas emocionais concernentes à sexualidade.

A razão pela qual algumas mulheres não se sentem à vontade sexualmente, nem sempre pode ser explicada por casos de estupro ou agressão, pois às vezes a causa está nas crenças desenvolvidas pela mulher enquanto no útero ou nos primeiros anos de sua vida, devido a atitude de seus pais com relação ao sexo. A Wisteria trabalha poderosamente na solução dessas crenças negativas e ajuda a desenvolver o prazer pelo sexo e o bem estar com relação a intimidade sexual.

– *Eu agora sinto-me à vontade e aprecio minha sexualidade.*
– *Eu agora me abro para a intimidade em meus relacionamentos.*
– *Eu agora sei que possuo um lado mais gentil e mais suave na minha natureza.*

Yellow Cowslip Orchid

(Caladenia flava)

"A maneira mais efetiva para conseguir relações adequadas com qualquer coisa viva é buscar o que há de melhor nela, e aí fazer com que o melhor se manifeste." – J. Allen Boone, Kinship with all Life

A família das orquídeas possui entre quinze e trinta mil espécies, mais que qualquer outra família de plantas. A beleza e decoração das orquídeas são raramente igualadas por outras plantas. As orquídeas são consideradas a forma de vida de planta sumamente desenvolvida, devido à sua estrutura floral e sua forma altamente complexa e engenhosa pela qual atrai insetos para polinizar suas flores. A Austrália tem mais de sessenta espécies de orquídeas. O gênero Caladenia consiste de algumas das mais atrativas orquídeas rasteiras. Caladenia flava é nativa da Austrália Ocidental, encontrada desde Kalbari ao Norte, até Esperance no Sudoeste. É uma espécie comum que prefere solos bem drenados, leves e áreas sombreadas e protegidas. Possui folhas largas, felpudas, em formato de lanças e suas flores amarelas possuem pétalas listadas de vermelho, medindo três centímetros de largura. A planta cresce até quinze centímetros de altura e possui um caule fino e ereto. O amarelo é a cor que simboliza o elemento Ar, que trabalha com o intelecto. A Pituitária é a glândula endócrina associada ao Ar e é equilibrada pela essência da Yellow Cowslip Orchid.

Essa orquídea tem uma natureza social e gregária e é comumente encontrada crescendo em grupos. Este é o outro aspecto que se relaciona com o elemento Ar pois o ar está intimamente ligado com a ordem social, atividade de grupo e harmonia – a sociedade em ordem. As pessoas do tipo Yellow Cowslip Orchid estão tão concentradas em seu intelecto que geralmente estão desconectadas de muitos dos seus sentimentos. Quando estão fora de equilíbrio têm a tendência de ser excessivamente críticas e julgadoras, assim como indiferentes, retraídas e muito cautelosas em aceitar as situações. Podem ser intolerantes, detalhistas e céticas.

Ironicamente, essas são das muitas qualidades que podem levar ao mau funcionamento da glândula pituitária que, em troca, pode resultar numa falta de memória e enfraquecimento do intelecto. Se tal acontecer, a essência Isopogon, que é uma outra flor amarela relacionada à mente, é frequentemente indicada, especialmente quando usada alternadamente com a Yellow Cowslip Orchid, que vai trabalhar com a causa desse problema. Mulheres que têm tomado anticoncepcionais durante muito tempo e que sofrem de desequilíbrio hormonal frequentemente reagem muito bem quando tomam essa essência.

Uma das principais funções da glândula pituitária é controlar o crescimento. Não é de surpreender que as pessoas do elemento Ar sejam as mais altas de todos os tipos elementares, sendo muito magras, com pernas longas e rostos ovais. A glândula pituitária, se estimulada pelo excesso de julgamento ou crítica, pode provocar o crescimento de determinadas feições anatômicas tais como nariz, seja em idades média ou avançada. Então talvez o problema do Pinnochio não tenha sido tanto por contar mentiras quanto por ser tão juiz ou crítico.

Condições negativas:

•
Crítica
•
Julgamento
•
Burocrático
•
Detalhista

Resultados positivos:

•
Senso humanitário
•
Imparcial – capaz de deixar as emoções de lado
•
Construtivo
•
Habilidade para arbitrar

Fui informado em minhas meditações alguns anos atrás, que iria trabalhar com cinquenta essências. A descoberta da quinquagésima levou quase um ano para realizar-se. Na verdade, eu havia preparado esse remédio muitos meses antes num *workshop* em Perth, porém ainda não havia explorado todas as suas propriedades profundamente, embora soubesse que ele teria algum efeito sobre a glândula pituitária. Meses mais tarde em Sydney, uma jovem mulher apareceu com sua filha mentalmente retardada, dizendo que um médium havia feito uma leitura de sua saúde na qual dizia que se sua filha usasse as Essências Florais Australianas por mais ou menos dois anos, ocorreria grande melhora em seu intelecto, chegando bem próximo do normal. Durante sua primeira consulta percebi que a glândula pituitária era sua glândula endócrina chave e sua principal fonte de desequilíbrio. Intuitivamente sabia que a Yellow Cowslip Orchip era o remédio que inicialmente seria o de maior ajuda. Isso levou-me a aprofundar-me em suas propriedades curativas, particularmente no nível emocional.

As qualidades positivas de Yellow Cowslip Orchid são uma mente aberta e inquisitiva, habilidade para compreender conceitos com rapidez, aceitação sem críticas de pessoas e ideias e a habilidade de arbitrar justa e compadecidamente considerando todos os fatos.

– *Eu agora estou liberando todo julgamento e crítica.*
– *Eu agora sou capaz de ver a floresta e as árvores.*

Como Preparar e Tomar as Essências Florais — Australianas —

Métodos de Preparação

Use flores que cresceram num meio ambiente afastado da poluição e de redes elétricas. Sensibilidade e um certa reverência são necessárias. Coloque as flores, sem tocá-las diretamente, numa vasilha com água e deixe-as à luz do sol por muitas horas. Retire as flores da vasilha, preferivelmente com um graveto ou uma folha da mesma planta. Esta água de essência mãe é preservada com uma mesma quantidade de brandy australiano. Coloque sete gotas desta tintura mãe num frasco de 15 ml com 2/3 de brandy e 1/3 de água pura para formar o concentrado ou o "vidro estoque".

Como usar o vidro estoque

Os frascos de dosagem são preparados usando um vidro de cor âmbar, com conta gotas de 15 ml, contendo 3/4 de água pura, 1/4 de brandy como conservante e adicionando 7 gotas do vidro estoque. Muitas essências podem ser combinadas naquele frasco, mas sugerimos que o número a combinar limite-se a 4 ou 5 essências.

Depois de adicionadas as gotas do vidro estoque, o frasco de dosagem deve ser agitado ou tapotado levemente para liberar sua energia. Alguns energizam sua essência com uma oração, invocação ou com a visualização de uma luz dourada ou branca envolvendo a essência, embora nenhuma destas técnicas seja essencial. As afirmações também podem ser usadas eficientemente junto com as essências.

Como usar os frascos de dosagem

As essências florais são tomadas dos frascos de dosagem pela manhã e à noite, colocando-se 7 gotas embaixo da língua ou 7 gotas em um copo d'água, e devem ser tomadas por um período de 2 semanas. Também podem ser usadas topicamente colocando-se as gotas em loções ou pomadas, ou ainda podem ser colocadas na banheira (um método muito eficaz).

Como escolher e administrar as Essências

Normalmente, o entusiasmo e a admiração que as pessoas sentem ao ler pela primeira vez sobre as propriedades das essências, é imediatamente substituído pela convicção absoluta de que deveriam tomar quase todas as essências porque se identificam com elas em tudo.

Esta é uma reação muito comum e normal! Exalta uma das belezas das essências – a saber, sua simplicidade. Não só veem a si mesmas nos remédios como também sua tia, seus primos, seu melhor amigo, o vizinho do lado e seus pais!

Todos esses *insights* instantâneos, estão disponíveis sem você precisar de anos de treinamento formal, mas simplesmente de uma compreensão básica da natureza humana.

Há muitas maneiras para escolher a essência mais apropriada ou uma combinação delas. Você pode simplesmente ler a descrição de cada essência separadamente e selecionar aquela mais adequada à sua situação ou personalidade; você pode escolher a flor cuja aparência mais lhe atrai; você pode usar Cinesiologia para definir a essência correta; ou você pode selecionar um remédio baseado no seu gráfico numerológico ou no seu ciclo anual. Você pode fazer uma pergunta que o ajudará a escolher um remédio apropriado, que é: "O que mais quero em minha vida?" A resposta a esta pergunta lhe indicará a essência mais apropriada para sua vida naquele momento.

Bem, agora você escolheu alguns remédios que lhe parecem apropriados. Qual a próxima etapa? Você tem a opção de tomar uma única essência ou uma combinação delas. Normalmente o efeito é melhor e mais poderoso, age mais rapidamente e tem uma duração mais longa, se você tomar um único remédio. A mistura de duas ou mais essências que não dizem respeito a um mesmo tema pode provocar uma reação física no corpo. Portanto, deve restringir sua escolha a um remédio que se refira de maneira completa ao assunto, situação ou emoção que você deseja trabalhar. Entretanto, algumas combinações funcionam excepcionalmente bem, na verdade tão bem quanto uma única essência, se as essências combinadas referirem-se a diferentes aspectos de uma determinada condição ou situação. Algumas dessas combinações são as seguintes:

A Essência da Radiação

Esta combinação é feita de Bush Fuchsia, Crowea, Fringed Violet, Mulla Mulla, Paw Paw e Waratah.

A Essência da Radiação pode ser usada para neutralizar ou reduzir a radiação da terra, encontrada onde se cruzam linhas de energia ou em casas, embaixo das quais passam correntes de água; radiação elétrica emitida por relógios medidores, redes de energia elétrica, luzes fluorescentes, equipamentos elétricos, especialmente televisores, radiação solar tal como uma queimadura grave de sol e radioterapia usada no tratamento de câncer.

Na radioterapia, essa combinação ajuda as células normais e saudáveis a suportarem a radiação e recuperarem-se após a terapia. É também muito útil contra a radiação nuclear. Em todas essas situações a combinação impede o acúmulo de radiação no corpo e ajuda a expelir aquela que já estava acumulada, para que as energias do corpo fiquem intactas e os sistemas neurológicos funcionem normalmente.

A Essência de Emergência

A Essência de Emergência é a combinação de Fringed Violet, Grey Spider Flower, Sundew e Waratah. Ela tem um efeito calmante na mente, corpo e emoções durante as crises agudas e amenas. Rapidamente suaviza o medo, pânico e graves estressese mentais ou físicos, tensão nervosa e dores.

Se o indivíduo precisa de ajuda médica especializada, esta essência proporcionará alívio até que um tratamento seja providenciado. A grande variedade de aplicações desta essência abrange desde a tensão nervosa antes de exames escolares até um brutal dano físico. Administrar este remédio de hora em hora ou mais vezes se necessário até que a pessoa sinta-se melhor. Pode ser misturado a um creme.

A Essência da Super Aprendizagem

Essa poderosa combinação de essências é inigualável para clarear a mente, focalizar a atenção e aumentar todas as habilidades e capacidades de aprendizagem. Ela consiste das seguintes essências: Bush Fuchsia, Isopogon, Paw Paw e Sundew.

A Essência do Poder Pessoal

Essa combinação de Dog Rose, Five Corners, Southern Cross e Sturt Desert Rose, ressalta nossas reais qualidades positivas inerentes de autoestima e confiança. Permite sentirmo-nos à vontade na companhia de outras pessoas e resolve as crenças negativas subconscientes que possamos ter sobre nós mesmos, assim como qualquer culpa que possamos alimentar originadas de ações passadas. Essa combinação também nos ajuda a assumir toda a responsabilidade por situações e fatos que ocorrem em nossas vidas e a perceber que temos capacidade e poder não só de transformar aqueles fatos como também de criar aqueles que desejamos.

A Essência da Vitalidade

Essa combinação proporciona energia abundante, vitalidade, entusiasmo e alegria de viver. Isto é conseguido pelo equilíbrio e estímulo das principais glândulas associadas com energia – tiróide, com Old Man Banksia, e as supra renais, com Macrocarpa. Também fazem parte dessa combinação a Crowea, que equilibra órgãos e músculos e finalmente Banksia Robur para a perda temporária de motivação e entusiasmo.

Existem muitas outras combinações possíveis das Essências Florais Australianas. Faça experiências com essas combinações. *Feedback* e casos clínicos são muito valiosos para uma melhor compreensão do alcance das essências florais. A "Australian Bush Flower Remedy Society" regularmente publica casos clínicos em seus boletins informativos. Veja pag. 215 para maiores informações sobre a Sociedade.

Como Administrar as Essências

No caso das Essências Florais Australianas, a dose aconselhada é de 7 gotas ao despertar e ao deitar-se, por um período de 2 semanas. As 7 gotas podem ser colocadas diretamente embaixo da língua ou podem ser diluídas num copo de água. Colocar as gotas embaixo da língua aumenta a absorção. Tente evitar o contato da boca com o conta gotas, pois pode gerar um crescimento de bactérias na essência. Quando tomar as gotas diluídas em água, mantenha o gole em sua boca por mais ou menos 10 segundos antes de engolir.

Você pode deixar o remédio ao lado de sua cama pois assim lembrar-se-á de tomá-lo quando acordar ou deitar. É importante desenvolver o hábito de tomar o remédio regularmente para maximizar o seu potencial. A hora do despertar e do adormecer são períodos chaves para a psique de uma pessoa, pois a mente está normalmente num estado relaxado e receptivo e o subconsciente é facilmente alcançado. Quando você tomar o remédio, seu efeito pode ser mais proveitoso se focalizar sua atenção nos aspectos positivos da essência e visualizar-se alcançando esses resultados positivos.

Depois de 2 semanas, pare de tomar a essência e reveja sua situação. O estado emocional ou outro assunto que você estava trabalhando pode ter sido resolvido. Neste caso, pode considerar se existe ou não outro problema para trabalhar.

Frequentemente uma emoção mais profunda virá à tona, uma vez que aquela que estava em cima foi eliminada.

Se isto acontecer, você pode então escolher a essência que melhor se adapte à nova situação. Outra vez tome 7 gotas da nova essência pela manhã e à noite durante 2 semanas.

Por outro lado, se você resolveu sua situação original pode ser que sinta ter recuperado seu equilíbrio e não tenha necessidade imediata de mais remédios. No entanto lembre-se de que a essência ainda estará atuando em você por algum tempo depois de terminada. Ainda assim, se sentir que a emoção ou assunto original não foi completamente resolvido, continue tomando a mesma dosagem por outras duas semanas.

Normalmente 2 semanas são suficientes para a essência surtir efeito. No entanto, se uma emoção ou crença tem estado presente em sua vida por um longo período, pode ser que a essência leve um pouco mais de tempo para ajudá-lo a resolver o assunto. Entre as cinquenta essências, qualquer pessoa pode encontrar uma que seja o seu remédio constitucional e que combine mais intimamente com sua personalidade. O tipo Black-eyed Susan, por exemplo, está sempre apressado, lutando, correndo e geralmente tem pouca paciência. Essas pessoas provavelmente têm sido assim por toda a vida e obviamente a Black-eyed Susan tomada por 2 semanas não provocará uma mudança completa, permanente e instantânea. Porém, o remédio modificará o indivíduo a ponto de encontrar um equilíbrio. O remédio pode precisar ser repetido, mas talvez não antes de 6 meses ou mais, ou talvez um período ainda maior, possivelmente 1 ano antes que precise de outra dose.

Uma grupo de essências pode ser chamado de remédios agudos. Estes são os remédios que funcionam de uma maneira direta. Se alguém está com tendências suicidas não tem sentido dizer: "Tome esta essência de Waratah por 2 semanas, que você vai sentir-se melhor", pois ele pode não estar mais aqui em 2 semanas! Os remédios agudos normalmente não precisam ser tomados por duas semanas completas; alguns dias em geral são suficientes. Simplesmente pare de torná-los quando o resultado desejado for alcançado. Waratah, Bottlebrush, Bush Fuchsia, Fringed Violet, Grey Spider Flower, Paw Paw são alguns dos remédios agudos mais comuns embora quase todos os remédios possam ser usados desta maneira de vez em quando.

No caso de uma pessoa não poder tomar as gotas pela boca – a boca pode estar muito dolorida, ou a pessoa pode estar inconsciente, quando então a Essência de Emergência pode ser necessária – esfregue as gotas nas têmporas, lábios ou pulsos. Esta é uma maneira muito eficaz de administrar os remédios.

Para aplicação tópica, você pode entrar num banho de imersão com 7 gotas da essência, e desta forma absorver a energia do remédio. Isto é muito gostoso! Outro método de aplicação externa é colocar 7 gotas da essência em uma tigela com água pura – mas não destilada, a não ser que tenha sido deixada ao sol por um dia ou mais. Borrife a parte do corpo a ser tratada e deixe secar. Você pode inclusive borrifar com um spray, especialmente ao usar Spinifex para erupções da pele e cortes limpos, ou Billy Goat Plum para lesões da pele. Faça isto pela manhã ou à noite, ou mais frequentemente com a Essência de Emergência no caso de traumatismo agudo. Esta última também pode ser aplicada diretamente sobre a pele, tanto do frasco de dosagem quanto do vidro de estoque, para casos de emergência tais como: queimaduras, picadas de insetos, mordidas de animais etc.

— Sexualidade —

A melhor maneira de conseguir uma estimativa das propriedades de algumas essências e sua relevância para nossa vida é analisar um tema humano comum e observar as essências que são mais apropriadas nas várias etapas durante aquela pesquisa.

Nesta observação de como as essências podem ser utilizadas com relação à sexualidade, começamos nossa pesquisa na época da concepção e acompanhamos a pessoa através das referências normais de sua vida biológica e social.

A sexualidade de um indivíduo começa a se formar muito tempo antes de seu nascimento. As experiências observadas por terapêutas e especialistas em regressão para reviver o nascimento, confirmaram a versão de que as emoções presentes no momento da concepção deixam uma profunda impressão na psique da criança. Se existir algum clima de indiferença e frieza entre seus pais, pode ser criada na criança uma atitude insegura com relação a sua sexualidade e autoestima. Observa-se uma grande diferença no equilíbrio emocional de crianças que foram concebidas durante um ato de amor e aquelas concebidas violentamente tais como num estupro ou fúria alcoólica. Terror ou amor, seja lá qual for a emoção vivida, será esta a emoção básica que regerá sua atitude em relação ao mundo.

A falta de intimidade dos pais durante a gravidez também poderá influenciar o comportamento de uma criança com relação à sexualidade. Pais que mantém uma relação alegre, amorosa e íntima, provavelmente terão filhos com uma atitude mais livre e saudável com relação ao sexo. Bush Gardenia e Flannel Flower ajudam a resolver a falta de interesse por um companheiro e a incapacidade de aproximação.

Algumas mulheres que acabaram de ter um filho sentem-se pouco atraentes, ou porque engordaram ou porque seus corpos mudaram com a gravidez (Billy Goat Plum). Seus filhos poderão captar esse sentimento e sentirem-se culpados por acreditar terem sido eles os responsáveis. Ainda sobre o mesmo tema, um comportamento interessante encontrado com mais frequência no sexo masculino, foi descoberto usando a técnica de regressão para reviver o nascimento. Alguns bebês conscientizam-se da dor que suas mães sentiram durante o trabalho de parto e sentem-se responsáveis por isso, levando ao subconsciente a crença de que fazer sexo é doloroso para as mulheres. Mais tarde, quando esses homens tiverem relações sexuais, poderão sofrer de ejaculação precoce, porque sua crença subconsciente faz com que queiram terminar o ato sexual o mais rápido possível. A Sturt Desert Rose é um remédio muito eficaz para resolver sentimentos de culpa.

É comum as crianças gostarem de tocar seus órgãos genitais. Se por acaso são proibidas ou apanham, ou ainda lhes dizem: "Isto é sujo", elas não só desenvolvem um sentimento de culpa como também um sensação de que há algo errado com seus corpos – talvez até sintam repugnância pela sua área genital. Novamente a Sturt Desert Rose ajudará a se livrar da culpa e Billy Goat Plum para a sensação de repugnância por seus corpos.

Quando a atração sexual que sentiam no início por suas companheiras começa a esfriar, alguns homens tendem a passar mais tempo em companhia de amigos. Para aliviar sua solidão, suas esposas tendem a sufocar seus filhos com excesso de amor. Muitas dessas crianças, principalmente os meninos, sentem-se abafadas pela constante atenção de suas mães. À medida que estes jovens crescem, nunca desenvolvem um relacionamento íntimo com uma mulher, pois acreditam que serão novamente sufocados. Portanto, se a relação tornar-se muito íntima, eles recuarão, jamais realmente entendendo porque. Dog Rose pode ser muito eficaz para os medos comuns, Wedding Bush para aqueles que não quedem se comprometer e Flannel Flower para a incapacidade de se aproximar de alguém.

A atitude de uma criança com relação ao sexo oposto é fortemente influenciada pelos comentários e atitudes dos pais. Se um pai denigre constantemente as mulheres, então a opinião de seus filhos com relação a elas tenderá a ser sempre negativa. Da mesma forma, as características racistas dos pais influenciarão as atitudes que seus filhos terão com relação aos outros, talvez até impedindo-os de se relacionarem com pessoas de outras raças. Slender Rice Flower é o remédio para desenvolver a tolerância e o entendimento de que todas as pessoas são iguais. Cowslip Orchid é para aqueles que têm o hábito de criticar e julgar os outros.

Muitas crianças têm um relacionamento ruim com seu pai. Como resultado disso, têm muita dificuldade em se relacionar com outras figuras de autoridade. Assim como as mulheres têm uma tendência a escolher companheiros que lembram seu pai, aquelas que têm um relacionamento ruim com o mesmo provavelmente terão muito atrito em seus casamentos. Red Helmet Orchid pode ser usada para criar vínculos sadios entre a figura do pai e seus filhos, e Bottlebrush para unir as mulheres a seus filhos.

Pessoas que foram adotadas sentem uma grande dificuldade em formar vínculos fortes com um companheiro – a entregar-se a um relacionamento. Tall Yellow Top pode ser usado por essas pessoas, provavelmente em combinação com Wedding Bush, para ajudá-las a manter o compromisso.

Wedding Bush também diz respeito a um comportamento comum nos homens, que é a dificuldade de manter um relacionamento permanente. Assim que o entusiasmo sexual inicial começa a diminuir, eles saem à procura de novas conquistas. É claro que este remédio também se aplica às mulheres.

A puberdade traz muitas mudanças e também muito estresse. Para uma menina, sua primeira menstruação anuncia a transição de menina para a idade adulta, enquanto um menino tem que entrar num acordo com sua voz e outras mudanças físicas. Ambos têm que arcar com as rápidas demandas físicas e emocionais de sua nova sexualidade assim como a reação dos outros, que passam a tratá-los como pessoas sexuadas. Bottlebrush é muito útil para aqueles que estão passando pelas principais mudanças biológicas da puberdade. Billy Goat Plum também pode ser usado para trazer aceitação e apreciação do corpo durante esse período. Sturt Desert Rose pode ajudar se surgir um sentimento de culpa pelo fato de explorarem seus corpos e masturbarem-se. Entre as mudanças físicas que poderão ocorrer neste período, uma é o surgimento de espinhas (acne), a grande dificuldade dos adolescentes e algumas vezes até de adultos. Outra vez a Billy Goat Plum deve ser usada para o sentimento de autorepugnância causado pela acne. A acne é normalmente a expressão externa da baixa autoestima; Five Corners pode ser muito útil para essa condição. Frequentemente, o aparecimento da acne torna-se um ciclo vicioso – quanto pior alguém se sente a respeito de si próprio, pior torna-se a acne.

A falta de confiança pode impedir pessoas de estabelecer relacionamentos ou pode também fazer com que estas pessoas permitam que outros as usem sexualmente. Essas pessoas frequentemente não possuem autoestima suficiente para defenderem-se e solicitar que suas necessidades sejam atendidas. Sturt Desert Rose não é somente para a culpa, como também para fazer aquilo que deve ser feito para seguir nossa própria moral. O filme "Puberty Blues" trabalhou de forma soberba a sexualidade do adolescente e delineou de maneira precisa a pressão dos "colegas" que pode minar destrutivamente as convicções internas dos adolescentes.

Um namoro também pode terminar na dor de uma separação. Várias pesquisas mostraram que, para muitos homens, são necessários anos para superar a mágoa de terem perdido seu primeiro amor. Sturt Desert Pea é muito eficiente para os que ainda guardam dentro de si esta grande tristeza. Depois do término de um relacionamento Dagger Hakea pode ajudar a pessoa a lidar com o ressentimento que sente em relação ao outro. A combinação de Bottlebrush e Boronia é excelente para ajudá-los a esquecer a outra pessoa e curar seus corações partidos.

O ciúme também pode ser um problema nos relacionamentos. Mountain Devil ajudará os ciumentos a lidarem com esse sentimento tão intenso e abrasador. Fringed Violet poderá entrar em ação quando o ciúme vem junto com um choque; por exemplo, ver a pessoa amada com outro.

Pessoas jovens e inexperientes poderão envolver-se num relacionamento que não saibam como terminar. Eles não querem ferir o outro, mas sentem-se presos numa armadilha. Quando você se encontrar numa situação da qual não consegue ver uma saída, lembre-se de Red Grevillea.

Kangaroo Paw é muito eficaz para aqueles que têm dificuldade em relacionar-se com o sexo oposto. A perda da virgindade pode acarretar fortes emoções. Tornar-se sexualmente ativo, especialmente pela primeira vez, pode desencadear o medo da gravidez, AIDS e doenças venéreas. O remédio para essas situações é Dog Rose para medos generalizados ou Grey Spider Flower para o terror. Para aqueles que têm medo que os seus pais descubram, Dog Rose pode ser tomada.

Crowea é o remédio para a preocupação sobre estar ou não fazendo a coisa certa, se está beijando de maneira correta e preocupando-se com o que os outros pensam sobre você.

Flannel Flower e Wisteria são essências que podem ajudar homens e mulheres, respectivamente, a apreciar o sexo e a intimidade. Billy Goat Plum permitirá que vivenciem a beleza do ato sexual e seus próprios corpost, especialmente se sentem-se "sujos" depois do ato sexual.

Grande parte dos adolescentes acham que marcar encontros e a possibilidade de serem rejeitados é muito stressante. A Illawara Flame Tree pode ser muito benéfica quando lidar com estes sentimentos.

Aqueles que vivenciam os mesmos problemas em vários relacionamentos diferentes descobrirão que Isopogon os ajudará a aprender com suas próprias experiências para que não continuem criando situações similares.

Após vários relacionamentos decepcionantes que terminaram muito cedo ou não foram satisfatórios, ou mesmo quando não houve nenhum relacionamento por longo tempo, algumas pessoas perdem a esperança de encontrar um companheiro. Embora queiram desesperadamente um bom relacionamento, essas pessoas conformam-se em ficar sozinhas. Sunshine Wattle é um ótimo remédio para elas. Não é somente a AIDS o grande desafio de hoje mas também o herpes, pólipos genitais, NSU, triconomas e uma grande quantidade de outras doenças sexuais transmissíveis que também são importantes. Uma reação comum nas pessoas que contraíram doenças sexualmente transmissíveis menos graves é a aversão e a repulsa. Billy Goat Plum ajudará essas pessoas a trabalhar seus sentimentos, assim como as encorajará a aceitar e a apreciar seus corpos novamente. A maior parte das doenças sexualmente transmissíveis é a consequência de um profundo sentimento de culpa.

Descobrimos que, para tratar herpes, a aplicação tópica de Spinifex é muito eficiente, ajudando a curar as lesões e, quando tomada por via oral, ajudará a trazer à tona os comportamentos e crenças emocionais que resultaram na manifestação deste herpes. Nossa realidade física é criada unicamente por nossos pensamentos e crenças inconscientes.

Para experiências sexuais traumáticas, tais como estupro ou abuso sexual, a Flannel Flower junto com Fringed Violet ajudará os homens a se recuperarem enquanto que, para as mulheres, a Fringed Violet e a Wisteria trarão excelentes resultados.

Muitas mulheres que vivem um longo relacionamento sentem uma grande frustração pela falta de comunicação entre seu companheiro e elas. Para aqueles homens que não compartilham suas emoções e pensamentos,

Flannel Flower pode ajudá-los a confiar que é seguro revelar suas emoções mais íntimas e expressar mais livremente seu lado gentil e suave. Se um homem é completamente despido de sentimentos a Bluebell abrirá seu coração. Muitas pesquisas mostraram que não são só as mulheres que se sentem frustradas diante da inabilidade dos homens em compartilhar seus sentimentos. Após o casamento, poucos homens têm amigos tão íntimos que possam manter confidências. Embora ainda mantenham velhas amizades – do exército, do time de futebol, da universidade – não são mais o que eram. Até certo ponto este comportamento já está mudando, porém ainda é muito comum entre os homens.

Sundew e Red Lily são úteis para pessoas que sentem dificuldade em estar no aqui e agora. Essas pessoas raramente estão presentes durante o ato do amor, pois estão totalmente envolvidas com suas fantasias.

A essência de Paw Paw pode ser usada por aqueles casais que ainda não decidiram ter ou não ter um bebê, e Illawarra Flame Tree para aqueles que postergam a paternidade por sentirem-se oprimidos pela responsabilidade de criar um filho. She Oak pode ser tomada pelas mulheres que querem muito ter um filho mas não conseguem conceber. Antes de decidirem ter filhos os casais podem tomar Wedding Bush para comprometerem-se com sua relação conjugal. Metafisicamente falando, muitas mulheres possuem o elemento água muito forte. Essas mulheres consideram extremamente prioritárias as necessidades de suas crianças. A "fêmea de água" pode ter grande dificuldade em aliar seu papel de mãe com o de esposa, descobrindo que está afastando-se emocional e sexualmente de seu companheiro devotando tempo integral a seus filhos. Bush Gardenia equilibrará a vida dessas mulheres.

A essência Kapok Bush é para aqueles que desistem e desanimam facilmente. Alguns casais raramente fazem amor por acharem que é muito esforço. Bush Gardenia, assim como Kapok Bush, podem ser usados nessas situações.

Black-eyed Susan ou Banksia Robur são as essências para pessoas ambiciosas que se esgotam facilmente, não deixando tempo ou energia suficiente para seus relacionamentos ou para o sexo. Por outro lado, para o excesso sexual, a Bush Iris pode ser usada por aqueles que somente se preocupam com o físico.

À medida que a idade avança, os indivíduos vão passando por importantes transições biológicas, tais como: gravidez, maternidade, paternidade, menopausa etc. Bottlebrush ajudá-los-á a lidar com essas mudanças para que não se sintam oprimidos por elas.

Na terceira idade, muitos homens experimentam a frustração de sentir a paixão sem conseguir expressá-la fisicamente. Wild Potato Bush, é o remédio para esta situação. Algumas pessoas, à medida que os corpos envelhecem, perdem a autoconfiança. Essas pessoas podem querer atrair um parceiro ou criar um novo relacionamento, mas não o fazem por não terem confiança em seu paoder de sedução. Five Corners devolverá seu sentimento de autoestima.

Quando um relacionamento termina por causa da morte de um dos parceiros, Fringed Violet deve ser tomada para tratar do choque e Sturt Desert Pea para a dor profunda. Outros remédios que também ajudam a lidar com a perda do parceiro são: Boronia, para aquele que não esquece, e Little Flannel Flower para tornar a vida mais alegre.

Bluebell e Flannel Flower são bons remédios para conservar um relacionamento vivo e duradouro.

Como você viu neste breve resumo sobre a sexualidade, muitas essências podem desempenhar um papel muito importante melhorando a qualidade de nossas vidas desde a concepção até a velhice.

— Meditação —

Em vários capítulos anteriores deste livro, você sem duvida notou a importância de voltar-se para dentro de si mesmo e encontrar o ponto de silêncio total. Aí encontrará as respostas para tudo que precisa saber e será recarregado espiritual, física e emocionalmente. Foi nesse momento de total silêncio interior que pude receber e compreender as informações sobre as Essências Florais Australianas.

Assim, este capítulo sobre meditação tem tudo a ver com o objetivo deste livro, isto é, ajudar a despertar em você o sentido de sua própria magnitude e dar-lhe um vislumbre de toda sua capacidade. As essências e a meditação oferecem os instrumentos necessários para assisti-lo na realização desses potenciais.

Existem muitos livros sobre meditação; no entanto, o ato de meditar é extremamente simples. Não precisa gastar milhares de dólares num curso especial para meditar porque é muito fácil de aprender.

Você pode, é claro, criar quantos rituais quiser sobre o ato de meditar. Acender uma vela durante a meditação propicia uma energia muito agradável. A oração antes da meditação é outra forma excelente para invocar um bom sentimento assim como uma vibração de calma e proteção à sua volta.

A prática indiana da Hatha Yoga é usada para relaxar, alinhar o corpo físico e equilibrar as glândulas endócrinas a fim de que a meditação seja mais efetiva e profunda.

Portanto, se possível, antes de iniciar a meditação, espreguice-se bastante e tente soltar-se fazendo alguns exercícios.

Pessoas muito ocupadas – as que mais se beneficiariam com a meditação – raramente encontram tempo para sua prática diária. A melhor solução para este problema é fazer da meditação sua prioridade máxima e esquematizar tudo a partir dela.

E realmente muito triste a solicitação da vida urbana que torna tão difícil tirar 20 minutos para si próprio.

É preferível meditar todos os dias na mesma hora. Entretanto, é muito melhor meditar diariamente do que meditar algumas vezes por semana numa determinada hora. Meditar uma hora e meia após a refeição pode ser fisicamente incomodo, pois você fica com uma sensação de peso no estômago. O nascer e o pôr do sol são os melhores horários para meditação, porém escolha aquele que melhor lhe convém.

Vinte minutos é o tempo de duração normal para se meditar. Muitas pesquisas têm mostrado que 20 minutos de meditação são equivalentes a 2 horas de sono, portanto, há certamente vantagens em fazer dessa prática uma prioridade diária. É de grande ajuda meditar com um grupo uma vez por semana e fazer sua própria prática nos outros 6 dias.

O principal propósito da meditação é silenciar a mente consciente para aumentar a percepção de sua natureza intuitiva e permitir que amenize as frustrações e dramas da vida ou que percam sua significativa importância. Em primeiro lugar coloque-se numa posição confortável. As energias de seu corpo fluirão mais livremente e você sentir-se-á mais confortável sentando-se com as costas retas e braços e pernas descruzados. É claro que você pode deitar, porém corre o risco de adormecer.

Várias técnicas podem ser usadas. Um método Zen é contar as expirações: inspirar e ao expirar conta "1": na próxima expiração conta "2"; assim por diante até contar "10"; daí repita. Se você perceber que se distraiu com os pensamentos e perdeu a conta, suavemente deixe os pensamentos se afastarem e comece novamente pelo número "1". Pode considerar seus pensamentos como nuvens. Assim que os perceba não tente rebatê-los de imediato e sim tome conhecimento deles e simplesmente deixe que eles se afastem de sua consciência. Não fique muito preocupado se algumas vezes não chegar ao número "10".

Outra técnica de meditação é usar o mantra. O mantra é meramente uma coleção de sílabas repetidas rítmica e silenciosamente. Pode ter ou não uma conotação religiosa. A pessoa escolhe o mantra que lhe atrai. Uns exemplos mais populares são:

Ah Sum
Jesus Cristo
Cristo-Um
Om (pronuncia-se Ohm)

Como a contagem Zen, o mantra dá à mente algo para focalizar a fim de silenciá-la. Ao terminar sua meditação você pode ter se esquecido completamente do mantra e pode ter estado "perdido em profunda meditação".

Tendo praticado ambas as técnicas acima mencionadas prefiro agora usar o método que vou descrever a seguir, o qual é até mais simples: tento manter minha mente vazia durante a meditação e se qualquer pensamento surgir, gentilmente deixo-o ir.

Uma atitude muito importante a ser desenvolvida concernente à meditação, é deixar de lado todas as expectativas. Numa noite você pode entrar num estado de meditação tão profundo, que os 20 minutos passarão como um simples piscar de olhos. Já outra noite, você pode sentir-se muito irrequieto e o tempo pode parecer estar se arrastando. Meditar parece mais difícil nesses momentos. A tentação é acreditar que a meditação profunda é um estado ideal e que você realmente não está meditando a não ser que atinja aquele estado.

Entretanto seu Eu Superior, ou sua mente superconsciente, sabe exatamente aquilo que você precisa. Portanto aceite tudo que vier na meditação como tendo sido escolhido por você e para seu melhor proveito. A única coisa que precisa fazer é criar tempo e o espaço para a meditação. As outras meditações, as mais irrequietas ou aparentemente mais superficiais, podem ser vistas como uma separação e triagem dos pensamentos da mente consciente e são tão benéficas quanto as meditações profundas.

Com um pouco de prática, você rapidamente perceberá quando os 20 minutos acabarem, mas, nesse meio tempo, não tem a menor importância sair da sua meditação e dar uma olhada no relógio. Se não esteve meditando por 20 minutos completos, volte a meditar o tempo restante. Você pode sentir suas mãos ou pés incômodos e algumas pessoas chegam a sentir formigamentos. Não se alarme, pois são sinais que os bloqueios energéticos em seu corpo estão sendo removidos durante a meditação. Em profunda meditação, sua cabeça poderá por vezes pender para a frente e depois para trás. Novamente não se preocupe porque isto normalmente é causado pela remoção dos bloqueios à volta da garganta e também pode até ser a indicação de que seus espíritos protetores estão trabalhando neste local e que você possui habilidades mediúnicas.

Você descobrirá que sua permanência nesse estado lhe proporciona momentos muito produtivos nos quais os problemas são facilmente resolvidos e grandes *insights* e compreensão chegam até você. Com 20 minutos de meditação diária, você poderá precaver-se de muitas horas de preocupação e esforço e irá melhorar bastante a qualidade de sua vida.

THE AUSTRALIAN BUSH FLOWER ESSENCE SOCIETY

A Sociedade foi formada para proporcionar as mais atualizadas informações sobre as Essências Florais do Bush Australiano. Há uma taxa de subscrição anual mínima pela qual os membros recebem quatro boletins por ano, contendo atualizações sobre as essências, detalhes de cursos e muitas ofertas especiais. Também proporciona um fórum, através da publicação de histórico de casos, para partilhar o conhecimento e as experiências dos terapeutas florais com as Essências do Bush australiano.

Para informações, contate:
Australian Bush Flower Essences, 45 Booralie Road, Terrey Hills NSW 2084, Australia.
Telefone: (02) 9450 1388; fax: (02) 9450 2866
E-mail: info@ausflowers.com.au
Web site: www.ausflowers.com.au

Distribuidor no Brasil:
Essências Florais
Rua Álvaro Rodrigues, 416 - Casa 1
04582-000 – São Paulo – SP
Fone/Fax:(11) 5531-7518/5542-1032
5096-2298/5097-9602
E-mail: info@essenciasflorais.com.br
www.essenciasflorais.com.br

— Bibliografia —

Bach, Edward. *Heal Thyself.* C.W. Daniel Co., Essex, 1931.
—. *Twelve Healers and Other Remedies*. C.W. Daniel Co., Essex, 1993. *Os Remédios Florais do Dr. Bach* (incluindo "*Cura-te a ti mesmo*" e "*Os 12 Remédios e Outros Remédios*") Editora Pensamento – São Paulo – Brasil

Bach, Richard. *A Bridge Across Forever*. Pan Books Ltd, London, 1985.

Baker, Douglas. *Esoteric Healing*. Pt III, Douglas Baker, England, 1978. Baker,

Margaret, Corringham, R. & Dark, J. *Native Plants of the Sydney Region*. Three Sisters Productions, Sydney, 1986.

Bellin, Gita. *Amazing Grace*. Gita Bellin Associates, Sydney, 1987.
— Self Transformation Centre, The. *A Sharing of Completion and Celebration*. Self Transformation Seminars Ltd, Sydney, 1983.

Blombery, A. *What Wild Flower Is That?* Lansdowne Press, Sydney, 1973.

Bolton, B.L. *The Secret Power of Ptants*. Abacus, London, 1975.

Boone, J. Allen. *Kinship with Ali Life*. Harper and Rowe, New York, 1954.

Brennan, Kym. *Wild Flowers of Kakadu*. K. G. Brennan, Jabiru, 1986.

Brilliant, Ashleigh. *I have Abandoned My Search for Truth and am Now Looking for a Good Fantasy*. Woodbridge Press Publishing Co., Califórnia, 1980.

Brock, John. *Top End Native Plants*. John Brock, Darwin, 1988.

Burnum Burnum. *Burnum Burnum's Aboriginal Australia*. Angus & Robertson Publishers, Sydney, 1988.

Caddy, Eileen. *The Dawn of Change*. Findhorn Press, Findhorn, Scotland, 1979.
—. *Footprints on the Path*. Findhorn Press, Findhorn, Scotland, 1976.
—. *God Spoke to Me*. Findhorn Press, Findhorn, Scotland, 1971.
—. *Opening Doors Within*. Findhorn Press, Findhorn, Scotland, 1986. *Abrindo Portas Interiores* – Editora TRIOM – São Paulo – Brasil – 1993.

Callahan, Dr Roger. *Five Minute Phobia Cure*. Enterprise Publishing Inc., Wilmington, USA, 1985.

Collins, Tom. *Such Is Life*. Angus & Robertson Publishers, Sydney, 1944.

Conabere, Elizabeth & Garnet, J. R. *Wild Flowers of South Eastern Australia*. Greenhouse, Melbourne, 1987.

Douglas, Nick. & Slinger, Penny. *Sexual Secrets*. Destiny Books, New York, 1979.

Druck, Ken. *The Secrets Men Keep*. Doubleday & Co. Inc., 1985

Erickson, Rica. *Orchids of the West*. University of WA Press, Perth, 1965.

—. George, A. S., Marchant, N.G. & Morcombe, M. K. *Flowers and Plants of Western Australia*. Reed, Sydney, 1973.

Fritz, Robert. *The Path of Least Resistance*. DMA, Salem, 1984.

Garderner, C. A. *Wildflowers of Western Australia*. St George Books, Perth, 1959.

Gawain, Shakti. *Creative Visualisation*. Bantan Books Inc., New York, 1979. *Visualização Criativa* – Editora Pensamento – São Paulo – Brasil.

Gerber, Richard, MD. *Vibrational Medicine*. Bear & Co., Sante Fe, 1988. *Medicina Vibracional* – Editora Pensamento – São Paulo – Brasil.

Gibbs, May. *Flannel Flower Babies*. Angus & Robertson Publishers, Sydney, 1983.

Gibson, Jack. *Played Strong Done Fine*. Lester-Townsend Pub., Sydney, 1988.

Gledhill, D. *The Names of Plants*. Cambridge University Press, London, 1985.

Greenaway, Kate. *The Illuminated Language of Flowers*. Macdonald and Janes, London, 1978.

Gurudas. *Flower Essences*. Brotherhood of Life Inc., New Mexico, 1983.

Hay, Louise L. *Heal Your Body*. Specialist Publications, Sydney, 1976.

Hayward, Susan (ed.). *Begin It Now*. In-Tune Books, Sydney, 1987.

—. *A Guide for the Advanced Soul*. In-Tune Books, Sydney, 1985.

— & Cohan, Malcon (eds). *A Bag of Jewels*. In- Tune Books, Sydney. 1988.

Huxley, Anthony. *Green Inheritance*. William Collins Sons & Co. Ltd, London, 1984.

—. *Plant and Planet*. Allen Lane, London, 1974.

Jampolsky, Gerald G. *Love Is Letting Go of Fear*. Celestial Arts, California, 1979.

Langloh Parker, K. *Australian Legendary Tales*. The Bodley Head Ltd, London, 1978.

Maclean, Dorothy. *To Hear the Angels Sing*. Lorian Press, Washington, 1980. *A Comunicação com Anjos e Devas*. Editora Pensamento, São Paulo – Brasil.

Maple, Eric. *The Secret Lore of Plants and Flowers*. Robert Hale Ltd, London, 1980.

Molyneux, Bill. *Bush Journeys*. Thomas Nelson, Melbourne, 1985.

Mountford, Charles T. *Winbraku and the Myth of Jarapiri*. Rigby, Adelaide, 1968.

Neidjie, Bill. *Australia's Kakadu Man*. Mybrood, 1985.

Nixon, Paul. *The Waratah*. Kangaroo Press, Sydney, 1987.

O'Connor, Dagmar. *How to Make Love with the Same Person for the Rest of Your Life*. Columbus, London, 1985.

Odent, Michel. *Birth Reborn*. Pantheon Books, New York, 1984.

Pearce, Joseph Chilton. *Magical Child Matures*. Bantam Books, Toronto, 1985.

Pepper, Frank S. (ed.). *20th Century Quotations*. Sphere Books Ltd, London, 1984.

Phillips, David A. *Secrets of the Inner Self*. Agnus & Robertson Publisher, Sydney, 1980.

Proctor, Jonh & Susan. *Nature's Use of Colours in Plants and Their Flowers*. Cassel,1978.

Rajneesh, Bhagwan Shree. *Dying fo Enlightenment*. Rajneesh Foundation International, 1979.

Ramtha. *Ramtha* (ed. S.L. Weinburg). Sovereigny Inc., Washington, 1986.

Ray, Sondra. *Ideal Birth*. Celestial Arts, Berkeley, 1985.

—. *Loving Relationships*. Celestial Arts, Berkeley, 1980.

Rentoul, J.N. *Growing Orchards*. Lothian Publishing Co., 1985.

Rintoul, Stuart. *Ashes of Vietnam*. William Heinemann, Londom, 1987.

Robbins, Anthony. *Unlimited Power*. Simon and Schuster, New York, 1986.

Roberts, Jane. *The Nature of Personal Reality*. Prentice-Hall, New Jersey, 1974.

Serventy, Vicent. *Australian Native Plants*. Reed, Sydney, 1984.

—. *Plant Life of Australia*. Cassei, Sydney, 1981.

Stair, Nadine. "If I Had My Life to Live Over" in *Chop Wood, Carry Water* (ed.*New Age Journal*). Jeremy P. Tarcher, Los Angeles, 1984.

Steven, Margaret. *First Itnpressions: The British Discovery of Australia*. British Museum, London, 1988.

Thie, John. *Touch for Health*. De Vorss and Co., Marina dei rey, California, 1973.

Vaughan, Frances & Walsh, Roger (eds.). *A Course in Miracles*. Jeremy P. Tarcher, Los Angeles, 1983.

Verny, T. *The Secret Life of the Unborn Child*. Sphere Books, London, 1981.

Vlamis, G. *Flowers to the Rescue*. Thorsons Publishing Group, Wellingboroungh, 1986.

Weeks. Nora. *The Medical Discoveries of Edward Bach, Physician*. Keats Publishing Inc., New Canaan, 1979.

Wylie, Philip. *Generation of Vipers*. Muller, London, 1955.

Índice de Doenças e — seu Tratamento —

Em todo este livro, muita ênfase foi dada à conexão entre o padrão emocional, os desequilíbrios e as doenças físicas. A intenção deste índice é fornecer mais *insights* aos padrões emocionais e outros fatores que podem levar à doença. O índice contém uma lista de doenças e suas características anatômicas específicas. O índice deve ser usado da seguinte forma: encontre a doença, anote a essência ou essências recomendadas para o tratamento e procure o texto com a descrição da doença no livro. Por exemplo, sob o título "artrite", as seguintes essências são recomendadas: Southern Cross, Yellow Cowslip Orchid, Dagger Hakea, Hibbertia, Little Flannel Flower e Isopogon. Qualquer um que sofra de artrite poderá ler o material em cada um dos seis textos, decidir qual delas é a mais apropriada para seu caso e trabalhar com aquela essência ou essências para ajudar a resolver esse padrão.

De forma alguma esse índice deve ser encarado como uma certeza de que as essências irão curar a doença. Elas nunca deverão substituir os serviços de um profissional qualificado.

Abcessos	Dagger Hakea Mountain Devil
Acidentes, tratamento de trauma em	Boronia Jacarandá Sundew Red Lily Mountain Devil
Acne	Fringed Violet Spinifex Five Corners Billy Goat Plum
Adenóide	Red Helmet Dagger Hakea
AIDS	Sturt Desert Rose Waratah Illawara Flame Tree
Alergias	Fringed Violet Dagger Hakea
Amenorreia	Five Corners
Amnésia	Isopogon Sundew Red Lily Little Flannel Flower She Oak
Anemia	Five Corners Kapok Bush Bluebell
Anorexia	Five Corners Dagger Hakea Grey Spider Flower
Ansiedade	Dog Rose Crowea
Ânus, distúrbios do	Bottlebrush Sturt Desert Rose

Apetite, distúrbios do	Dog Rose Paw Paw Crowea Five Corners Bluebell
Artérias	Bluebell
Arterioesclerose	Isopogon Bottlebrush Yellow Cowslip Orchid
Artrite	Southern Cross Yellow Cowslip Orchid Dagger Hakea Hibbertia Little Flannel Flower Isopogon Sturt Desert Pea
Artrite reumatóide	Dagger Hakea Hibbertia Sturt Desert Pea Red Helmet Southern Cross
Asma	Bluebell Red Grevillea Tall Yellow Top Grey Spider Flower
Aura em desalinho	Crowea
Aura quebrada	Fringed Violet
Baço	Dagger Hakea Boronia Hibbertia
Boca, problemas da	Bauhinia Isopogon Billy Goat Plum
Bochechas	Sturt Desert Rose
Bolhas, erupções	Spinifex Fringed Violet

Braços, dor nos	Paw Paw
Bronquite	Dagger Hakea
Bulimia	Billy Goat Plum Grey Spider Hower Five Corners
Cálculo biliar	Dagger Hakea Southern Cross Slender Rice Flower
Calos	Yellow Cowslip Orchid Bauhinia
Calosidade	Isopogon Bauhinia
Calvície	Dog Rose Hibbertia Yellow Cowslip Orchid
Cãibras musculares	Grey Spider Flower Bottlebrush
Câncer	Sturt Desert Pea Dagger Hakea Mountain Devil Slender Rice Kapok Bush
Cansaço	Banksia Robur Mulla Mulla Old Man Banksia Macrocarpa Crowea Black-Eyed Susan
Cândida	Spinifex Kangaroo Paw
Catarata	Sunshine Wattle Waratah
Celulite	Dagger Hakea Bottlebrush Billy Goat Plum

Cérebro, desequilíbrios do	Bush Fuchsia Sundew Isopogon
Choque	Essência de Emergência Fringed Violet
Ciática	Dog Rose Crowea
Circulação, problemas de	Bluebell Flannel Flower
Cistite	Dagger Hakea Bottlebrush
Cistos	Sturt Desert Rose Mountain Devil
Clamídia	Spinifex
Coceiras	Red Grevillea Black-Eyed Susan
Colesterol, desequilíbrio	Black-Eyed Susan Bluebell Flannel Flower Little Flannel Flower
Cólicas	Black-Eyed Susan Paw Paw Essência de Emergência
Colite	Bottlebrush Dog Rose
Coluna vertebral	Bluebell Paw Paw Tall Yellow Top
Coma	Sundew Red Lily Essência de Emergência
Comida, envenenamento	Paw Paw Crowea
Conjuntivite	Mountain Devil Sunshine Wattle

Contusões	Five Corners Flannel Flower
Coração	Bluebell Black-Eyed Susan Red Helmet Old Man Banksia Little Flannel Flower
Cortes	Spinifex Sturt Desert Rose
Costas, problemas em geral	Waratah Paw Paw Sunshine Wattle
Cotovelo	Bottlebrush Bauhinia
Dedos, dores nos	Sundew Kapok Bush
Dentes	Paw Paw Jacarandá Sundew
Depressão	Kapok Bush Flannel Flower Wild Potato Bush Red Grevillea
Desidratação	She Oak
Diarreia	Paw Paw
Dislexia	Bush Fucshia Sundew Jacarandá
Doenças crônicas	Kapok Bush Bauhinia Sunshine Wattle Dog Rose
Doenças venéreas	Dagger Hakea Sturt Desert Rose Billy Goat Plum

Dores	Five Corners Bluebell Tall Yellow Top
Dores de cabeça	Essência de Emergência Five Corners Paw Paw Sturt Desert Rose
Dores em geral	Sturt Desert Rose Essência de Emergência
Eczema	Dagger Hakea Billy Goat Plum
Equilíbrio	Jacarandá Bush Fuchsia Crowea
Enfarte	Essência de Emergência Old Man Banksia Black-Eyed Susan Kapok Bush Bauhinia Tall Yellow Top
Enjoo no carro	Red Grevillea Dog Rose
Enurese	Red Helmet Orchid Dog Rose
Envelhecimento, retardamento de	Peach flowered Tea tree Mountain Devil Bauhinia Dagger Hakea Little Flannel flower
Esclerose múltipla	Isopogon Bluebell Hibbertia
Esgotamento nervoso	Black-Eyed Susan Old Man Banksia Fringed Violet Jacarandá Paw Paw

Espinhas	Five Corners Billy Goat Plum
Estômago, problemas de	Paw Paw Crowea Dog Rose Billy Goat Plum
Estupro, trauma de	Wisteria Fringed Violet Flannel Flower+ Fringed Violet (combinação) Billy Goat Plum
Fadiga	Macrocarpa Sunshine Wattle Old Man Banksia Banksia Robur
Febre	Mountain Devil Mulla Mulla
Fibrose Cística	Southern Cross
Fígado, distúrbios do	Mountain Devil Dagger Hakea Southern Cross Slender Rice Flower
Frigidez	Billy Goat Plum Wisteria Red Helmet Flannel Flower
Frustração	Banksia Robur Old Man Banksia Black-Eyed Susan Jacarandá Sunshine Wattle
Fumar, dificuldade em parar	Boronia+ Botdebrush (combinação)
Furúnculos	Mountain Devil
Gagueira	Five Corners Bush Fuchsia Dog Rose

Garganta, problemas de	Bush Fuchsia Bush Iris Flannel Flower
Gengivas, problemas de	Jacarandá Peach-flowered Tea-tree
Glândulas adrenais	Macrocarpa Black-Eyed Susan
Glândula pineal	Bush Fuchsia
Glândula pituitária	Yellow Cowslip Orchid
Gota	Mountain Devil Black-Eye Susan
Gripe	Paw Paw Black-Eyed Susan Jacarandá
Hemorróidas	Bottebrush Mountain Devil Black-Eyed Susan
Herpes	Sturt Desert Rose Billy Goat Plum Spinifex
Hiperatividade	Black-Eyed Susan
Hipoglicemia	Paw Paw Peach-flowered Tea-tree Kapok Bush
Hipotálamo	Bush Fuchsia
Impotência	Crowea Flannel Flower Five Corners
Inchaço em geral	Bottlebrush Isopogon
Incontinência	Hibbertia Bottlebrush Five Corners

Indigestão	Dog Rose Paw Paw Crowea Black-Eyed Susan
Infeção bacterial	Black-Eyed Susan Mountain Devil Dagger Hakea
Infeção urinária	Dagger Hakea Mountain Devil Spinifex
Infertilidade	She Oak Turkey Bush
Insanidade	Waratah Tall Yellow Top Sundew
Insônia	Black-Eyed Susan Crowea Boronia
Joelhos, problemas do	Isopogon Macrocarpa Wild Potato Bush
Laringite	Red Helmet Bush Fuchsia
Malária	Paw Paw
Mandíbula, problemas da	Mountain Devil Dagger Hakea
Sono, problema de fuso horário	Crowea + Bottlebrush + Paw Paw + Sundew + Banksia robur + She Oak + Wild Potato Bush (combinação)
Mau hálito	Mountain Devil Paw Paw Crowea
Memória, falha da	Isopogon

Menopausa	Bottlebrush She Oak Illawara Flame Tree Peach-flowered Tea-tree
Mordidas de insetos	Mountain Devil
Músculos	Black-Eyed Susan Wild Potato Bush Bauhinia
Nanismo	Yellow Cowslip Orchid
Nariz escorrendo	Flannel Flower
Náuseas	Dog Rose Paw Paw
Nervosismo	Dog Rose Black-Eyed Susan Jacarandá
Nevralgia	Sturt Desert Rose Flannel Flower
Obesidade	Old Man Banksia Wild Potato Bush Mulla Mulla Dog Rose Fringed Violet
Odores do corpo	Dog Rose Five Corners Billy Goat Plum
Olhos	Sunshine Wattle Bush Fuchsia
Ombros	Paw Paw Dog Rose Sunshine Wattle
Ombros caídos	Waratah Dog Rose Five Corners Sunshine Wattle
Ossos, fraturas	Fringed Violet Red Helmet

Ossos, medula	Five Corners
Ouvido, problemas do	Kangaroo Paw Bush Gardenia
Ovários	She Oak Turkey Bush
Pâncreas	Peach-flowered Tea-tree
Paralisia	Wild Potato Bush Grey Spider Flower
Parasitas	Southern Cross Billy Goat Plum Kapok Bush
Peito	Philoteca Banksia robur Bottlebrush
Pés, problemas nos	Sunshine Wattle Bauhinia Dog Rose Silver Princess Bottlebrush
Pescoço	Isopogon Crowea Kangaroo Paw Five Corners
Pressão sanguínea alta	Crowea Five Corners Mountain Devil
Pressão sanguínea baixa	Southern Cross Kapok Bush Five Corners
Prisão de ventre	Bluebell Bottlebrush Boronia

Problemas de pele	Five Corners Billy Goat Plum Bottlebrush Fringed Violet Jacarandá
Problemas menstruais	Billy Goat Plum She Oak Sturt Desert Rose
Problemas respiratórios	Sunshine Wattle Five Corners Tall Yellow Top
Próstata	Flannel Flower Sturt Desert Rose Kapok Bush
Psoríases	Little Flannel Flower Billy Goat Plum
Pulmão, problemas do	Sturt Desert Pea Boronia
Quadril, problemas do	Sundew Sunshine Wattle Dog Rose Old Man Banksia
Queimaduras	Mulla Mulla Dagger Hakea Mountain Devil
Queimaduras de sol	Mulla Mulla
Queixo	Tall Yellow Top Five Corners
Radiação	Fringed Violet + Bush Fuchsia + Paw Paw + Waratah + Crowea + Mulla Mulla (combinação)
Regiões sacra e lombar	Crowea Southem Cross
Região toráxica	Crowea Sturt Desert Rose Bottle brush

Resfriados	Paw Paw Jacarandá Black-Eyed Susan
Reumatismo	Isopogon Yellow Cowslip Orchid Southern Cross Dagger Hakea
Rigidez	Yellow Cowslip Orchid Bauhinia Isopogon Little Flannel Flower Hibbertia
Rins	Dog Rose Red Grevillea Grey Spider Flower
Roncar	Old Man Banksia Isopogon
RSI	Southern Cross Red Grevillea
Sangramento do nariz	Illawara Flame Tree
Sangue, distúrbios do	Bluebell Bottlebrush
Senilidade	Isopogon Sundew Red lily
Sinusite	Dagger Hakea Mountain Devil
Soluço	Paw Paw Black-Eyed Susan Crowea
Sobrancelhas	Dagger Hakea
Suicídio, pensamentos sobre	Waratah Red Grevillea

Surdez	Tall Yellow Top Isopogon Illawara Flame Tree
Tensão pré-menstrual	She Oak Crowea Peach-flowered Tea-tree
Testa	Paw Paw Boronia Crowea Red Grevillea
Testículos	Flannel Flower She Oak
Timo	Illawara Flame Tree Southern Cross
Tireóide	Old Man Banksia Southern Cross
Tontura, vertigem	Jacarandá Bush Fuchsia
Tornozelos, problemas com	Flannel Flower Sturt Desert Rose Isopogon
Tosse	Illawara Flame Tree Dagger Hakea Red Helmet
Toxicidade	Mountain Devil Slender Rice Flower Dagger Hakea Spinifex
Trompas de Falópio	She Oak Spinifex
Úlcera péptica	Crowea
Unhas	Fringed Violet
Urticária	Dog Rose Fringed Violet Dagger Hakea

Útero	Turkey Bush She Oak
Vaginite	Dagger Hakea Sturt Desert Rose Billy Goat Plum
Varizes	Paw Paw Red Grevillea Banksia Robur
Verrugas	Five Corners Billy Goat Plum
Vícios	Bottlebrush Waratah Red Lily Sundew Flannel Flower Five Corners
Vírus de Epstein-Barr	Five Corners Macrocarpa Banksia Robur Bottlebrush
Vômitos	Bauhinia Paw Paw

— Anotações —